道与术

卓越管理者的战略思维

张彦 著

中共中央党校出版社

图书在版编目（CIP）数据

道与术：卓越管理者的战略思维/张彦著．--北京：中共中央党校出版社，2022.5

ISBN 978-7-5035-7314-9

Ⅰ.①道… Ⅱ.①张… Ⅲ.①企业管理 Ⅳ.①F272

中国版本图书馆 CIP 数据核字（2022）第 085379 号

道与术：卓越管理者的战略思维

策划统筹	曾忆梦
责任编辑	边梦飞
责任印制	陈梦楠
责任校对	李素英
出版发行	中共中央党校出版社
地　　址	北京市海淀区长春桥路 6 号
电　　话	（010）68922815（总编室）　　　（010）68922233（发行部）
传　　真	（010）68922814
经　　销	全国新华书店
印　　刷	北京中科印刷有限公司
开　　本	710 毫米×1000 毫米　1/16
字　　数	293 千字
印　　张	19.5
版　　次	2022 年 6 月第 1 版　　2022 年 6 月第 1 次印刷
定　　价	68.00 元

微 信 ID：中共中央党校出版社　　　邮　箱：zydxcbs2018@163.com

谨将此书献给勇于追梦的奋斗者

　　"战略"本是军事术语。按美国管理学家彼得·德鲁克的说法，他是"第一个吃螃蟹的人"，是他最先将"战略"概念引入管理学。1964年，德鲁克撰写《成果管理》一书，初定的书名就是《战略管理》。送到出版社后，相关人员都"强烈建议放弃它"，他们强调"战略属于军事词汇，或可能是政治运动用的词汇，不是商业用语"，所以改了书名。看得出来，德鲁克当时并没想到战略管理能发展成管理学的重要分支，成为各行各业领导者的必修课。

　　激烈竞争环境中生存的组织都会遇到战略问题，都需要研究制定战略、实施战略管理。近些年，有关战略管理的论著出了不少，相比之下，哪些思想更加受人关注呢？显然是那些能够从战略思维的角度研究战略管理所取得的成果。这样的研究能够更深地触及战略的本质，更好地探究战略管理的内在规律，使读者受益良多。

　　有关战略管理的研究可分为"道"与"术"。所谓"道"，就是战略思维，即制定战略的指导原则和思维方式。所谓"术"，是指具体的方法工具。各类组织的生存环境不同，再成功的战略、再有效的工具也不能照搬，但隐含其中的战略思维方式是值得学习借鉴的。例如，刘伯承曾提出，军事家指挥作战必须吃透五方面情况，即任务、我情、敌情、时间、地形，强调"五行不定，输得干干净净"。西方战略管理大师迈克尔·波特提出"五力模型"，用以概括企业家制定战略时必须考虑的五种要素。"五行"与"五力"同属管理工具，却不宜简单套用。但战略决策必须摸清实际情况、必须对有关的环境因素进行深入分析的做法，却符合战略管理的共同规律。所以，总结概括战略思维的特点和规律，应该是战略管理的研究重点。

战略思维与战略管理研究不是那么容易涉足的领域，并非每一个研究者都具备相应的潜质。要提炼出战略思维的原则方法并将其应用于各类组织，起码需要具备两个条件：一是对战略思维的有关思想理论有透彻的理解，二是对各类组织的管理有实际经验。显然，同时具备这两个条件的人不多。

张彦将军同时具备了这两个条件。首先，他是解放军的高级将领，曾经在国防大学系统学习过战略及战略思维课程。众所周知，毛泽东是人类历史上最伟大的战略家，他的战略思想和实践是战略管理最丰富的智慧宝库。国防大学作为中国人民解放军的最高学府，是研究毛泽东战略思想的权威机构，已形成了系列课程。张彦将军在国防大学研读过毛泽东的战略思想，同时广泛涉猎古今中外各种战略理论，掌握了战略管理方面的前沿知识。

其次，张彦将军的经历也很特殊，是少有的具备工、农、兵三种生活经历的干部。参军之前，他曾经在农村插队，担任过农村基层领导。参军后，他从基层连队干起，历任各级领导职务，既有丰富的部队带兵经验，也有高级机关的工作经历。更难得的是，他曾经在军队某直属工厂担任主要领导，直接从事过企业经营活动，对商业领域的竞争并不陌生。再往后，他走上武警工程部队的领导岗位，直接参与过国家许多重大工程的施工管理，对如何搞好军事管理和企业管理有许多独到的心得体会。

近年来，张彦将军充分发挥这些特长，认真进行战略思维与战略管理方面的研究，发表了一系列文章，出版了一系列专著，并且给许多企业讲课，受到广泛欢迎。《道与术：卓越管理者的战略思维》是他的又一新作。相信对战略管理有兴趣的读者，阅后都会得到有益的启示。

当然，战略思维与战略管理研究是一个大课题，需要更多的研究者为此做出努力。希望有志于此的人们能够从博大精深的战略思想宝库中吸取智慧，不断取得新的成果，共同推进中国自己的战略管理理论的发展。

是为序。

中国管理科学学会副会长　李凯城

2022 年 5 月

　　军人必须学战略、懂战略，不然怎么打仗？多年前，我在国防大学读书的时候，积累了许多关于战略方面的资料，一直想写一本与战略有关的书，却迟迟未能动笔。由于疫情的原因，许多日常难以排除的干扰消失了，这才有了老老实实坐"冷板凳"的机会。经过近两年的笔耕，久未实现的愿望终于成为现实。"学问之根苦，学问之果甜。"当为书稿圈上最后一个句号时，我的内心感到十分宽慰。

　　20世纪90年代，我曾在某军工厂担任主要领导。那个时候，由于军费严重不足，军工厂不得不通过生产民用产品取得的收益来保障军械装备的生产与维修。在此过程中，工厂必须走向市场，为客户提供需要的产品或服务。当时，我们实施了"以科技为中心，以市场为导向"的战略（当时称为工作指导思想），取得了很大的成功。我们厂生产的电力产品很受市场欢迎，产品的市场占有率一直在国内高居第一。那个时候，中国人大都不知道什么叫管理学，但实践出真知，企业管理的实践教会了我们许多东西。现在谈起军队经商，大家都是予以否定的，军队确实不应该经商。但如列宁所说的那样："在分析任何一个社会问题时，马克思主义理论的绝对要求，就是要把问题提到一定的历史范围之内。"[①] 假如那个时候没有允许军队经商的政策，军工厂不仅无法完成军品生产任务，甚至能否生存下去都会成为问题。

后来，我又到一个有着部队和央企两块牌子的工程施工单位担任领导。这是一个以"水电铁军"著称的实力很强的单位，是国内唯一一个参加过南水北调、西气东输、西电东送和三峡工程这四大跨世纪工程的施工单位。有一次，我去云南糯扎渡水电站工程项目部蹲点，在此期间的所见所闻使我感到十分震撼。施工人员用长达8年的时间搬走了两座山，建成了一座比高山更加雄伟的超高心墙堆石坝，这项工程被评为亚洲第一、世界第三。站在这座雄伟的大坝上，我对大家说："愚公移山，在古代是神话，在这里已成为现实。"如此宏大的工程必须依靠先进的科学管理才能完成。当时正在使用的信息化技术管理系统从根本上保证了这一超级工程的施工精度。对于这支"水电铁军"队伍来说，创造"世界第一""亚洲第一"似乎已经不是什么稀罕事；对有幸参与这项世界级工程管理的人来说，这是一次难得的学习与实践机会。

如今，管理学已成为一门"显学"，不知有多少人正在学习它、研究它。而在管理学的体系中，战略思维研究又是处于最高层次的学问。只有运用战略思维来探究管理的理论与实践，才可能取得全面的富有深度的成果。创业者可以暂时没有战略，但绝不能没有战略思维。

---

① 《列宁选集》第2卷，人民出版社2012年版，第375页。

　　战略始于战争，源于战略思维。战争冲突是人类相互对抗的最高形式。在战场上，战略战术的正确与否带来的后果，远比其他任何领域都更加关系重大。战争关乎人的生死、组织的存亡，在这种血与火的较量中抽象出来的制胜智慧，从来都是取胜之法的最高体现。人类的竞争之道在战争领域发展得最快，成熟得最早。现在，"商场如战场"早已成为被普遍接受的共识。战场和商场有很多共同点：二者都充满了人与人之间的对立，都充满了不确定性。军人和商人都对胜利有着强烈的渴望和追求，因而都需要有清晰的战略、强大的组织、卓越的领导力以及团队的执行力。战争和军事可以为置身商界的管理者提供一个非同寻常的视角，从战争的角度看竞争，从军事的角度看管理，能够形成更加有效的战略，从而形成更加有利的竞争优势。因此，管理者若没有较高的战略思维能力，则很难在商界找到立足之地。正因为这样，应该积极搞好战略思维方面的学习与研究。

　　本书主要从普通创业者、管理者的视角着重探讨战略思维的本质及相关的重点和热点问题，努力从理论与实际的结合上为普通读者提供用得上的管理思想，以此来消除大家在实践中遇到的疑问和困扰。本书共分十二章。第一章为绪论，主要论述了思维方式的重要性。第二章到第六章从战略思维的整体层面展开论述。这部分着重阐明了战略、战略思维的理论渊源及其重要性，详细描述了战略思维模式、战略谋划等战略管理方面的重要思想和实际对策，从中可以比较全面地了解有关战略思维的基本理论，掌握战略管理的具体实施路径，有助于从总体上提高读者的战略思维能力。第七章到第十二章着重对有关战略思维的实质性专题问题进行了探讨。这部分主要论述了商业模式、知识经济、战略创新、组织战略、企业文化、战略执行等课题的理论及意义，并介绍了一些得到学界、企业界认可的比较管用的操作办法。通过对这些内容的讨论，有助于读者从不同的角度深入把握有关战略思维的关键性问题，从而进一步增强战略管理能力。

本书既有管理之道，也有管理之术。《易经·系辞》说："形而上者谓之道，形而下者谓之器。"这里说的"形而上"，可理解成抽象的非具象的存在。"形而下谓之器"中的"器"的含义近乎术，这种术一般指的是具体的具有操作性的方法、技能等。老子说："有道无术，术尚可求也。有术无道，止于术。"可见，凡事应该亦道亦术，而道更加重要和难求。庄子说："以道驭术，术必成。离道之术，术必衰。"这里说的是应该以道来驾驭术，而无道之术是成不了大事的。《孙子兵法》也说："道为术之灵，术为道之体，以道统术，以术得道。"孙子也在强调道对术的统领作用。可见，这些古代先贤对于道和术的关系的认识出奇地一致。不接受其道，怎么会学其术？不掌握其术，又怎能贯彻其道。这就启示管理者在学习和实践中，应该首先过好理论关，那种轻视理论的看法是站不住脚的。应该在下功夫掌握古今中外的优秀管理思想的基础上，学好技能、掌握方法，只有这样，才能"知其然"，亦"知其所以然"。本书中的内容既注重阐明有关战略思维的基本理论，也注重讲清适合当今企业管理的对策、方法和做法，努力做到道术合一。

列宁说："没有革命的理论，就不会有革命的运动。"[1] 同样

---

① 《列宁选集》第1卷，人民出版社2012年版，第311页。

的道理，如果没有正确的理论指导，就会在管理活动中失去正确的方向。只有上升为理论的东西，才能揭示事物的本质和规律；只有实现了理论上的升华，才能达成真正的深刻，才能实现真正的"觉悟"。由此可见，一条从理论中得出的答案胜过一打经验。当然，值得人们学习的是那些能够经得起实践检验的理论，而不是那种披着理论外衣、只能用于"坐而论道"的清谈之说。如今是一个崇尚"实践第一"的年代，但这并没有降低理论的价值。相反，越是强调实践，越是应该重视理论的指导作用。比如，你是一个搞营销的人，你应该从零开始摸索还是学点理论再开始？如果你先看了杰·亚伯拉罕的《发现你的销售力量》等书籍，再去开展营销活动，肯定会思路大开，少走许多弯路，少碰许多钉子，当然，获得的起点也较高。如果不经学习，就认为自己比一个曾协助 475 种行业中的 1.2 万多家公司的"国际第一营销管理大师"还高明，认为能够靠自己的智慧干得更加出色，是不是太幼稚了？

　　人们几乎都会说"理论联系实际"，这话肯定是对的。很显然，只有那些具备足够理论修养的人才有资格说这样的话。但事实并非如此，说这种话的大都是不打算学理论的人，他们敢想、敢干、敢冒险，在具备一定条件时，连一个概念还没搞清楚就干起来了，取胜的概率会有多大？前些年，大家一窝蜂地去干金融、干 P2P，结果 99.9% 的人不仅没能实现暴富之梦，反而赔得血本无归。知道什么叫金融吗？了解金融的风险吗？"光看贼吃肉，没见贼挨揍"吧？绝不能再吃这样的亏了！

　　现如今，大谈管理的授课、文章、书籍不计其数，但以科学理论为依据升华出来的知识相当有限，许多内容甚至没有什么理论分析，只有就事论事的感觉、经验和臆断，很少能够触及事物的本质和规律。如果只注重讲得热闹、看得舒服，一些片面性、绝对化、似是而非的东西就会误导许多人。因为人的经验仅有部分合理性，存在着许多非本质的东西。如果以赌徒的心态来从商，其最终必然是败了是败了，胜了也是败了，悲剧的结局是无法避免的。

德国哲学家康德的墓碑上写着这样的惊世之语："重要的不是给予思想，而是给予思维。"思想告诉人们的是想什么，而思维不仅告诉人们想什么，更重要的是告诉人们怎么想。知道"应该怎么想"了，才更有可能把要想的问题想明白。这就需要掌握理论，有了理论的指导，人们才能更好地进行思维。

不少人信奉"摸着石头过河"的道理。显而易见，"摸着石头过河"的人只能在浅滩上扑腾，一旦踏入深水区，就只能放弃或硬闯。硬闯的结果只有两个：要么过不去，要么被淹死。放在商业中，从商者如果没有起码的理论素养，就不可能取得大的成就。只有众多从商者的理论思维提高了，中国经济的知识含量、科技含量才可能居于世界前列。正如恩格斯所说的那样："一个民族想要站在科学的最高峰，就一刻也不能没有理论思维。"①

本书内容具有一定的理论性和专业性。通过这些内容，从商者能够了解到学界在战略思维研究中已经取得的重要成果，能够弄清有关战略思维的一些重要问题的来龙去脉，从而能够开阔眼

---

① 〔德〕恩格斯：《自然辩证法》，人民出版社 2018 年版，第 43 页。

界和思路，能够"站在巨人的肩膀上"观察和思考未知的世界，以此来解决"应该怎么想"的问题。

马克思在《关于费尔巴哈的提纲》中说，哲学家们只是用不同的方式解释世界，而问题在于改变世界。战略思维研究与哲学都将人的思维活动作为重要的研究对象，二者有着相似程度的抽象性和概括性。战略思维研究也是管理哲学必然包括的内容，它不能只是书斋里的理论，还应该承担起改变商业世界的任务。因此，战略思维研究成果必须具有较强的应用价值。正因如此，本书在引经据典的基础上，着力做到深入浅出，努力对诸多理论做出通俗的诠释，同时辅以大量的案例帮助读者深入理解相关问题。许多具有操作性的管理工具和解决方案回答了"应该怎么做"的问题，能够帮助大家立即行动起来。

古往今来，凡是能够成就大事业者，都是那些拥有战略头脑的人，都是那些战略思维能力很强的人。只有这样的人，才能"思接千载，视通万里"，尽情领略万里征程上的壮美风光。很难想象，一个鼠目寸光、思维僵化的人能够干出什么像样的事情来。无论是创业者还是管理者，都应从提高战略思维能力入手，勇于征服茫茫商海的惊涛骇浪，努力开辟实现梦想的成功航线。

如今的创业者、管理者赶上了一个好时代。凡是有抱负者，只要肯于钻研，勇于实践，就能够尽情释放潜能，谱写出人生的华彩乐章。尽管创业者走的是一条荆棘丛生的攀登之路，但同样可见春花烂漫的山景。"行到水穷处，坐看云起时"，才能尽赏常人难以获得的"高峰体验"。人生是用来奋斗的，追逐梦想才能实现生命的价值，才能不辜负千载难逢的大好时代。

战略研究的天很广、水很深，有着探索不完的奥秘，需要更多的研究者、实践者作出贡献。当有更多的人愿意为这片思想园地进行耕耘的时候，战略思维之树必然会开出更加绚烂的花朵。由于作者水平有限，本书内容难免存在一些不足，恳请各位读者提出批评意见。

"铁肩担道义，妙手著文章。"这是许多有良知的文化人一生的不懈追求。能够将个人的见解诉诸文字，贡献给社会，真是人生幸事之甚。如果此书的内容能够使读者获益，作者将欣慰至极。祝万千的创业者、管理者不断创造新的业绩！

张　彦

2021 年 5 月 1 日

目 录
CONTENTS

第一章

引 论

　　大家知道，牛顿在物理学上的贡献至今无人能够超越，以至于有人声称："天不生牛顿，万古如长夜。"但美国经济学家约瑟夫·熊彼特却对这位科学巨人提出批评。令他不满的是，牛顿只顾埋头开展物理学研究，却未能将自己开拓性的思考问题的方法留给后人。尽管牛顿的力学理论为人类开辟了划时代的新纪元，但"授人以鱼，不如授人以渔"，倘若牛顿能够将他那天才般的思维方式传于后世，或许会对思维科学的发展作出突破性的贡献，也会更有助于科学人才的培养。如果能够这样，人类社会也许就不会至今仍然只有一个牛顿。

自从人类产生思维活动的那天起，原本只具有物质特性的宇宙便有了一个与之相对的存在，即意识的世界。因为人类的思维活动，物质的世界开始了逐步"人化"的过程。不得不说，人类的思维活动也许是宇宙间最为玄妙的过程。尽管人们在有关研究中已经投入了很大的力量，并取得了一些成果，但时至今日，人们似乎仍很难把它的来龙去脉完全搞清楚。

一、一切需从人的大脑说起

人类的思维是一个千古谜团，世世代代的人都企图破解它。从古到今，地球上出现过的物种难以计数，它们都经历了亿万年的进化历程，但为什么只有人类脱颖而出，最终完成了成为高级动物的进化？这其中存在着诸多必然和偶然的原因，而最根本的原因是人类思维的产生及其快速进步。虽然一些动物也有意识活动，却只能停留在低级的直觉反应阶段，远未达至思维的状态。

现代科学研究的成果显示，人的大脑是思维活动的物质基础，人的思维是大脑的运行机能。人的大脑实在太玄妙了！脑科学的研究成果表明，人的大脑细胞约有上千亿个，每个脑细胞的活动又与1万多个脑细胞发生相互作用，由此构成了一个奇妙无比的网络，这些细胞之间的相互作用会产生1000万亿个连接。虽然人们还无法知道形成这种连接的机理，却可以肯定，正是这些海量的连接控制着人的呼吸、饮食、睡眠、语言以及复杂的思维活动。正如诺贝尔生理学或医学奖获得者詹姆斯·沃森所说的那样，人类的大脑是宇宙间已知的最复杂的东西。

科学研究初步揭示了人脑的构造。人的大脑从内到外分为三个层次：

第一个层次是底层结构。这一结构大约形成于 3 亿年以前，是在人类尚处于爬行动物的阶段进化出来的。底层结构仅能调节动物体的新陈代谢机能，不能处理人的复杂情绪和思维活动；第二个层次为边缘系统，居于大脑的中层，只存在于少数哺乳动物、爬行动物和鸟类的体内，大约是在一亿多年前进化出来的。这一系统能够调节人的情绪，并具有记忆功能；第三个层次被称作新皮质。这一结构处于大脑的表层，是在大约 4000 万年前进化出来的，能够控制人的复杂的思维活动。新皮质中有一个重要的神经组织区域——前额叶，它是脑组织中最高级的结构，主要功能是对想象和逻辑思考进行调控，这一功能只有极少数灵长类等高等哺乳动物才有。而人类的前额叶远比其他哺乳动物发达，它与大脑的边缘系统里有记忆、决策功能的海马体、杏仁核合称为"总裁脑"，可以将其看成人脑中的"司令部"。正是因为人脑的这种复杂构造和机能，才构成了人类思维的生理基础，人们的意识大厦才能由此构建起来。

同时也应看到，人的思维还具有社会属性。仅仅依靠人脑的生理机能，人脑即使发育得再好，也无法自发地产生丰富的社会意识。只有通过参与社会实践，人脑才能对外界的客观事物产生反应，进而从中获取信息，取得经验和知识，使思维活动丰富起来。如果一个人从出生开始就与社会隔绝，其大脑的思维能力必然难以形成，甚至大脑的正常发育也会受影响。

毛泽东在《人的正确思想是从哪里来的?》一文中指出："人的正确思想是从哪里来的? 是从天上掉下来的吗? 不是。是自己头脑里固有的吗? 不是。人的正确思想，只能从社会实践中来，只能从社会的生产斗争、阶级斗争和科学实验这三项实践中来。""无数客观外界的现象通过人的眼、耳、鼻、舌、身这五个官能反映到自己的头脑中来，开始是感性认识。这种感性认识的材料积累多了，就会产生一个飞跃，变成了理性认识，这就是思想。"① 这里所说的"感性认识"和"理性认识"都是人脑加工出来的，都是人脑在思维过程中的产物。可见，人的思想是大脑通过实践反映客观世界并产生了"飞跃"形成的结果。这就告诉我们，大脑的工作机能以及思想的形成都是离不开社会实践的。

柏拉图在《理想国》中讲了一个很有名的关于"洞穴理论"的故事。在一个光线暗淡的山洞里，几名罪犯被长期绑在凳子上不能转头。在他们的身后有一堆火，火光将一些物体的影子投射在洞底的墙壁上，这些被绑着的人除了能够看到墙壁上的这些影子，看不到任何其他物体。时间久了，他们以为洞壁上呈现的影子就是真实世界的形态。有一天，有一个人挣脱了锁链的束缚，逃离了山洞。当他看到外面的真实世界后感到十分震惊，内心充满了怀疑。他认为，眼前的树肯定不是真的！当他的眼睛渐渐适应了洞外的日光，看清楚并触摸到那棵树时，终于如梦初醒，立即跑回山洞，将洞外真实世界的景象告诉那些仍然被绑在凳子上的人，并设法逐个解开他们的锁链。然而，这些人坚信，山洞中的影子是真实的。他们愤怒地用石头把眼前这个"胡说八道"的人砸死了。

柏拉图用这个故事告诉人们，长期的洞居生活对人的意识产生了巨大影响，因此，必须重视社会实践对于人的思维的重大作用。尽管大脑经过亿万年的进化形成的精密构造为人的思维活动提供了生理基础，而人对客观外界的认识及其社会实践活动，才是人脑所反映的内容。二者是缺一不可的。

正是因为人的大脑所具有的强大功能，人类才获得了超越其他各种动物的能力，进而能够战胜来自自然界与人类社会的各种巨大灾难和严峻挑战。然而，人的大脑虽然高度发达，却依然在生理功能上存在着许多缺陷

---

① 《毛泽东著作选读》（下册），人民出版社 1986 年版，第 839 页。

和局限，人类的思维活动依然会受到脑组织中的电流和化学物质的影响。在大千世界面前，人类的智慧和能力依然是微不足道的。

就每个人的大脑而言，其认知能力是极其有限的，其见闻常常停留在事物的表层和表象，且多依据自身的经验进行定义和判断。许多人认为，耳听为虚、眼见为实。实际上，这种看法是十分狭隘的。

在一般情况下，人的听觉系统可接收到 20～20000 赫兹的声波，这一区间的声音被称为可听声。比 20 赫兹低的次声以及比 20000 赫兹高的超声人们是无法听到的，但谁能说人们听不到的次声和超声就不存在呢？比如病人所做的 B 超检查就是通过超声完成的。

眼见也未必为实。天是蓝色的吗？树叶是绿色的吗？花朵是五颜六色的吗？其实这都是假象。经过长期的进化，人类的视觉神经具备了感觉光和颜色的功能。可见光的波长一般在 400～760 纳米范围之内，超出了这个范围，人们的眼睛是感觉不到的。在可见光谱范围内，人们接收到不同波长的光后会感觉到不同的颜色。一般来说，700 纳米的光给人的感觉为红色，580 纳米的光给人的感觉为黄红，510 纳米的光给人的感觉为绿色，470 纳米的光给人的感觉为蓝色，400 纳米的光给人的感觉为紫色……所以，客观物体的颜色是人的感觉，并不是物体本身真实的状态。谁能看到可见光范围以外的物体是什么颜色？由此可知，对宇宙万物来说，颜色是对人类而言，其本身是无所谓什么颜色的。

即使在今天，人们看到的也只是一个虚假的宇宙……哈勃望远镜拍了几十万张宇宙深空的照片，看上去都是那样色彩斑斓、美轮美奂。其实这一切都是假象。哈勃望远镜所拍摄的距离遥远的星体只是其几亿、几十亿年前的样子，至于这些星体现在是什么样子，甚至是否存在都是一个无法回答的问题，人们只能通过几亿、几十亿年后的观察才能知道。仅以太阳为例，人们能够看到太阳的现时状态吗？永远不能，因为太阳光到达地球需要 8 分钟左右的时间，这样我们只能看到 8 分钟之前太阳的状态。因此，千万不要轻易相信看到的、听到的东西，绝不能"跟着感觉走"。据说古希腊著名哲学家德谟克里特有意戳瞎自己的双眼，目的就是不被充满假象的世界所迷惑。

人类的感官所具有的这种功能给进化初期的人类带来许多益处。人们可以凭借对声音和颜色的感知，在森林中辨别出成熟的果实，躲避可能发生的危险，从而使其在动物界的进化竞赛中赢得了胜利。同时，人们在各种社会实践中，也会遭到诸多困境和挑战。自古以来，人类遭遇了多次灭顶之灾，除了不可抗拒的原因以外，主要是人们的思维能力跟不上客观世界的变化。人们仅凭与普通动物相比已经高度发达的大脑，无法看清自然与社会的本质和规律，特别是进入现代社会以后，世界变得更加复杂、更加变幻莫测，诸多前所未有的矛盾、困境和灾难让人难以应对。

认清了这一点，人们就应主动摆脱对于感官的过度依赖，积极排除来自感性的种种干扰；同时应该更加重视理性，即思维的作用。人们只有通过调动理性思维能力，才可能做到透过现象看本质，才可能掌握世界变化的规律，并据此做出正确的反应、采取正确的行动。

二、你的未来，隐藏在你的思维方式里

130 多年前，恩格斯在《自然辩证法》中将"思维着的精神"视为"物质的最高精华"[1]，深情地表达了他对人类思维活动的赞美。正是因为有了思维活动，人类才获得了进步的力量，人类文明的脚步才得以不断向前迈进。

---

[1] 〔德〕恩格斯：《自然辩证法》，人民出版社 2018 年版，第 27 页。

许多人喜欢说"死生有命，富贵在天"。这只能被看作是一种甘于平庸者的哀叹。实际上，决定人们命运的从来都不是什么天命，而是其长期形成的思维方式。《终身成长》一书的作者、斯坦福大学心理学教授卡罗尔·德韦克用了长达 10 年的时间跟踪研究 400 人的思维活动，并对这些人因思维的各种变化而产生的不同结果进行了全面考察和综合分析。作者发现，人们的思维活动对其实际行为会产生很大的影响，积极的思维方式能够激发人的潜能，增强人们的求知欲。这本书阐述了这样的道理：一个人成功与否并不取决于他的天赋和能力，而是取决于他在追求成功之路上运用的思维方式。也就是说，一个人采用什么样的思维方式是其能否达成目标的关键性因素。另外，《成功者的大脑》一书的作者、美国哈佛大学心理学家杰夫·布朗通过实证手段，全面分析了成功者与平庸者的根本区别。作者认为，成功的关键在于大脑，大脑的思维方式决定了人们能够达到的成就高度。这些基于科学研究基础上的观点，颠覆了许多人的传统看法，从而使他们不得不重视思维方式在人的成长过程中所起的重要作用。

在通常情况下，人们以为那些喜欢空想、不干实事的人是不会取得什么成就的。然而，在遥远的古希腊，偏偏有一个凭借自己的想象改变了世界的人，他就是古希腊著名数学家、"几何之父"欧几里得。欧几里得以其特有的思维方式创立了几何学，并以此改变了人类的思维方式。他用自己想象出来的现实生活中不可能找到的"点""线""面"，构成了一个宏大而严密的逻辑体系，创造了一个博大精深的"理念世界"。试想一下，谁能找见"没有部分的点""有长度没有宽度的线"？在欧几里得几何中，诸如此类的定义达到 23 项之多，并在此基础上提出了 5 条公设、5 条定理。他从不证自明的最简单的"点"开始，居然推出了 48 项定理，再结合第五公设、第五公理和 48 项公理推导出 476 项命题，完成了 13 卷《几何原本》，以致后人几乎无法再加进任何一条定理，其严谨性实在令人吃惊！

人类至今取得的与数学相关的一切成就，应该首先归功于欧几里得非凡的思维方式。由此可以看出，一个人想什么、怎么想，做什么、怎么做全都隐藏在他的思维方式里。

有时候，思维方式会决定人的生与死。在1988年的一次飞行试验中，俄罗斯王牌飞行员威克多尔·普加乔夫驾驶的苏—27战机，在1.5万米的高空中突然出现发动机故障，飞机在自由落体状态下急速坠落。总设计师西蒙诺夫大惊失色，命令普加乔夫放弃战机立即跳伞，但这位天才飞行员却在千钧一发之际镇定地做出了一系列精准的判断，进行了一连串迅捷的操作，最终，当飞机下落到距离地面仅有800米时，发动机奇迹般地被启动了。在普加乔夫的操控下，急速向上跃升的苏—27战机机头不断上扬，达到了120°的大迎角，就像一条正在发动攻击的眼镜蛇。就这样，世界空军飞行史上诞生了惊世骇俗的"眼镜蛇机动动作"。可见，生死关头的军人不仅需要勇气，还需要思维模式。在这种性命攸关的时刻，根本没有时间去查找资料，更没有重新构建思维方式的可能，最终只能凭借一种条件反射式的本能操作来达到化险为夷的目的。这种条件反射的过程，就是以往形成的思维方式发挥作用的过程——从储备于大脑的知识中提取关键概念，并由这些概念出发进行正确的判断、推理，组织成一个能够解决当下问题的思维模型。这一过程直接决定着人们的行为结果。能够正确完成这一过程的人，就会被视为具备超常智慧的人。

享有"经营之圣"美誉的日本企业家稻盛和夫非常重视思维方式的作用。稻盛和夫在80余年的人生旅程中，取得了令人难以企及的巨大成功。1959年，稻盛和夫创立了京瓷公司，仅用了10年时间，这家企业就跨入世界500强行列；1984年，又创立第二电信，于2007年又进入世界500强；2010年，已是78岁高龄的稻盛和夫担任濒临倒闭的日航董事长，1年后，日航就取得了1884亿日元的利润，再次进入世界500强。这简直是神一样的存在！不知有多少人想搞清楚稻盛和夫成功的奥秘。

2019 年，在第 27 届盛和塾世界大会上，稻盛和夫对此做出了回答。他的回答与众人的想象完全不同："我认为这样的成功绝对不是因为运气，也不是赶上了时代的潮流，我之所以获得如此的成功，是因为哲学具备的力量。我深信这一点。"许多人在讲述他人的成功故事时，一般都会将其置于时代环境中来加以分析，都喜欢强调"时势造英雄"这一结论，同时强调其如何抓住了机遇。但稻盛和夫不认可这种看法。很显然，在他的创业历程中，看不出多少"时代的潮流"和"运气"的成分，他是在自己深信的哲学指导下创造出举世瞩目的奇迹的。

2019 年 7 月，在第 27 届盛和塾世界大会的告别演讲中，稻盛和夫再次阐明了哲学的人生意义。他说："我并不是毫无根据地强制大家接受哲学。我从年轻时就认为'人生虽然变化不定，但是人应该可以度过一个充实而美好的人生'。那么，怎么做才能实现这个愿望呢？我深思熟虑的结果是：人生因思维方式的改变而改变。作为人，应该以这样的思维方式对待人生中的问题，我把自己体悟到的正确的思维方式归纳成哲学……这样做的结果，公司的发展超越了人们的想象，我自己的人生道路也大大拓展。由此可见，哲学一定不错，哲学已经被结果所证明。哲学不仅能对企业发展作出贡献，哲学还是给我们每个人的人生带来充实和幸福的真理。"可以看出，稻盛和夫所说的哲学的力量，实际上就是在强调人的思维方式所具有的重要作用。

在当今的中国企业界，许多管理者接受了稻盛和夫的这一思想，将哲学化的思维方式视为最高层次的企业管理方法论。越来越多的企业家不愿意就事论事地看待问题，不再满足那些对于各种问题的经验性解读，而是注重在实践中不断形成具有普遍意义的管理思想。

有一次，一名记者向稻盛和夫提出这样一个问题："一个人成功的关键是什么?"稻盛和夫以十分肯定的语气回答道:"思维方式。"这是稻盛和夫从其一生的辉煌经历中得出的结论:思维方式决定人生成败。后来,他在所著的《干法》一书的结语部分将这一说法表达为一个公式,即人生·工作的结果=思维方式×热情×能力。在他看来,一个人获得成功的首要因素就是思维方式。如果一个人能够具备良好的思维方式,再与"热情"和"能力"相乘,就能获得良好的结果。这也在告诫人们,如果一个人形成了负面的思维方式,那么,即便再有热情、有能力,其得到的结果也必然会是负值。当然,这种情况是应该努力避免的。

有人将稻盛和夫的这一思想称为"京瓷定律"。这一定律告诉人们:人的行为结果在很大程度上是由其思维方式决定的。一个人的思维层次,就是其所能达到的人生上限。如果创业者能够以稻盛和夫所倡导的思维方式来经营人生、管理企业,成功的可能性必然会明显提高。

三、怎样获得正确的思维方式

大家知道,牛顿在物理学上的贡献至今无人能够超越,以至于有人声称:"天不生牛顿,万古如长夜。"不对呀?中国人的说法是"天不生仲尼,万古如长夜。"孔老夫子的名字怎么被牛顿取代了?可见,在西方人的眼中,牛顿的地位是至高无上的。尽管这样,美国经济学家约瑟夫·熊彼特却对这位科学巨人提出批评。令他不满的是,牛顿只顾埋头开展物理学研究,却未能将自己开拓性的思考问题的方法留给后人。这一批评获得了许多人的赞同。尽管牛顿的力学理论为人类开辟了划时代的新纪元,但"授人以鱼,不如授人以渔",倘若牛顿能够将他那天才般的思维方式传于后世,或许会对思维科学的发展作出突破性的贡献,也会更有助于科学人才的培养。如果能够这样,人类社会也许就不会至今仍然只有一个牛顿。

除了牛顿，爱因斯坦也应受到这样的"指责"。这位天才更加具有传奇色彩，他创立的狭义相对论和广义相对论使人们至今无法知道他是怎样想出来的。尽管他的大脑被医生解剖了，但这个谜团依然无法解开。人们多么希望能够搞清楚这些科学巨匠的思维方式！然而，这同样成为不可能实现的愿望。

虽然人的思维活动是极其复杂的，但学界一直没有停止对其运行机理与规律的研究。从思维科学的角度来看，人的思维活动从来都不是混沌的，而是可以研究的，可以通过对其运行方式和作用的科学分析和解释，进而不断加深对大脑功能的认识，不断提高人的思维能力。

思维方式作为主体获取、加工、输出信息的认识方式，具有正确与错误之分。只有合乎客观规律和思维规律的认识方式才是正确的思维方式，否则，必然会形成错误的思维方式。思维方式不同，思维的效果及其对实践的作用也会不同。可以从不同角度、不同层次将人的思维方式划分为许多种，比如，演绎思维与归纳思维、形象思维与逻辑思维、辩证思维、战略思维、直觉思维等。当然，也存在着错误的思维方式，比如，唯心论、形而上学、不可知论等。正是由于思维方式的不同，才形成了人们万花筒般变幻的思想。

如果一个人不能形成正确的思维方式，就会犯错误、摔跟头。错误的思维方式是多种多样的，在《清醒思考的艺术：你最好让别人犯的 52 种思维错误》这本书中，作者罗尔夫·多贝里生动地讲述了 52 种思维错误，其中包括思维错觉、思维偏误、思维谬误等类型。当我们了解了这些容易出现的思维错误之后，就可以减少或避免出现这些错误。

比如，这本书中指出的"幸存偏误"就给予人们很大的启示。一般说来，我们在日常生活中往往对成功的人和事更感兴趣，因而会高估其成功的概率，忽视其获得成功的一些偶然因素。人们往往十分重视那些与幸存者有关的统计数据，而这些数据并不是"原汁原味"的，它们常常是经过特定的筛选后生成的结果，因此，人们无法看到那些被过滤掉的重要信息。而那些存在于人们视野之外的数据往往更能揭示客观事物的本质。

发生在第二次世界大战战场上的一则故事，对这种思维错误做出了一个形象的注解。第二次世界大战后期，盟军经常出动成百上千架 B—17 轰炸机空袭德国战略要地。由于德军防空火力十分强大，许多轰炸机有去无回，即使能够返航的飞机，机身上也会留有许多弹孔。为了提高轰炸机的生存率，盟军不得不增加防护飞机的装甲。但装甲增加太多，必然会减少飞机的载弹量，缩短轰炸机的作战半径。怎样才能做到既能提高飞机的生存率，又能使装甲加装得最少？千思万想后，只能在飞机最需要保护的部位增加装甲。

飞机哪个部位最需要保护呢？美国军方提供的数据表明，返航飞机的机翼和机腹留下的弹孔最多，而引擎几乎没有弹孔。所以，美国军方认为，应该给飞机的机翼和机腹增加装甲。一个名叫瓦尔德的专家对此提出了质疑，并提出了与之相反的方案。他认为，需要增加装甲的位置应该是找不到弹孔的飞机引擎。因为敌人向飞机发射的炮弹是随机的，飞机各个部位遭受攻击的概率应该是没有多少差别的。瓦尔德深信，平安返航的飞机引擎上弹孔很少只是一个表象，更应关注那些引擎被击中的、全无生还希望的飞机。军方最终采纳了瓦尔德的建议，大大提升了轰炸机的返航率。

这位专家的思维与众不同，他没有受到"幸存偏误"的影响，因而为盟军作战的胜利作出了贡献。由此可见，人们要提高自己的思维水平，首先应该努力避免犯类似于"幸存偏误"这样的错误：一方面，我们应该搞清楚一般人容易犯的 52 种思维错误，并以此为鉴，避免重蹈他人之覆辙；另一方面，还要知道自己在思维方面存在的局限性，知道自己容易出现的思维偏误，并有针对性地加以克服，只有这样，才能不断增强理性思维能力。

美国著名投资家、"股神"巴菲特的搭档和幕后智囊查理·芒格曾将自己的成功归结为优化思维方式的结果。他说过一段很有名的话：在事情对自己不利时，一定要学会放弃。而一旦运气落在自己头上，就必须孤注一掷。这样的话能够说出来已经很不容易，做起来就更难了。人们很难有预见性地判断出什么时候应该"放弃"，什么时候应该"孤注一掷"，弄不好就会做反了。但芒格就有这个本事。他曾当着众人的面进行股票操作表演，一共买卖股票100次，其中92次正收益，令在场的人惊叹不已。这就不难理解他与巴菲特共同创办的伯克希尔·哈撒韦公司的股票为什么能在20年间翻了两千多倍。

芒格怎么会这么神？在《穷查理宝典：查理·芒格智慧箴言录》一书中，芒格多次提到了一种被他称作"多元思维模型"的思维方式。芒格说，人的头脑中已经有了许多思维方式，得按自己的直接经验和间接经验将其安置在格栅模型中。芒格告诉人们，将源于不同学科的思维模式联系起来，形成能够融会贯通的"思维格栅"，是解决各种投资问题的最佳决策模式。如果运用不同学科的思维模式来考虑同一个问题，能够得出同样的结论，说明这一投资决策具有更高的可靠性。

芒格认为，要努力学习，掌握更多股票市场、金融学、经济学知识，但不要将这些知识孤立起来，而要把它们看成包含了心理学、工程学、数学、物理学的人类知识宝库的有机组成部分。以这样宽广的视角看待事物时就会发现，各个学科之间不是彼此割裂的，而是相互交叉、互为印证，并因此各自得以加强。一个喜欢思考的人能够从每个学科中总结出独特的思维模式，并将其联想结合，从而实现融会贯通。他说，这就是他能够取得成功的关键所在。

这种多元思维方法告诉人们，人的头脑中只有有了大量不同的相互融通的思维模型，才能形成超乎寻常的思维能力。也许我们普通人的能力远不及芒格，无法精通那么多学科的知识，但我们依然可以学习他的思维发展路径——通过建立尽量多的思维模型来不断提高自己的思维能力。为此，我们首先要向芒格那样，做一个博学的人，只有这样，才能获取更多学科的知识，才能形成内容丰富、结构多元的"思维格栅"。

芒格就像一台学习机器，已经 95 岁高龄的他，每周都要看 20 本书。如此巨大的阅读量，即使是年轻人也不是那么容易完成的，但芒格却坚持了下来。芒格说，他之所以这么酷爱学习，就是希望每天结束时，能够使自己比早上起床时更加睿智一点。通过坚持不懈地学习，获取更多有益的信息和知识是提高思维水平的重要途径；同时，还要善于通过优化思维方式回答和解决实践中遇到的问题。这是一个应用过程，也是一个训练过程，能够经常这样做，就会形成良好的思维习惯，就能使自己获取更多的智慧。

第二章

战略思维，推动社会进步的高级智慧

　　古往今来的战争，无不以赢得胜利为最终目的。也许正是因为这个原因，现代社会几乎各行各业都讲起了战略，政治、经济、军事、文化等领域都把战略问题置于首要地位，其目的与战争是相同的，就是为了赢得胜利，获取比对手更多的利益。尽管不同行业的战略内容有所不同，但其基本原则、基本逻辑是相通的，是可以相互借鉴的。因此，"战略"一词成为如今使用频率最高的词语之一，如何增强战略思维能力、搞好战略管理也成为各个行业人们的共同语言。

古往今来，不断发生的战争迫使人们不断思考与战争有关的各种问题，长此以往，就形成了诸多与战争有关的认识和思想，进而逐步形成了战略思维能力。这种能力的产生，不仅影响了人类社会的战争形态，而且有力推动了整个人类社会的发展。

一、什么是战略思维

"战略思维"的原初含义指的是人们对战争活动进行的深入思考，是军队的将帅在两军交战时为了取胜而经常运用的思维方式。中国著名军事战略专家李际均说，战略思维"是决定战略的主体头脑中的观念运动"[1]，"战略思维是军事决策的理性认知和思考过程，军事决策是战略思维付诸实践的全局筹划。战争的胜负和国家兴衰都在相当程度上取决于战略思维和科学决策的正确与否。创造文明或毁灭文明、正义与邪恶也都取决于领导者的战略思维。所以，战略思维在整个战略问题中占有主导地位"[2]。在上述论述中，李际均不仅从军事角度定义了战略思维，而且强调了战略思维在整个战略领域的主导地位。在他看来，战略思维不仅决定着战争的胜负，而且决定着国家的兴衰、文明的存亡。此外，李际均对战略思维的特点做出了全面概括。他认为，战略思维"具有政治性、目标性、传统性、整体性、系统性、超前性、对应性、创造性和确定性等特点"[3]，并分别对这九个特点进行了专门论述。这些论述深刻揭示了战略

---

① 李际均：《论战略》，中国人民解放军出版社 2002 年版，第 2 页。
② 李际均、白云真：《李际均将军访谈录》，《世界经济与政治》2006 年第 9 期。
③ 李际均：《论战略》，中国人民解放军出版社 2002 年版，第 4—5 页。

思维的本质特征，对于我们运用战略思维认识解决当今的现实问题是很有帮助的。

当今世界处于百年未有之大变局中，各种各样的风险和危机几乎无处不在。在这种情况下，战略思维已经成为国家与社会管理不可或缺的智慧，成为各行各业管理者必不可少的思维方式。尽管人们从事着不同的事业，所处的环境、所遇到的问题也有诸多差异，但身居不同岗位的管理者却都面临着一个共同的课题，这就是必须努力提高战略思维能力。只有这样做，才可能具有穿越时空、超越他人的胸怀和眼光，才可能克服眼前和局部出现的各种困难，排除各种障碍，进而才能将自己的事业做得长久、做得成功。

习近平曾对战略思维做过诸多意蕴丰富的阐述。他说："战略思维能力，就是高瞻远瞩、统揽全局，善于把握事物发展总体趋势和方向的能力。"① 在这里，习近平明确概括了战略思维能力的内涵，揭示了战略思维的本质。2014 年 8 月 20 日，在纪念邓小平同志诞辰 110 周年座谈会上，习近平说："战略问题是一个政党、一个国家的根本性问题。战略上判断得准确，战略上谋划得科学，战略上赢得主动，党和人民事业就大有希望。"② 2019 年 1 月 21 日，习近平在省部级主要领导干部坚持底线思维着力防范化解重大风险专题研讨班开班式上强调，要"提高战略思维、历史思维、辩证思维、创新思维、法治思维、底线思维能力"③，其中，他将战略思维置于六种思维方式之首。正是基于这一思想，习近平积极倡导战略思维，并形成了完整的思想架构。

战略主题：坚持和发展中国特色社会主义。

---

① 《习近平总书记系列重要讲话读本》，学习出版社、人民出版社 2014 年版，第 177 页。
② 习近平：《在纪念邓小平同志诞辰 110 周年座谈会上的讲话》，人民出版社 2014 年版，第 19 页。
③ 《习近平关于"不忘初心、牢记使命"论述摘编》，党建读物出版社、中央文献出版社 2019 年版，第 225 页。

　　新中国成立70多年来，我们党领导全国人民创造了举世罕见的经济发展和社会长期稳定奇迹，展现了"中国之治"的新气象。中国为什么能？就是因为中国人民选择了正确的具有中国特色的社会主义道路。新中国成立以来取得的重大成就证明，只有社会主义才能救中国，只有中国特色社会主义才能发展中国。中国人民从亲身实践中感受到了中国特色社会主义为什么好。习近平在十九大报告中明确指出："中国特色社会主义是改革开放以来党的全部理论和实践的主题，是党和人民历尽千辛万苦、付出巨大代价取得的根本成就。"[1] 在社会主义制度下，中国政府不仅有5年的发展规划，而且还有10年、20年甚至更久远的战略规划和部署，由此构建的美好愿景大大地激发了全国人民的强大创造力，促进了各种资源的优化配置。因此，中国人应该进一步坚定道路自信。

　　战略立场：一切以人民为中心。

　　人民性是马克思主义最鲜明的品格。马克思主义理论之所以能够超越国度、超越时代，至今依然具有世界性的影响力，其最重要的原因之一就在于它与生俱来的人民性。为了谁？依靠谁？这是任何一个主义都无法回避的根本性问题。中国共产党自诞生之日起，就继承了人民性这一马克思主义的鲜明特色，始终将全心全意为人民服务作为唯一宗旨。在纪念毛泽东同志诞辰120周年座谈会上的讲话中，习近平强调指出："党的一切工作，必须以最广大人民的根本利益为最高标准，检验我们一切工作的成效，最终都要看人民是否真正得到实惠，人民生活是否真正得到改善，人民权益是否真正得到保障。"[2] 在庆祝中国共产党成立95周年大会上的讲话中，习近平指出："人民立场是中国共产党的根本政治立场，是马克思

---

[1] 习近平：《决胜全面建成小康社会　夺取新时代中国特色社会主义伟大胜利——在中国共产党第十九次全国代表大会上的报告》，人民出版社2017年版，第16页。

[2] 习近平：《在纪念毛泽东同志诞辰120周年座谈会上的讲话》，人民出版社2013年版，第19页。

主义政党区别于其他政党的显著标志。"① 在纪念马克思诞辰 200 周年大会上的讲话中，习近平又指出，"马克思主义是人民的理论"，"学习马克思，就要学习和实践马克思主义关于坚守人民立场的思想"。② 只有坚守这一立场，才能自觉贯彻党的群众路线，自觉保持党同人民群众的血肉联系，始终做到与人民同呼吸、共命运。

实践已经证明，以人民为中心的思想，已经深深地植入中国共产党人的基因。正如习近平在回应意大利众议长菲科提问时所说的那样："我将无我，不负人民。"③ 这是习近平人民至上高尚情怀的真情流露，也深切表达了当代中国共产党人的心声。

战略目标：实现中华民族伟大复兴的中国梦。

习近平将实现中华民族伟大复兴的中国梦作为中国特色社会主义伟大事业的战略目标，指明了中国共产党带领中国人民不懈奋斗的目的所在。中国梦生动地表达了全国人民的共同理想，描绘出国家富强、人民幸福的美好前景。现在，实现中国梦已经成为凝聚党心民心的强大精神力量。2012 年 11 月 29 日，习近平在国家博物馆参观《复兴之路》展览时说："现在，我们比历史上任何时期都更接近中华民族伟大复兴的目标，比历史上任何时期都更有信心、有能力实现这个目标。""我坚信，到中国共产党成立 100 年时全面建成小康社会的目标一定能实现，到新中国成立 100 年时建成富强民主文明和谐的社会主义现代化国家的目标一定能实现，中华民族伟大复兴的梦想一定能实现。"④

2021 年 7 月 1 日，习近平在庆祝中国共产党成立 100 周年的大会上庄

---

① 习近平：《在庆祝中国共产党成立九十五周年大会上的讲话》，人民出版社 2016 年版，第 18 页。
② 习近平：《在纪念马克思诞辰 200 周年大会上的讲话》，人民出版社 2018 年版，第 8、17 页。
③ 本书编写组：《〈中共中央关于党的百年奋斗重大成就和历史经验的决议〉辅导读本》，人民出版社 2021 年版，第 473 页。
④ 《习近平谈治国理政》第 1 卷，外文出版社 2018 年版，第 35—36、36 页。

严宣告："经过全党全国各族人民持续奋斗，我们实现了第一个百年奋斗目标，在中华大地上全面建成了小康社会，历史性地解决了绝对贫困问题，正在意气风发向着全面建成社会主义现代化强国的第二个百年奋斗目标迈进。"[①] 从此以后，占世界人口约 1/5 的中国人开始享受小康社会的美好生活。这是一个彪炳史册的巨大功绩，是人类社会发展史上前所未有的伟大壮举！

2000 年，中国 GDP 首次突破 1 万亿美元时，许多国人沉浸在未曾有过的喜悦之中。到了 2019 年，我国的 GDP 已达到 14.3 万亿美元，排在美国（21.37 万亿美元）之后。按照世界银行购买力平价统计方式，2019 年，中国 GDP 已经达到 23.4 万亿美元，约占全球 GDP 的 17.2%；而美国 GDP 为 21.3 万亿美元，排名全球第二，占全球的 15.7%。如此奇迹般的成就是世人始料不及的。2000 年时，许多国人因为中国 GDP 破万亿而激动不已。20 年后的今天，中国已经傲视天下，这是多么伟大的成就啊！

战略布局："四个全面"。

2015 年 2 月 2 日，习近平在省部级主要领导干部学习贯彻党的十八届四中全会精神全面推进依法治国专题研讨班上讲话指出："党的十八大以来，党中央从坚持和发展中国特色社会主义全局出发，提出并形成了全面建成小康社会、全面深化改革、全面依法治国、全面从严治党的战略布局。这个战略布局，既有战略目标，也有战略举措，每一个'全面'都具有重大战略意义。"[②] 现如今，全面建成小康社会的战略目标已经实现，其他三个"全面"还要为实现第二个百年奋斗目标继续发挥作用。

"四个全面"战略布局是党中央立足于新的国际国内形势做出的顶层设计，是当前党和国家工作以及全国人民不懈奋斗的战略重点，体现了全

---

① 习近平：《在庆祝中国共产党成立 100 周年大会上的讲话》，人民出版社 2021 年版，第 2 页。
② 《习近平关于全面依法治国论述摘编》，中央文献出版社 2015 年版，第 14 页。

局思考和重点谋划的有机统一。"四个全面"中的每一个"全面"都具有战略性，需要从总体上加以推进，一个都不能放松。党的十八大以来，正是由于党中央着力推进"四个全面"战略布局，全面建成小康社会才能得以实现，全面深化改革才能不断得到推进，全面依法治国才能不断取得新进步，全面从严治党才能不断取得新成效。

战略支撑：加强国防和军队现代化建设。

加强国防和军队建设，是坚持和发展中国特色社会主义、实现中华民族伟大复兴的题中应有之义。习近平强调："强国必须强军，军强才能国安。"① 坚持和发展中国特色社会主义、实现中华民族伟大复兴，必须统筹发展和安全、富国和强军的关系，确保国防和军队现代化进程同国家现代化进程相适应，军事能力同国家战略需求相适应。习近平在十九大报告中明确指出："建设一支听党指挥、能打胜仗、作风优良的人民军队，是实现'两个一百年'奋斗目标、实现中华民族伟大复兴的战略支撑。"② 显而易见，中国的发展离不开和平的国际环境，而大国的和平从来不会轻易获得。在复杂多变的当今世界，中国必须拥有能够遏制外敌威胁和侵略的强大的国防力量。党的十九大报告的相关论述，为我军规划了 2020 年之后30 年的发展蓝图："力争到二〇三五年基本实现国防和军队现代化，到本世纪中叶把人民军队全面建成世界一流军队。"③

令人欣慰的是，我国国防和军队的现代化建设已经取得重大进步。一大批世界一流装备列装全军各部队，大大增强了我军的战斗力。这是以习近平同志为核心的党中央的重大功绩，也是当今中国能够顶住他国制裁、

① 《习近平关于社会主义社会建设论述摘编》，中央文献出版社 2017 年版，第 181 页。
② 习近平：《决胜全面建成小康社会 夺取新时代中国特色社会主义伟大胜利——在中国共产党第十九次全国代表大会上的报告》，人民出版社 2017 年版，第 24 页。
③ 习近平：《决胜全面建成小康社会 夺取新时代中国特色社会主义伟大胜利——在中国共产党第十九次全国代表大会上的报告》，人民出版社 2017 年版，第 53 页。

威胁、讹诈的底气所在。中国人不仅要把"蛋糕"做大、分好，还要有足够的力量保住"蛋糕"，绝不能让强盗抢走了，为此，必须有"船坚炮利"的强大国防。毫无疑义，我军的现代化建设蓝图一定能够按期实现。我国第二个百年奋斗目标实现之日，定是我军成为世界一流军队之时。

党的领导：实现强国战略的根本保证。

一百年前的中国，积贫积弱，风雨如晦，中华民族到了最危险的时候，中国该向何处去？领导国家走出苦难深渊的重任由谁担当？"十月革命一声炮响，给中国送来了马克思列宁主义。在中国人民和中华民族的伟大觉醒中，在马克思列宁主义同中国工人运动的紧密结合中，中国共产党应运而生。中国产生了共产党，这是开天辟地的大事变，深刻改变了近代以后中华民族发展的方向和进程，深刻改变了中国人民和中华民族的前途和命运，深刻改变了世界发展的趋势和格局。"[1] 中国共产党的诞生改写了中国和世界的历史。正是因为有了中国共产党的领导，中华人民共和国才会巍然屹立在世界的东方，才能不断取得革命与建设的新的胜利。这是中国历史进程的真实写照。

1954年9月15日，毛泽东在第一届全国人民代表大会第一次会议致开幕词时明确提出："领导我们事业的核心力量是中国共产党。"[2] 这是对中国共产党领导地位的经典概括。从此以后，这一表述的基本含义得到长期的延续和贯彻，有效统一了全党和全国人民的思想和行动。

党的十八大以来，针对新时代党和国家各项事业面临的机遇和挑战，习近平多次强调了坚持党的领导这一重要问题，并对此做出了进一步的阐述。2015年2月，习近平在省部级主要领导干部学习贯彻党的十八届四中全会精神全面推进依法治国专题研讨班上的讲话中说："中国共产党是执

---

① 习近平：《在庆祝中国共产党成立100周年大会上的讲话》，人民出版社2021年版，第3页。
② 《中华人民共和国第一届全国人民代表大会第一次会议文件》，人民出版社1955年版，第4页。

政党，党的领导是做好党和国家各项工作的根本保证，是我国政治稳定、经济发展、民族团结、社会稳定的根本点，绝对不能有丝毫动摇。"① 在庆祝中国共产党成立 100 周年大会的讲话中，习近平指出："中国共产党领导是中国特色社会主义最本质的特征，是中国特色社会主义制度的最大优势，是党和国家的根本所在、命脉所在，是全国各族人民的利益所系、命运所系。"②

坚持战略思维能够促进党和国家各项事业的发展，当然也有益于企业管理。当"战略思维"这一概念被引入管理领域后，其含义发生了明显变化。在如今的管理学界，研究者很难就战略思维内涵的表述达成一致。

美国学者盖拉特认为，战略思维是一个高层经理人摆脱日常管理事务而获得对组织不同远景的规划以及正在变化环境的认识。③ 可见，盖拉特主张战略管理者不应陷于日常琐事之中，而是要通过战略思维去规划组织的远景，去把握环境变化给企业造成的影响。

加拿大管理学家亨利·明茨伯格认为，战略思维是强调整合，使用直觉和创造性去产生一个综合企业远景，而战略设计是发生在战略思维后的一个过程。④ 在这里，明茨伯格指出了战略思维与战略设计的先后关系。也就是说，只有形成了好的战略思维，才会有好的战略设计，无论是整合资源还是进行创造性的运筹都会受到战略思维的支配。从中可以看出，战略思维在战略规划中的先导作用。

中国学者庞跃辉对战略思维做出了比较全面的描述。他认为，战略思维是指对关系全局性、长远性、根本性重大问题的分析、综合、判断、预

---

① 《习近平：中国共产党领导是中国特色社会主义最本质的特征》，引用日期：2020 年 7 月 15 日，http：//www.gov.cn/xinwen/2020—07/15/content_5527053.htm.
② 习近平：《在庆祝中国共产党成立 100 周年大会上的讲话》，人民出版社 2021 年版，第11页。
③ Garratt Bob.，*Developing Strategic Thought*，McGraw—Hill，1995.
④ Mintzberg H.，"The Fall and Rise of Strategic Planning，" *Harvard Business Review*，No. 1/2，1994，p.107.

见的理性思维过程，是对社会经济运动规律的思考与把握，是领导者思维能力、思维水平、思维成果的高度体现。[①] 这一说法比较全面，其中不仅讲到了战略思维的对象，还概括了战略思维的过程和特点，较易被人们接受。

众多研究者的观点告诉人们，企业战略思维是在主体与客体的相互作用中形成的，它是企业战略思维的主体基于对企业战略思维客体的认知，运用其自身的价值和知识体系，形成企业战略决策的全过程。在这里，企业战略思维主体所指的企业战略管理者，既包括企业战略的个体决策者，也包括组织决策者。对于企业来说，战略的制定与执行过程，一定是团队和组织的全体成员共同努力的结果。企业战略思维客体指的是与战略管理者相对应的客观因素，其中包括企业自身的发展状况，也包括供应商、客户、市场等与企业发展具有相关性的客观环境。正是由于主体与客体的交互作用，才使得企业的战略性问题得以凸显，并使有关的解决方案得以产生。

在通常情况下，人们大都习惯于线性思维。线性思维是一种直线的、单向的、单维的思维方式，是从个别到一般、从具体到抽象、从眼前到长远的思考问题的方法。而战略思维却是非线性的，是反常规、反习惯的，因而，战略思维是一种难以获得的思维方式，是一般人不大容易形成的一种思维方式。纵观那些成大事业者，无一不是掌握了这一思维方式的人，他们能够在复杂多变的商业环境中找到自己的位置，逐步踏上通向成功的旅程；相反，一些没有战略思维的创业者，则像在茫茫荒野中艰难跋涉的行者，辨不清前进的方向，找不到行驶的路径，或踟蹰不前，或误入歧途，无法抵达预期的终点。因此，创业者可以暂时没有战略，但绝不能没

[①] 庞跃辉：《论战略思维》，《黑龙江社会科学》2002 年第 5 期。

有战略思维。

1989 年，42 岁的陶华碧毅然踏上了创业之路。缺少启动资金怎么办？陶华碧决定先从力所能及的事情干起。她拿出多年打工摆地摊攒下来的一点钱，用到处捡来的砖头建了一间简陋的房子，开了一家专卖凉粉和冷面的餐厅。周围的饭店很多，怎样把顾客吸引到自己的店里来？最可行的办法就是把价格定到最低，把服务做到最好。为此，她特地熬制了一款辣椒酱作为凉粉的佐料，令人意外的是，她的辣椒酱大受欢迎，饭店因此门庭若市。

怎样抓住这一商机？陶华碧勇敢地迈出了重要一步。她开办了一个以"老干妈"为品牌的辣椒酱加工厂。这款辣椒酱推向市场后畅销不衰，工厂规模很快从 200 人发展到 2000 人。多年来，不论工厂效益高低，老干妈一直给员工提供食宿，员工的工资福利始终是当地最好的。

如今，老干妈辣椒酱已远销国外许多国家。生意这么好，为什么不上市？许多人向陶华碧这样建议道。陶华碧却说："老干妈成立二十多年来，有三条铁打的原则：不贷款、不融资、不上市。我只晓得炒辣椒，只干我会的。"这些话令不少人震惊或汗颜。在许多商界人士看来，贷款、融资、上市是企业发展的"必由之路"，于是很多人不是把主要精力用在企业管理上，而是一门心思地在如何"圈钱"上动脑筋，甚至不惜违规、违法操作，最终落得悲惨的结局。这样的人，应该好好学一学老干妈的经营之道。

直至今日，人们从未听陶华碧阐述过公司战略，但她的创业历程却体现了卓越的战略思维能力。她能够把创业中遇到的一个个问号拉直，靠的就是这种非凡的能力。她怀有一颗利他之心，心里总是装着员工和顾客，无愧于"老干妈"的美誉。这是陶华碧能够取得成功的最基本的战略逻辑。陶华碧脚踏实地，务实肯干，只做自己能干的、最擅长的事情，具有极强的战略定力。她知道企业的资源有限，不能搞盲目扩张，不能搞跨界经营，而是只把鸡蛋放在一个最可靠的篮子里。这些重要结论只有通过战略思维才能获得。她所历经的不仅是企业成长的过程，也是战略思维能力不断提高的过程。在当今的世界上，比陶华碧有文化的人多得很，比陶华碧有本事的人多得很，不具备她那样的战略思维的人也多得很。正是因为这样，这些人无法成为像陶华碧那样的人。

二、战略源于战略思维

战略源于战略思维。战略思维在相应的战略中得以体现，战略都是战略思维的成果。因此，只有具备战略思维的人，才具备解决战略问题的能力。

"战略"一词原本是军事术语，但如何定义却始终存在分歧。《中国大百科全书·军事卷Ⅱ》中的解释是："战略是指导战争全局的方略。"[①]《简明不列颠百科全书》的解释是："在战争中利用军事手段达到战争目的的科学和艺术。"[②]

历史告诉我们，战略是与战争相伴而生的。人类从开始刀兵相见时，就致力于探索战争的规律，就开始用自己的智慧指导战争；而战略思考处于这种智慧活动的最高层面。就这样，与战略有关的思维片段便产生了。随着战争实践的逐步深入，人类的战略思维水平不断得以提高。

在中华文明史上，有关战略的思想源远流长。在相关典籍中，战略常被称为道、谋、猷、韬、方略、兵略等，以这些概念为基础，形成了内容十分丰富的战略思想。

---

① 《中国大百科全书·军事卷Ⅱ》，中国大百科全书出版社1998年版，第1214页。
② 《简明不列颠百科全书》第9卷，中国大百科全书出版社1986年版，第367页。

在军事战略领域，孙武这个名字几乎无人不晓。这位诞生于我国战国时期的军事家是举世公认的战略学鼻祖，他所著的《孙子兵法》，不仅是战略思维的开山之作，也是军事战略思想的源头。这一名作虽然诞生在 2500 余年前，但岁月的尘埃却难掩其智慧的光芒。早在 1000 多年前的唐代，《孙子兵法》就流传到朝鲜和日本。日本人极为推崇这一经典，将其称为"世界古代第一兵书""东方兵学的鼻祖"。18 世纪 60 年代，《孙子兵法》传入欧洲。20 世纪 60 年代初，英国元帅蒙哥马利来华访问，在谈到《孙子兵法》时说，世界上所有的军事学都应把这一古代兵学名著列为必修课。美国学者约翰·柯林斯在其《大战略》书中这样写道："孙子是古代第一个形成战略思想的伟大人物……孙子十三篇可与历代名著包括二千二百年后的克劳塞维茨的著作媲美。今天没有一个人对战略的相互关系、应考虑的问题和所受的限制比他有更深刻的认识。他的大部分观点在我们当前环境中仍然具有和当时同样重大的意义。"① 《孙子兵法》有关战略思维的论述，不仅对于古今中外军事战略的发展起到了奠基性的作用，还对经济、政治等方面的战略形成与发展产生了重大影响，致使即使是自认为拥有先进文明的西方人，在谈及这部中国经典时，也不得不收起他们的傲慢。

虽然在中外文明中，与战略有关的思想早已有之，但"战略"这个词产生的时间并不是很长。"战略"的英语表达为"strategy"，法语表达为"strategie"，它们都来源于希腊语中的"军队"一词：stratos。古希腊的希罗多德、色诺芬和古罗马弗龙廷均在著作中对军事战略做出了诸多方面的论述。但在此后相当长的时间里，尽管欧洲战事不断，但在战略领域一直未能形成较系统的理论。直到 18 世纪，法国战略家梅齐乐在他的《战略理

---

① 〔美〕约翰·柯林斯著，中国人民解放军军事科学院译：《大战略》，中国人民解放军战士出版社 1978 年版，第 8 页。

论》一书中首次使用了"战略"一词,并将这个词界定为"作战的指导",具体定义是"驱动军队抵达决战地点"。从此以后,这一定义就基本上被固定下来了,并很快被翻译到法国之外的许多国家。直到 19 世纪初拿破仑战争以后,西方的战略理论才初步形成。当时所建立的是以"作战战略"为主要内容的"直接路线"战略理论,其主要标志是 1832 年德国著名军事理论家克劳塞维茨的《战争论》一书的出版。

在《战争论》中,作者给"战略"下了一个比较完整的定义:"战略是为了达到战争目的而对战斗的运用。因此,战略必须为整个军事行动规定一个适应战争目的的目标,也就是拟制战争计划,并且必须把达到这一目标的一系列行动同这个目标联系起来,也就是拟制各个战局的方案和部署其中的战斗。"① 在此基础上,克劳塞维茨指出了战略具有三个基本特点,即目标性、计划性和盖然性。克劳塞维茨认为:"在战略上,一切主要的东西都产生于双方的最终意图,即产生于一切思考活动的最高出发点。"② 上述论述成为西方战略理论的基本观点,并在西方乃至国际战略研究领域产生了较大影响。

《孙子兵法》和《战争论》都是举世公认的著名军事著作,分别代表了东西方战略理论的最高成就,并在世界军事思想发展史上产生了巨大影响。然而,《孙子兵法》比《战争论》早问世约 2300 年,二者相隔的时空距离太漫长了!因此,将二者相提并论似乎有失公允。即便如此,前者的许多思想依然高于后者。身处冷兵器时代的孙武竟然提出了诸多适用于热兵器及以后时代的战争理论,备受世人赞誉,这充分体现了战略家跨越时空、超越时代的非凡智慧,足以说明中华民族在战略领域作出的贡献是无

---

① 〔德〕克劳塞维茨著,中国人民解放军军事科学院译:《战争论》,商务印书馆 1997 年版,第 175 页。

② 〔德〕克劳塞维茨著,中国人民解放军军事科学院译:《战争论》,商务印书馆 1997 年版,第 720 页。

人能及的。

毛泽东是人类历史上少有的集战略理论家和战争指挥者于一身的伟大人物，是当之无愧的"具有革新思想的战略家"①。据抗战后期曾驻延安任美军观察团负责人的谢伟思回忆，他曾问过很多中国共产党人，毛泽东为什么能成为众望所归的领袖。他们的答案是一致的，因为毛泽东高瞻远瞩，能够始终运用战略思维思考中国革命的重大问题。

1927 年大革命失败后，中国共产党人血流成河。海陆丰起义、南昌起义、秋收起义、黄麻起义、广州起义均以失败告终。蒋介石信心十足地认为，共产党垮了。面临如此严峻的形势，毛泽东相继写出《中国的红色政权为什么能够存在?》《星星之火，可以燎原》等著作，消除了党内一些人产生的"红旗到底能打多久"的疑问。毛泽东以诗一般的语言描绘了一幅令人鼓舞的前景："我所说的中国革命高潮快要到来，决不是如有些人所谓'有到来之可能'那样完全没有行动意义的、可望而不可即的一种空的东西。它是站在海岸遥望海中已经看得见桅杆尖头了的一只航船，它是立于高山之巅远看东方已见光芒四射喷薄欲出的一轮朝日，它是躁动于母腹中的快要成熟了的一个婴儿。"② 在那黑云压城、风雨如晦的岁月，毛泽东能够对中国革命的前景作出如此乐观的描述，是当时许多人难以理解的。历史的发展证明了毛泽东的论断，中国革命一步步走向胜利。

英国著名战略学家劳伦斯·弗里德曼在《战略：一部历史》中写道：在单凭力量对比注定要失败的情况下，真正考验创造力的是弱者战略。擅用弱者战略的人会运用超常智慧，随时留意成功的机会。毛泽东就是这样

---

① 解放军报社军事工作宣传处、《军事学术》杂志社：《毛泽东军事思想研究学术论文集》，解放军出版社 1984 年版，第 418 页。

② 《毛泽东选集》第 1 卷，人民出版社 1991 年版，第 106 页。

一位善用"弱者战略"赢得胜利的人。终其一生，毛泽东都是在我方实力远低于对手的情况下，运用超人的战略思维，创造了人类战争史上一系列以弱胜强、以小博大的奇迹，从而使他具备了世界级伟大战略家的资格。

作为军队统帅的毛泽东，始终将自己的主要精力集中在战略方面。他说："搞军事工作要先搞战略。我从来不研究兵器、战术、筑城、地形四大教程之类的东西。那些让他们去搞。四大教程我根本不管，我也不懂。我只研究战略、战役。"① 在《中国革命战争的战略问题》《论反对日本帝国主义的策略》《论持久战》《实践论》《矛盾论》《整顿党的作风》《改造我们的学习》《反对党八股》等文章中，毛泽东明确论述了在领导中国革命的实践中应该坚持的战略思想。

毛泽东在他的著作中精辟地道出了战略的要义。他认为："研究带全局性的战争指导规律，是战略学的任务。"② 战略思维的首要特性体现在空间上的全局性与时间上的长远性，如何看待全局与局部、当前与长远的关系是战略思维的核心问题。毛泽东进一步指出："凡属带有要照顾各方面和各阶段的性质的，都是战争的全局。"③ 他强调："指挥全局的人，最要紧的，是把自己的注意力摆在照顾战争的全局上面。""要求战役指挥员和战术指挥员了解某种程度的战略上的规律，何以成为必要呢？因为懂得了全局性的东西，就更会使用局部性的东西，因为局部性的东西是隶属于全局性的东西的。说战略胜利取决于战术胜利的这种意见是错误的，因为这种意见没有看见战争胜败的主要和首先的问题，是对于全局和各阶段的关照得好或关照得不好。如果全局和各阶段的关照有了重要的缺点或错误，

---

① 《毛泽东思想年编（1921—1975）》，中央文献出版社 2011 年版，第 936 页。
② 《毛泽东选集》第 1 卷，人民出版社 1991 年版，第 175 页。
③ 《毛泽东选集》第 1 卷，人民出版社 1991 年版，第 175 页。

那个战争是一定要失败的。"① 应当"拿战略方针去指导战役战术方针，把今天联结到明天，把小的联结到大的，把局部联结到全体，反对走一步看一步。"② 这些重要观点既符合战略理论的一般原理，也是对战争实践的科学总结。正是因为有了正确的战略思想的指导，中国人民才能成为革命战争和反侵略战争的胜利者。

战争是生与死的拼搏，是血与火的较量。古往今来的战争，无不以赢得胜利为最终目的。也许正是因为这个原因，现代社会几乎各行各业都讲起了战略，政治、经济、军事、文化、企业等领域都把战略问题置于首要地位，其目的与战争是相同的，就是为了赢得胜利，获取比对手更多的利益。尽管不同行业的战略内容有所不同，但其基本原则、基本逻辑是相通的，是可以相互借鉴的。因此，"战略"一词成为如今使用频率最高的词语之一，如何增强战略思维能力、搞好战略管理也成为各个行业人们的共同语言。

应该指出的是，战略虽然具有比战术更加重要的地位，但却不能将其与战术割裂开来。实行战略决策的同时应注重把握其与战术的关系。克劳塞维茨曾经这样论述战略与战术之间的关系，他认为，"战术是在战斗中使用军队的学问，战略是为了战争目的运用战斗的学问。""前者研究战斗的方式，后者研究战斗的运用。""战术和战略是在空间上和时间上相互交错、但在性质上又不相同的两种活动。""只有从战术出发，才能真正理解战略。"③ 瑞士军事理论家 A. H. 若米尼在《战争艺术概论：对战略、大战术及军事政策的主要问题的最新分析》一书中说："战略是在地图上进行战争的艺术，是研究整个战争区的艺术。战术是在发生冲突的现地作战和

---

① 《毛泽东选集》第1卷，人民出版社1991年版，第176、175页。
② 《毛泽东文集》第1卷，人民出版社1993年版，第381页。
③ 〔德〕克劳塞维茨著，中国人民解放军军事科学院译：《战争论》，商务印书馆1997年版，第102—103、109、110、114页。

根据当地条件配置兵力的艺术。"① 这两位军事理论家都以极简练的文字概括了战略与战术的关系。只有将二者区别开来，才能使不同的战争指导者更加清楚地认识战争，明确自己的任务和职责，从而增加取胜的把握。

关于战略与战术的关系，"现代管理学之父"彼得·德鲁克也有过专门的论述，他说，战略是由战术组成的。如果战略不是以战术为依据并体现在其中，那么再详尽的战略也只不过是面向未来的"纸上谈兵"；另一方面，如果战术没有整合于统一的战略计划之中，那么它们只不过是权宜之计，是一种猜测，并且会指引错误的方向。可见，军事家与管理学家在战略与战术相互关系的认识上是一致的。因此，无论是战场上的军人，还是商战中的商人，都应在正确把握战略与战术的相互关系中做出决策，只有这样，才能战胜各自的对手。

战略家也要抓战术，但与战术家的抓法不同，战略家抓的都是那些能够牵动全局的战术。比如，企业家在关注战略的同时，往往会十分关注一些关键性的战术环节。正如《CEO说》一书所说的那样，虽然每个企业家都会注重解决企业发展的战略性问题，但仍然会重点管控现金流、资产收益率、利润、周转率、业务增长、顾客满意度这六件很具体的事。原因很简单，这六件事的每一件看上去都算不上企业的重要战略问题，但其中的每一件都会对战略产生一定的影响。以上六件事是紧密相连、环环相扣的，其中，与赚钱有关的业务由现金流、资产收益率、业务增长三件事组成；利润率和周转率反映企业是否具有良好的收益率；而客户的满意度会对每件事产生影响。如果这六件事不是正向的结果，就会给战略的实施造成损害。作者的上述看法与有实际管理经验者的认识是一致的，即战略管理者的头脑中既要装着企业战略，又不能忘记那些重要的战术环节，只有

---

① 〔瑞士〕A. H. 若米尼著，刘聪、袁坚译：《战争艺术概论：对战略、大战术及军事政策的主要问题的最新分析》，解放军出版社 1986 年版，第 87 页。

这样，才能全面提高企业的战略竞争力。

三、战略理论是智慧的宝库

战略起源于军事，发端于战争，呈现出异常复杂的状态。古往今来，有识之士对此做过广泛而深入的研究，建树颇多。如今，战略研究已经成为一个学派林立、成果丰硕的领域。面对古今中外卷帙浩繁的战略著作，一般人难以一一攻读，却可以通过有重点的学习了解其中的重要思想。

美国制度经济学家康芒斯最早把战略思想引入经济管理领域，他将"战略因素"一词用于企业制度研究之中，管理与之相关的经济活动和金融交易等事项，解析在不同情况下决定经济运行的关键变量，战略与经济活动由此开始发生联系。后来，美国管理学家、近代管理理论奠基人切斯特·巴纳德将"战略因素"概念引入企业管理，并运用相关思想分析企业的决策机制。随后，更多的商界人士开始从战略的角度来思考经济和企业经营活动，企业战略研究的序幕也逐步拉开了。

一般来说，20 世纪 50 年代之前的这一时期，被看成企业战略理论的起始阶段。进入 20 世纪五六十年代，学界对企业战略方面有关问题的认识有了较大提高。到了 60 年代，钱德勒的"结构跟随战略"假设和安东尼—安索夫—安德斯范式得以确立。70 年代以后，战略理论的研究方向发生了明显变化，许多研究者更加注重解决有关战略的实际操作问题，产生了经营组合管理理论和迈克尔·波特的竞争定位等理论成就。20 世纪 80 年代以后，由于世界经济格局发生了深刻演变，企业面临的经营环境也与以往完全不同，在这样的背景下，不少学者开辟了新的研究领域，他们更加注重对企业管理过程中人的因素、文化因素、知识因素以及研究方法进行研究。这一时期，彼得·圣吉、柯林斯和珀斯等学者取得了突出建树，他们先后创立了企业愿景驱动式管理，引起了较大反响。此外，还有一些学者致力于进一步发展波特的理论，提出了竞争优势、核心竞争力以及与此有关的诸多新的理论和模型。这些理论成果的产生将战略研究提高到一个新水平。

此后，明茨伯格对企业战略研究作出了新的贡献。他的理论纠正了传统战略理论的一些偏向，更好地做到了知行统一，更加符合当今企业管理的实际，具有更强的批判性和应用性。

1998 年，明茨伯格等人在所著的《战略历程：穿越战略管理旷野的指南》一书中，将学派林立的战略学界分为十个学派，即：设计学派、计划学派、定位学派、企业家学派、认识学派、学习学派、权力学派、文化学派、环境学派、结构学派，并将其归结为说明性、描述性和结构性三大类。这十个学派分别从不同的角度揭示了企业战略的本质特征，并互相补充，共同构成了完整的战略管理理论体系。作者的这一划分，得到学界的普遍认可。

正如这本书中说的那样，这十个战略学派对战略形成的认识"如同盲人摸象，没有人具有审视整个大象的眼光，每个人都只是紧紧抓住战略形成过程的一个局部，而对其他难以触及的部分一无所知。而且我们不可能通过简单拼接大象的各部分去得到一头完整的大象，因为一头完整的大象并非局部的简单相加。不过，为了认识整体，我们必须先理解局部"①。作者还说道："每个学派的独特观点只是聚焦于战略形成的某一方面。在某种意义上，每一种观点都是片面且夸张的；但从另一个角度看，它们又都非常有趣且深刻。一头大象不可能只是一只长鼻子，但它确实长有一

①〔加拿大〕亨利·明茨伯格等著，魏江译：《战略历程：穿越战略管理旷野的指南》，机械工业出版社 2012 年版，第 3 页。

只长鼻子，人们很难想象一个没有长鼻子的大象。"① 面对丰富而复杂的战略理论，就要像寓言中的几个盲人那样，先从了解局部入手，逐步扩大对"大象"的整体认知。在此过程中，应该尽量多摸几个部位，多听听其他盲人的意见，只有这样，才会不断增加对战略这头"大象"全貌的了解。

明茨伯格提出了著名的战略5P模型。他参照市场营销学中的四要素提法，提出了企业战略是由计划（Plan）、计策（Ploy）、模式（Pattern）、定位（Position）和观念（Perspective）这五种定义加以阐述的，由此构成了企业战略的"5P"模型。这五个定义从各自不同的角度分别阐述了"企业战略"这一概念。明茨伯格认为，人们在谈及战略时，都是在谈论"5P"中的某一个或几个含义。实际上，"战略"具有多重含义，既应准确理解每一种含义，又应将多种含义联系起来，以便能够形成整体的战略观念。他指出，人们在生产经营活动中的不同场合以不同的方式赋予企业战略不同的内涵，说明人们可以根据需要接受多样化的战略定义。掌握这一模型，有助于人们从总体上把握企业战略的本质及其主要特征，避免因有关看法的分歧而无所适从。

在战略研究方面，德鲁克构建了一个新的分析架构。他认为，战略是由一系列假设构成的。这些假设主要有以下内容：有关组织环境的假设，有关组织特殊使命的假设，有关完成组织使命所需的核心能力的假设。用德鲁克的话来说，有关环境的假设，是用来定义一个组织的收入来源；有关使命的假设，是用来定义一个组织所做的有意义的结果；至于有关核心能力的假设，则用来定义若组织想要保持领先地位，需要哪方面的卓越表现。这些论述和分析是极富价值的，深入理解这些思想，有助于扩展人

---

① 〔加拿大〕亨利·明茨伯格等著，魏江译：《战略历程：穿越战略管理旷野的指南》，机械工业出版社2012年版，第4页。

们对企业战略相关问题的认识，也能有效提高企业管理者的战略思维水平。

20 世纪 90 年代后，创新和创造未来成为许多战略学者研究的重点方向。1996 年，爱德华·德·博诺的《超越竞争》一书出版后，超越竞争理论成为这一时期企业战略研究的一个新热点。作者指出，企业要想获得更多的成功，就必须要超越竞争对手，实现整个经济市场中的价值垄断。但这种理论所指的并不止于实际意义上的价值垄断，而是一种无形的垄断，即消费者的选择和消费需求。他认为企业只有抓住消费者的核心价值及需求，才能够创建企业自身的价值。

也是在 1996 年，詹姆斯·穆尔在《竞争的衰亡：商业生态系统时代的领导与战略》一书中提出了企业生态系统合作演化理论。企业生态系统不仅指企业内部的组织和个人所共同组成的经济群体，同时包括生产商、销售商、顾客以及供应商等各种群体。在他看来，企业之间的竞争不仅是企业之间的竞争，还来自整个企业生态系统之间的竞争。企业要想实现长远发展，必须充分融入整个生态系统并取得主导性的地位。

另有不少学者看到了知识因素在价值创造过程中的重要作用，并开始进行这方面的研究。瑞克认为，当今社会已经进入知识经济发展阶段，在这种条件下，知识已经成为企业最有价值的战略资源，并由此创建了以知识为本的战略。企业战略是在对企业资源、市场竞争和顾客需求这三个因素进行综合考虑的基础上，实现企业自身所定义的价值创造的过程。在知识经济条件下，这三个因素都发生了深刻的变革，知识作为生产要素获得了比以往更高的地位，知识需求的满足成为人们一切期望得以实现的前提，知识的生产已经成为社会经济生活的中心，知识创新已经成为现代经济的主要增长点，并主导着经济发展的方向。因此，制定战略时必须充分发挥知识的作用。

20 世纪 70 年代以前，我国的战略研究长期处于缺失状态。学界既不了解国际上战略研究的动态和成果，更没有对国内的战略管理实践做出有效的总结研究。随着国家改革开放进程的不断推进，我国的战略理论研究受到有关方面的重视，研究力量逐步得到加强，相关工作取得较大进展。

1978 年 9 月 27 日，"中国航天之父"钱学森在《文汇报》上发表了题为《组织管理的技术——系统工程》的文章，在国内学界引起了震动。这篇文章架起了科学与管理哲学的桥梁，开创了系统工程管理的中国学派，为中国的现代管理科学研究奠定了基础。20 世纪 70 年代末期，哈佛大学教授代表团到访中国时，向我国学界传播公司战略的理论知识。从此，西方管理学理论逐步引起了我国战略研究人员的重视。1983 年初，袁宝华提出了著名的十六字方针："以我为主，博采众长，融合提炼，自成一家。"①这一方针对于战略研究还处于起步阶段的国内管理学研究具有指导意义，得到当时学界的积极肯定。

1992 年，国家明确提出建设社会主义市场经济后，国内战略学科开始进入理论确立和发展阶段。1994 年，中国学者谭劲松等人关于中国电子行业环境、战略与绩效关系的研究文章②在国际顶级期刊 *Strategic Management Journal* （《战略管理》）上发表，在当时的学界引起了较大反响。这是国际战略管理学术权威期刊首次刊载有关中国企业战略的实证文章，填补了我国社会科学理论研究领域的一项空白，也使国际学术界因此改变了长期形成的认为中国企业没有战略的看法。此后，谭劲松分别与 MikeW. Peng 和 David Tan 合作，又在 *Strategic Management Journal* 上发表了两篇文

---

① 金占明、杨鑫：《改革开放三十年：中国战略管理的理论与实践之路》，《清华大学学报（哲学社会科学版）》2008 年第 12 期。

② Tan J, Litschert R J., "Environment－Strategy Relationship and Its Performance Implications: An Empirical Study of the Chinese Electronic Industry," *Strategic Management Journal*, Vol. 15, No. 1, 1994, pp. 1－20.

章①，进一步提高了中国企业战略研究的国际化水平。

上述研究成果的取得，激发了国内学界对战略研究的热情和兴趣，国内战略管理领域相继出现了一批具有较高学术水平的专家学者，如香港中文大学吕源教授、华南理工大学蓝海林教授、中山大学李新春教授等。他们开始关注中国企业的管理实践，系统总结中国企业战略管理的经验与教训，并进行了·些有益的探索和研究。此外，政府有关部门对于战略研究给予了较多的支持，并加大了对有关科研的资助力度。1994 年，国家自然科学基金委批准资助"大型企业（集团）跨国经营研究"。截至目前，已有多项受国家自然科学基金资助的项目正在进行，其中多项重点项目取得了进展。可以说，在这二三十年的时间里，随着中国企业国际竞争力的不断增强，国内企业战略方面的研究也不断得到推进，并取得了一些很有价值的成果。

在国内国际形势已经发生重大变化的今天，中国企业的发展环境具有高度的不确定性，西方理论赖以建立的一些关键假设在中国情境中未必完全适用，相关研究者不应无条件加以认定。我国学者徐淑英在《组织与管理研究的实证方法》一书中，建议国内学者应注重在中国情境中进行理论创造。中国企业战略管理学科是国内战略学者在引进、消化和应用西方企业战略理论和方法的过程中逐步建立和发展起来的，因此，国内学者应该重视西方发达国家不存在的特有环境，积极回答中国企业战略管理亟须回答的一些重大问题。对此，徐淑英提出了两种类型的情景化研究的方法：应用型方法，即将现有的研究问题、理论、测量和研究方法应用到中国的

---

① 这两篇文章分别是：Tan J, Peng M W., " Organizational Slack and Firm Performance during Economic Transitions: Two Studies from an Emerging Economy," *Strategic Management Journal*, Vol. 24, 2003, pp. 1249—1263. 和 Tan J, Tan D. "Environment—strategy Co—evolution and Co—alignment: A Staged Model of Chinese SOEs under Transition," *Strategic Management Journal*, Vol. 26, 2005, pp. 141—157.

情境中；创造型方法，即创造中国情境中特定的研究问题、理论、测量和研究方法。这两种方法是有启示意义的。

自 2000 年以来，大量研究者开始尝试采取创新的方法，逐步构建有中国特色的战略管理理论。在《管理世界》《管理学学报》《南开管理评论》等国内经济 CSSCI 期刊上发表的有关战略管理的论文不仅数量在增加，质量也有了明显提高，这体现了我国企业战略研究所呈现的良好发展势头。

一个学科从建立到成熟需要具备必不可少的主客观条件，需要研究者付出长期的努力，指望在较短的时间内扭转企业战略研究"西强东弱"的局面是不现实的。虽然我国的战略理论研究在许多方面已经取得了较大进步，但还不能完全适应中国企业发展的需要。只有有了国家的重视和支持，有了学界、企业家、咨询培训等各方面研究者的努力，我国的战略研究事业才能够跟上时代的步伐，不断取得新的成就。

四、战略，拆开来看更清楚

一般人在进行战略思考时，常常想到的是一大团抽象的模糊的东西，很难对此加以具体把握。但 Economist（《经济学家》）杂志却别出心裁地提出了一个具体而形象的观点，即战略所要解决的是有关企业的两个最基本的问题：一是"Where do you want to go?"（你想要去哪里?），二是"How do you want to go there?"（你想怎样去那儿?）。这样的表述倒是挺生动的。想要解决第一个问题，就应该搞清楚企业的战略目标是什么，企业的战略定位是什么。第二个问题所要解决的是应该运用哪些资源、采取什么途径和方法去战胜什么挑战，进而完成价值创造，实现企业的战略目标。只有上述两个问题都有了正确答案，才能做到胸中有目标，脚下有通途，才可能抵达成功的终点。

上述两个问题确实为人们认识战略提供了一个新的角度，但不应止步于此，我们还需将战略拆开来看才行。只要将战略加以具体划分，就可以看清战略的内在结构，也就能够具体掌握企业战略的实际含义了。

应该怎样对企业战略进行划分呢？一般来说，可将企业战略划分为三个层次，即公司战略、经营战略和职能战略。

公司战略是企业战略的第一个层次，又可称为总体战略，它是处于企业最高层次的战略，属于一个公司的顶层设计，是企业最高决策层管理企业各项事业的最高行动纲领。公司战略所涉及的是企业面临的全局性问题，确立的是与企业整体管理相关的谋略，所包含的是有关企业方向性、关键性的内容，所体现的是公司高层管理者在识别和解决企业面临的核心挑战的主要对策。在此过程中，需要依据公司确定的战略目标对企业的各方面资源进行优化配置，促使公司各个部门、不同业务能够相互协调、形成合力。总体战略的制定与实施和企业的命运息息相关，它犹如汽车的方向盘，决定着企业运营的方向和路径，企业高层管理者就是这个方向盘的直接把控者。因此，企业高层管理者在制定总体战略过程中，绝不能出现重大失误。一旦出现这样的失误，企业必然会步入歧途，甚至会坠入深渊。

企业战略的第二个层次为经营战略，也被称为事业部战略。经营战略是公司战略的子战略，它是由公司所属的某一个业务单位制定的战略，是对公司战略的进一步展开和深化，直接为实现企业的战略目标服务。经营战略是按照公司战略的相关要求制定的，是与总体战略相匹配的，它着重明确的是某个事业部、某项业务所处的特定细分市场中的产品或服务的竞争地位。再好的公司战略也不能离开经营战略的贯彻和支撑，否则，公司战略就会变成无法落地的空中楼阁。只有各个业务单位的管理者都能主动地围绕公司战略，切实搞好本级经营战略的谋划和实施，积极开展创造性的工作，公司的战略目标才可能真正落到实处。

企业战略的第三个层次是职能战略。这一战略是贯彻公司战略和经营战略的行动战略，是公司执行层的行动计划。它需要企业各个职能部门主动做好与公司战略和经营战略相衔接的有关工作，确定各职能部门的近期经营目标和具体实施计划，一般包括生产战略、财务战略、研发战略、营销战略和人力资源战略等。制定和实施职能战略的目的在于促使各职能部门的管理者能够正确履行和贯彻公司战略和经营战略中的责任和要求，实现资源产出率的最大化。职能战略需要解决的问题包括：主要产品的市场占有率、生产系统和营销系统的实际运营效率、客户服务的质量和范围。比较起来，职能战略必须更加具体，更接地气，更具有可操作性。

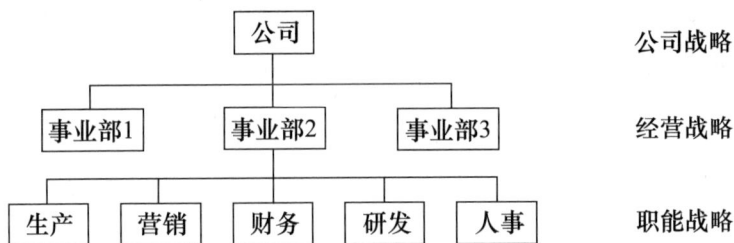

战略管理层次

由此可见，企业战略也是一个金字塔结构，它是由不同方面的内容按照合理的层次构建起来的，因此，应该注重战略思维的结构性和层次性。居于这座金字塔不同结构中的战略具有不同的特性和要求。管理者应该具备较强的战略分析能力，善于从不同角度、不同方面来进行有目的的战略思考。当人们能够从不同的层次上来分析研究战略问题时，其获得的解决方案就会更有深度，有更强的针对性和可行性。

国美电器管理层在战略制定过程中就善于通过战略思考来制定企业不同层次的战略。首先，国美注重搞好总体战略的谋划。国美将"成为整个家电销售零售行业的领导者"确立为公司的战略目标，对公司进行了明确的战略定位。通过 SWOT 分析，国美预见到中国经济的持续增长将会使城乡居民的生活水平明显提高，消费者的电器需求会随之明显增加。20 世纪八九十年代，各种家电主要由百货商店承销，针对顾客购物很不便利的情况，国美开始在多个城市自建连锁店。此举使国美成为家电的便捷传递者和服务者。其次，国美制定了高效的经营战略。通过对家用电器自身特点的分析，国美发现有关产品零售经营很难实行持久性的差异化竞争，于是通过遍布全国各地的连锁店实行了有效的终端控制，依靠自身营销成本低于百货公司这一优势，采取了低成本竞争的经营战略，从而使国美在行业价值链中取得了主导地位。最后，国美在此基础上构建了具体的职能战略。在各个供应和采购环节，国美采用信息化等手段整合相关资源，积极搞好与外部利益相关方的合作，有效降低了供应端的成本；在产品销售过程中，通过采用低价策略和标准化服务，有效扩大了盈利空间，同时通过收取场位费、销售返利、房产增值等方式进一步扩大了收入来源。

可见，企业战略是一个分层次展开的过程，只有搞好相互间的衔接和配套，才可能将企业的总体优势发挥出来。战略制定是一个复杂的系统工程。系统论告诉人们，"整体大于部分之和"不是同义反复。比如，一台汽车的零件很多，随便将其堆放在一起，不会产生一台汽车的性能。只有将这些零件按照科学的设计组合起来，才能形成一个能够发挥整体作用的系统，才能具备行驶的功能。同样，将战略拆开来看是为了能够把战略的具体结构看清楚，保证其各个组成部分的质量及其相互间的协同一致，只有做到了这一点，才会有过硬的企业战略。不少企业只重视公司战略的谋划，却不把经营战略、职能战略的制定与实施当回事，或者不注重后者与前者的相互衔接、相互协调，使公司战略难以具体转化为各个管理层的实际行动。这是一些企业搞不好战略管理的一个重要原因。因此，企业应该从增强战略管理的整体效能着眼，努力搞好企业各个层次战略的相互匹配，只有这样，企业战略才能得到很好的贯彻落实。

第三章

战略管理，走向成功的必由之路

　　詹姆斯·卡斯在他的《有限与无限的游戏》中说，世界上有两种游戏，有限的游戏和无限的游戏。有限的游戏只能在边界内一次次进行，而无限的游戏却是以延续游戏本身为目的。希望中国企业界能够出现更多的会玩无限游戏的人。

一般企业不缺管理，缺的是战略管理。如果管理者不具备较高的战略思维能力，其头脑中就会缺少战略管理的意识，就无法看清企业发展的现状与未来，就无法踏上通往成功的康庄大道。长期以来，如何提高战略管理水平始终是许多企业面临的一个重要课题。

一、战略是企业的命脉

随着经济全球化趋势的不断强化，国内外经济环境经常呈现跌宕起伏的状况，当今的企业经营常常面临极大的不确定性。身处这种环境的管理者，必须注重强化战略思维，不断提高战略管理能力。战略管理是决定企业兴衰的"总开关"，也是管理者特别是高层管理者最重要的素质。

定位理论创始人、世界著名营销战略家艾·里斯在《定位》一书汉语版出版时，写了一篇题为"致中国读者"的前言。其中讲道：孙子云：先胜而后求战。商界如战场，而这就是战略的角色。事实上，无论承认与否，今天很多商业界的领先者都忽视战略，而重视战术。对于企业而言，这是极其危险的错误。你要在开战之前认真思考和确定战略，才能赢得战役的胜利。这些话是专门说给中国读者听的，中国商界人士确实到了应该更加重视战略的时候了。

有人认为，战略是空想，是说大话，是可有可无的东西，企业的业绩不是想出来的，是干出来的。这种将战略与实干对立起来的看法是有失偏颇的。有一个好战略是各项事业取得成功的前提。如果没有战略，或把战略搞错了，不仅不可能达到预期的目的，甚至会出现"跑得越快，离目标越远""干得越多，赔得越多"的惨状，因此，对于创业者来说，没有比提高战略思维能力更加重要的事情了。只有具备了这样的能力，才能解决企业经营所面临的各种重大问题。只有这样的人，才可能成为称职的管理者。特别是企业的高层管理人员，应该更加注重对战略思维能力的培养。

美国战略研究专家威廉·金和戴维·克里兰在《战略规划与政策》一书的前言中指出，有没有能力进行战略性的思考也许是个人在管理才能上的最大差异。那些能进行战略思考的少数经理人员能获得极大的成功，而且平步青云。凡是行进在创业之路上的人们，应该正视自己在战略性思考方面存在的短板，并且积极改进，通过扎扎实实的努力，不断提高战略思维的层次和水平。

美国著名未来学家阿尔文·托夫勒曾说，对没有战略的企业来说，就像在险恶的气候中飞行的飞机，始终在气流中颠簸，在暴雨中穿行，最后很可能迷失方向。经营西尔斯公司的伍德将军也有这样的体会：做生意的某些方面就像战争。如果企业在主要战略上是正确的，即使它在实施战略计划时可能会犯一些小错误，但它最终仍会成功。只会"傻干"、不会战略思考的人很难见到"明日的朝阳"。在人生的旅途上，应该辨明方向后再向前迈进。只要大方向正确，即使走一点弯路，最终也会抵达远方的家园。如果方向搞偏了，就会与成功背道而驰。因此，不断提高战略思维水平，应该成为奋斗者不懈的追求。

一些商界人士从个人的经验出发，不断炮制诸如"思想决定成败""细节决定成败"等观点，看上去似乎很醒目，很能博人眼球。其实，能够决定成败的因素很多，其中最根本的还是能否制定正确的战略。如果出现战略误判，则是从未开始就已失败。

一个企业的成功与否，与其决策者能否为企业制定正确的发展战略和正确的发展战略能否有效实施有着决定性的关系。美国兰德公司的研究结果表明：世界上破产的 1000 家大企业中，其中 85% 都是因为企业管理者决策不慎造成的。能够导致企业失败的肯定不是日常决策，只有在战略决策上发生重大错误的企业才会招致灭顶之灾。

德鲁克认为，战略家的任务不在于看清企业目前是什么样子，而在于看清企业将来会是什么样子。由此看来，企业的决策层不仅要管好今天的事，处理好企业的日常事务，还要管好企业明天的事，二者缺一不可。企业高层管理者要通过掌握科学的方法论来解决企业发展面临的战略性问题，避免成为一个事务主义者。高质量的战略决策靠"拍脑袋"是肯定拍不出来的。

有人问李嘉诚："为什么有那么多企业家轻易断送了自己的企业，你却几乎从未碰到'天花板'？"李嘉诚是这样回答的："其实很简单，我每天90%以上的时间不是用来想今天的事情，而是想明年、五年、十年后的事情。"可见，李嘉诚是一个十分注重企业战略思考的人。正是因为这样，他才能抢在别人的前面抓住机遇，提早着手应对企业可能面对的挑战。

比尔·盖茨说过，人们总是高估未来两年的变化，而低估未来十年的变化。因此，他不仅重视企业一两年内所面临的问题，更加重视研究企业十年后可能面临的局面，以较大的提前量预见性地采取应对之策。正是凭着这样的远见，比尔·盖茨始终注重搞好微软的战略筹划，努力防止公司发生方向性重大失误，从而缔造了一个微软帝国。

华为的辉煌正是通过任正非的战略思维能力塑造出来的。任正非曾组织管理层对华为在未来发展中可能出现的战略机遇进行认真的预测分析，并引导大家切实搞好沙盘推演，努力提高管理人员把握战略机会的能力。他说，在公司战略沙盘的68个战略机会点中，华为并不知道有几个机会点是有把握的。在他看来，华为不能笼统看待这些战略机会点，而是要一一做出符合客观实际的研判，有针对性地拿出具体对策和措施。他认为，即使无线占不到优势的地方，就要考虑支撑系统能否占有。公司各个层面都要聚焦到机会窗。将来华为不仅要在销售上对标68个战略机会点，也允许代表处自己来规划战略机会点。每个企业都会有自己的机会窗、机会点，关键是能否看得到、抓得到，这是管理者战略思维水平的直接反映。每个决策者都能预知企业在未来一定时期内有多少个战略机会点吗？可能没有这么简单。要做到这一点，思维、眼光、格局等都必须达到极高的层次。

"不畏浮云遮望眼，只缘身在最高层。"有了能够看破云雾的眼光，才能有高瞻远瞩的战略头脑。一位优秀企业家的目光，绝不会仅仅停留在企业的"现在时"，还会更多地关注企业的"将来时"，随时根据企业经营环境的变化，思考企业长久发展的良策。只有做到这一点，企业才可能进入良性发展的轨道。

孔子登东山而小鲁，登泰山而小天下。人的站位越高，视野就越宽广。随着视野由低到高的转换，人们对外部世界及其变化就会有新的认识。在企业经营中，任何只图近利、不顾长远的决定，都是饮鸩止渴的自残行为，必须加以避免。因此，企业家应该是由战略家组成的队伍，企业家就是要"吃着碗里的，看着锅里的，想着田里的"，始终让充满希望的未来牵引着现实生活。

二、战术胜利无法挽回战略失败

商场如战场，许多适用于战场的战略战术同样适用于商战。那么，应该怎样处理战略与战术的关系呢？要搞清楚这个问题，还是应该通过研究战争来寻求答案。

在战争史上，不知出现过多少次这样的情况：赢得了当下，却输掉了未来；赢得了一城，却输掉了全局。战术上暂时的胜利，恰恰造成战略上的完败。

过度看重一时一地成败得失的是战术家，着眼战争全局和长远发展的是战略家，能够超越战争去运筹战局的则是政治家。在实战中，这三类人及其指挥的作战行动的最终结局是大不一样的。如果战争的指导者缺乏政治头脑和战略眼光，即使取得了一些战绩，也无法掌握战争的主动权，无法成为笑到最后的胜利者。

20世纪六七十年代，美军在越南战争中以失败告终，其中的一个重要原因在于美军高层缺少应有的战略思维能力。虽然美军在兵力、装备等方面都有着明显优势，但过度关注战术方面的问题，缺少对中、苏、越三国关系等诸多重大问题的深刻思考，因而制定实施了错误的战略决策，虽然取得了多次战斗的胜利，却不得不接受整场战争失败的结局。

第二次世界大战中的德军也犯过这样的错误。当时，德军兵强马壮、装备一流，无论哪个国家的军队都很难与之相比。但德军在政治与战略上的无能却使其无法摆脱失败的命运。基辅会战就是一个典型战例。基辅会战是第二次世界大战中最大规模的包围战，这次战役中，苏联军队共有5个集团军被全部歼灭，多达65万名军人被俘，3500余门火炮和900余辆坦克成了德军的战利品。对此，希特勒欣喜若狂，宣称这场会战是"世界战争史上最伟大的会战"。然而，基辅会战使德军耗费了两个月的宝贵时间，错失了攻占莫斯科的最佳机会。等到当年10月德军发起攻打莫斯科的战役时，连绵的秋雨导致德军机械化部队难以行进，随后的严寒天气更致使德军几乎失去了战斗力。而苏联军队则利用这两个月的宝贵时间，完成了西伯利亚预备队的动员，积聚了发动战略反攻的强大力量，最终使德军发起的莫斯科战役遭遇惨败，也使德国企图在三至五个月内征服俄国的计划彻底破产。战败后，曾担任过德国陆军总参谋长的哈尔德上将认为，德军发起的基辅会战是"东方战役中的一个最大战略性错误"；鲁道夫·霍夫曼将军后来也做过这样的总结：基辅战役"偏离了大方向"。战争从来都是战略家一比高下的舞台，谁能在战略上棋高一着，谁就会成为战略决战的最后赢家，谁就能升起胜利的旗帜。

企业管理者应该从中得到启示：关键的时刻，不可过度迷恋战术上的得失，短视的行为可能会招致全局性的挫败。在商战中，在每次战术较量中都战胜对手是不大可能的，能够"笑到最后"才是应该追求的目标。企业经营者当然应该重视竞争与对手，但过分关注对手，眼光容易被对手遮蔽，思维与精力也无法集中于自身正确的方向，最终很容易陷入与对手"死磕"的境地而不能自拔。真正的高人，不会总想着每一次都赢，而是会有进有退、有取有舍，始终致力于对竞争全局节奏的把控。

实践证明，战略的迷失会给一个组织带来巨大的风险。不少企业就是因为陷入了这种迷失，而贻误了长远发展的大计。战略管理者最重要的责任就是把握企业当前与长远发展的平衡点，既要使企业能够有一个令人满意的现在，更要保证企业能够有一个可以延续发展的未来。特别是不能为了寻求战术上的成功而偏离了战略上的目标，也不能用貌似合理的战术组合去代替真正的战略。这些战术组合方案的实施，很可能造成更大的战略困局。

战争和竞争有一个共同的特点：对于互为对手的人们来说，拥有成熟战略的一方，即使战术上发生某些失误，仍然能够战胜对手；而没有成熟战略的一方，即使战术方面的许多事情做得很好，也会败给对手。所以，高明的管理者不会将精力与资源过多地耗费在战术环节上，而是会始终将谋略的重心放在战略布局上，始终注重布总体之局，布长远之局，以此来获取更多的战略利益。

当今，许多企业高管看上去都非常勤奋，他们经常被搞得焦头烂额，没日没夜、加班加点已经成为常态。实际上，他们中的很多人都是在用战术上的勤奋来掩盖战略上的无能或懒惰。这些人大都没有忙在点子上，他们整天忙的是一些事务性的工作，或是下属应该干的工作，因忍受不了战略思考带来的"痛苦"，所以很少在战略运筹上下功夫，不愿意将主要精力用到解决企业的深层次问题和关键性的工作上。正因为这样，许多人成为"没有功劳，只有苦劳"的失败者。

如今的耐克已经成为家喻户晓的运动品牌。数据显示，这家世界500强之一的体育用品公司从 2014 年至 2019 年的全球年度营业收入一直处于上升趋势，企业利润持续增加。其中，2019 年耐克全球年度营业收入达到391 亿美元。不知中国的消费者是否知道，这家公司以运动鞋为主的产品大都是在中国华南地区的工厂生产的。但是，中国企业赚到钱了吗？据测算，中国厂家每生产一双鞋，能赚 10 元钱就不错了，而耐克公司一转手就能赚数百至两三千元！为什么会这样？就是因为耐克通过品牌战略稳稳占据着消费者的心智空间，牢牢掌控着价值链的高端，获取了产品的定价权，在此情况下，中国企业的利润空间就微乎其微了。

那么，许多生产鞋的中国企业为什么就不能创立自己的品牌？恐怕许多管理者连想都没想过这个问题，他们从一开始就觉得"贴牌"经营挺省心，赚点小钱还轻松，耐克的品牌太强大了，中国厂家无法与其抗衡，这样一来，便把全部的精力都用在企业管理的战术环节上。这些企业的决策者为什么不能反过来想：不就是一双鞋吗？不就是企业定位、品牌营销那些所谓的战略套路吗？耐克发明了气垫技术，这种技术会比造原子弹难吗？中国企业的许多决策者之所以不愿多想怎样才能掌握市场的定价权、市场竞争的主动权，其原因很简单：许多人已经习惯于让自己的肢体奔忙不休，崇尚一种出大力、流大汗的形象，却受不了脑子挨累；许多人只擅长"战术动作"，不会搞战略谋划，更不愿意承担战略风险，不愿为企业的未来工作。难道中国企业只能长期过这种被别人"掐脖子"的日子吗？好在这些年来李宁、匹克、安踏等一些中国公司已经做出了富有成效的努力，但愿众多中国品牌后来居上的时刻能够早日到来。

三、战略管理打造长青基业

战略管理离不开战略思维，只有通过战略思维的正确指导，战略管理才能走向成功。战略管理是战略思维的展开过程，也是战略思维成果的应用过程。战略思维是战略管理意识层面的"基本内核"，是战略管理者智能架构的基础。战略思维是一种潜藏于人们内心的"智慧模型"，而战略管理是由它派生的偏于"技术性"的存在。通过战略管理的实现，战略思维的成果得以外化，使其变成一种能够改变现实的物质力量，从而将各项事业引入能够取得战略性成功的轨道。战略管理者具备了战略思维，才有可能进行正确的战略决策并采取相关的行动。只有能够坚持战略思维的人，才可能搞好战略管理的运筹和实施。只有那些战略思维能力很强的人，才能成为优秀的战略管理者，才可能成就一番事业。当然，任何高超的战略思维都不是天生的，而是通过后天的努力获得的。这就要求人们必须通过坚持不懈地学习和实践，完成思维方式的升级，这样才可能在战略管理领域去完成诸多创造性的工作。

你是称职的战略管理者吗？这是每个具有商业抱负的人都需要回答的问题。对于那些初入商界的人来说，不仅要注重解决有关商业运营的具体问题，更要注重培养自己的战略管理能力。有了这样的能力，才会将个人的行为融入长久的可持续发展的事业之中，才会获得长期奋斗的力量。

战略管理的鼻祖伊戈尔·安索夫在《公司战略》一书中谈到，战略管理是企业高层管理者为保证企业的持续生存和发展，通过对企业外部环境和内部条件的分析，对企业全部经营活动所进行的根本性和长远性的规划与指导。安索夫将战略管理归纳为八大要素，即外部环境、战略预算、战略动力、管理能力、权力、权力结构、战略领导和战略行为。他运用自己创立的"环境动荡模型",分析了这八大要素的系统化运行过程,认为战略管理的本质是将"公司战略"当成对象和功能来系统地加以管理。

与一般的经营管理不同,战略管理是一种更加注重面向未来、着眼全局的管理行为,是一个动态地、连续地推进由决策到现实的过程。在这一过程中,管理者着重通过对企业宏观层面重要信息的分析,针对企业外部环境发生的变化,努力将企业的各种资源和能力整合起来,实现全面提升管理效能、提高经济效益的目的。战略管理所要解决的始终是那些关乎企业发展的关键性、全局性、长远性的重大问题。由此可见,战略是对企业整体运营所做的一种谋划或方案;而战略管理是制定、实施和控制这种谋划或方案的过程。也就是说,企业战略是通过战略管理得以实现的。

美国著名管理学家罗宾斯认为,企业战略是一种管理决策和行动,它决定了组织的长期绩效。一般的战略管理过程包括八个步骤:确定组织当前的使命、分析环境、识别机会与威胁、分析组织的资源与能力、识别优势和劣势、构造战略、实施战略及评估结果。[①] 上述的八个步骤加深了人们对战略管理实质性内容的认识,也有利于人们更好地把握战略管理的实际运行过程,进一步明确了战略管理者从总体上应该做些什么。不难看出,罗宾斯对战略管理做出的定义与安索夫的观点有异曲同工之妙。

按照战略管理的要求,每个战略管理者都会精心擘画企业发展的宏伟蓝图,而不会以企业一时的兴旺和短期的暴利为目的。战略管理在企业的发展中怎么强调都不为过,如果一家公司把基本的战略理念搞偏了、搞错了,就会在时间、机遇、资源等方面遭受无法弥补的损失,甚至会使一切全都付诸东流。对于任何组织来说,没有比搞好战略管理更为重大的事

---

① 全雄伟:《企业战略与企业文化关系研究》,《现代商贸工业》2011年第3期。

情了。

英国牛津大学在一次工程安全检查中发现，有着长达 350 年历史的大礼堂存在重大安全隐患。礼堂内的 20 根巨大的橡木横梁已经严重腐朽，必须立即更换。可是到哪里能够找到如此巨大的橡木呢？十分幸运的是，当年的建筑设计师已经预料到今天的困境，他们在那个时候就在校园内种植了一片橡树林，安检人员看到的每棵橡树都已超过了大礼堂横梁所需的尺寸。建筑师 350 年前的远见不仅拯救了一座建筑，而且让人见识了卓越的决策者是怎样以超越历史的眼光来把握未来的。能够超前预知将来可能发生的事情，并为此提前做好必要的准备，这正是战略管理的要旨所在。

著名管理学家托马斯·彼得斯在 1982 年写了一本名为《追求卓越》的畅销书。他从当时发达国家和地区的两万多家企业中筛选出 43 家最成功的公司，并对其取得成功的原因进行了深入的研究，从中归纳出崇尚行动、贴近顾客、自主创新、以人为本、价值驱动、坚持本业、精兵简政、宽严相济八条准则。当时的人们认为，这些卓越的企业就是靠这八条取胜的，只要照此去做，同样可以走向成功。果真如此吗？到了 1992 年，也就是《追求卓越》出版 10 年后，有人对这 43 家公司一一做了走访，结果却与人们的意料大相径庭：这 43 家公司中的 14 家已发生财务危机，其中的王安电脑公司已经倒闭了。又过了 10 年，也就是 2002 年，这 43 家企业中的 30 家公司的业绩已经低于同行业市场的平均水平。

由此可以看出，即使是公认的卓越组织也难以经受 20 年岁月的洗礼。这些大公司想要避免盛极而衰的结局，仅靠这八条准则显然是不够的，任何经验都是特定条件下主客观多种因素相互作用的产物，都无法避免其固有的片面性，因此，任何组织想要长盛不衰，只能向战略管理要智慧、要对策。一个企业只有在战略管理方面不犯大的错误，才能够实现长期的可持续发展。

中华人民共和国成立初期，我国的中华老字号企业达 1 万多家，而现有的经国家商务部认定的中华老字号企业只剩下 1128 家，其中仅 10% 的企业发展势头比较好，大部分都出现了经营危机，甚至连"北京烤鸭""狗不理"这样的声名远扬的老字号也陷入困境。这些老字号企业存在一个通病，就是其产品或服务长期处于低质高价的状态，没能创造出新的附加值。这些企业有品牌、有故事，具有很好的竞争优势，却只会吃老本，没能主动适应市场的变化，损害了老字号的金字招牌，因而难以避免走下坡路的命运。横向对比不同国家企业的平均生存时间，会使我国企业界产生更强的紧迫感：日本新注册企业的平均生存时间为 23 个月，美国是 14 个月，中国只有 7 个月。"其兴也勃焉，其亡也忽焉"几乎成为中国企业发展的常态，对此，不少中国的经济学者和企业高管常常给出一些趋同的大而化之的理由，诸如时代变了、环境变了、技术变了，"灰犀牛""黑天鹅"风险难防，各种陷阱太多，等等，但不管怎样，企业寿命过短，说明企业缺少战略管理优势，缺少驾驭不良经营环境的能力。

我们不禁要问，什么是企业的长久经营之策？一个企业要想长期运营，不能随意行事，不能缺少战略理念的指导。日本学者后藤俊夫在《继承者：日本长寿企业基因》中给出了一个令人十分意外的看法，他认为，日本之所以能够成为长寿企业大国，是因为他们非常认真学习并践行了中国古代思想。中国儒家文化中以人为本、崇德重礼、先义后利、立己达人等思想，早已成为日本企业家的战略管理理念。

后藤俊夫认为，一家企业的兴亡不仅涉及公司本身，还会影响到消费者、纳税人和产业链，过于急功近利的运营会给商业生态留下隐患。企业的长寿基因，主要来自利他之心，为此，必须努力去除极端的自私自利之心。在后藤俊夫看来，长寿企业可以长久生存，不是由于盈利能力强，而是因为企业认识到了时代要求的社会责任，并推行自身改革。如果从长寿愿景出发，企业应以可持续发展与繁荣为目的，拒绝短期的急速增长，因为短期的飞速发展缺乏韧性和持续力。比如，不过分扩大自己的经营规模，量力而行。这在日语中也有专门的说法，叫作"身高经营"。很明显，这些话表达的就是要将企业始终置于良性发展的轨道上，决不做寅吃卯粮、竭泽而渔的事情。

日本大丸百货也是一家将儒家文化作为战略理念的企业。1717 年，下村彦右卫门正启（实名为下村正启）在京都伏见开设"大文字屋"吴服店，同时开始办理货币兑换业务。随后几年，又相继开设了大阪心斋桥店、名古屋店。1736 年，其开设的各个分店都将由老板下村正启亲笔书写的"先义而后利者荣"的挂轴悬挂在堂前。此言出自中国先秦时期的荀子，这一思想经过演绎后成为大丸的创始理念。早在 1730 年，下村正启就采取了许多有利于企业持续经营的举措：他要求员工做到童叟无欺，并在门店放置雨伞、扇子、火盆、灯笼等供顾客无偿使用；到了冬天，店员会给附近的乞丐送去食品和旧衣服，必要时也会给一些钱；还会给当地的寺庙等公共场所送去灯笼、手帕……这些义举形成了良好的口碑。1837 年，大盐平八郎发动内乱时，对商贾进行大肆抢掠，却令手下避开大丸百货："大丸是义商，不要侵犯。"这些发生在 18 世纪的故事至今仍在流传。即使是 21 世纪的今天，也少有企业达到这样的境界。

由此可以看出，企业经营是百年大计，无法做"短炒"，只能做"长线"。中国的不少商人实在是太"聪明"了，他们办企业总想着挣大钱、挣快钱，"一把一利索"。这样的做法是长久不了的。商业运营从一开始就应着眼地长天久，应该允许企业发展得慢一点，但要生存得久一点，努力避免企业出现半途而废、前功尽弃的情况。为此，凡是寻求长久发展的企业，必须制定长期战略规划。10 年应被看成最短期的规划，这是经营者的创业期。中期是 30 年，是创业者正常经营、开疆辟土的时间。远期规划应是100年，是经营者福泽后人的时间。不少中国企业都奉行"摸着石头过河""走一步看一步"，连5年的发展规划都没有，即使有也多是摆设，并没当真。许多中国从商者的脑子太活了，缺少起码的韧性和耐力，不愿意为明天、为子孙多承担一点东西。

詹姆斯·卡斯在他的《有限与无限的游戏》中说，世界上有两种完全不同的游戏，即有限的游戏和无限的游戏。有限的游戏只能边界内 ·次次进行，而无限的游戏却是以延续游戏本身为目的。希望中国企业界能够出现更多的会玩无限游戏的人。

第四章

启人心智的战略思维模式

　　对多种战略思维模式进行科学有效的整合，成为优秀企业管理者进行战略运筹时较为理想的选择。经过整合的战略思维，能够兼顾企业内外各种要素的变化，使企业能够从多重角度进行深入的思考，并能够对企业的战略方向及时做出必要的调整，因此，这是一种较能适应复杂多变环境的做法。

一些人在谈起战略思维的时候，要么语焉不详，不知其所以然；要么随意发挥，跟着感觉走。几十年来，国内外一些学者在这个领域进行了深入研究，取得了许多举世公认的理论成就。研究战略思维模式，便于人们从总体上把握有关战略思维的基本的、实质性的内容。住企业战略埋论的发展过程中，可以归纳出以下几种基本的战略思维模式。

一、企业战略的经典思维模式

一般认为，战略思维范式最初形成于 20 世纪 60 至 70 年代，其核心观点是，企业应当根据内部条件与外部环境两个方面的情况来考虑其管理活动。从本质上来说，企业战略是企业对其内部条件和外部环境进行综合评判后产生的结果。

（一）企业战略思维的"钱德勒模式"

在长达几十年的时间里，企业史学家、战略管理领域的奠基者之一艾尔弗雷德·D. 钱德勒先后对美国、英国和德国等西方大国的企业成长进行了卓有成效的研究，阐明了这些国家大型制造业发展过程中的组织结构。学界将其概括为"钱德勒模式"。

1962 年，钱德勒出版了他的第一本企业史专著——《战略与结构：美国工商企业成长的若干篇章》。在这本书中，钱德勒深入研究了美国大型企业如通用汽车、杜邦、标准石油和西尔斯四家大公司的发展史，以及如何调整企业的组织结构才能适应自身发展等方面的情况，并诠释了美国现代企业及其管理架构产生和发展的普遍状况。当时，上述四家企业正处于高速成长时期，低效管理、市场剧变等许多新问题给它们带来巨大的组织变革压力。这些企业在实践中进行了深入的探索，最终均以多部门化的组织结构解决了有关问题。

一般来说，企业高层管理者总是在承受很大压力的时候，才会被动地进行组织结构调整。依据"结构跟随战略"这一著名假设，钱德勒提出了向相关领域扩展的适度多元化战略，并催生了多部门企业。后来，钱德勒将其发展为多单位企业。[①] 钱德勒认为，企业应在深入分析环境的基础上制定出相应的战略，进而依据战略确定或调整其组织结构，以适应战略与环境变化的要求，这就是战略思维的"三匹配"模式。[②] 可以看出，钱德勒是通过全面分析企业面临的外部环境、企业战略与组织结构之间的相互关系构建起他的战略思维模式的。

（二）企业战略思维的"四要素"模式

安索夫在《公司战略》和《战略管理》两部著作中，提出了著名的"四要素"模式。

安索夫的主张与钱德勒的理论有些相似。他也认为，企业的战略管理过程实际上就是企业为了适应环境及其变化所做的内部调整，以使企业具备的内部条件与外部环境实现匹配的过程。在这个过程中，企业应该考虑四个基本因素：第一个因素是企业的产品与市场范围，即企业现有的产品结构及其在所处行业中的市场地位；第二个因素是成长向量，指的是企业的经营方向与发展趋势，包括企业产品结构与业务结构的调整，以及相应的市场领域与市场地位的变化；第三个因素是协同效应，指的是企业内部

---

① Chandler，Alfred D Jr，*Strategy and Structure：Chapters in the History of the American Industrial Enterprise*，The MIT Press，1962.

② 路风：《从结构到组织能力：钱德勒的历史性贡献》，《世界经济》2001 年第 7 期。

各业务、组织各部门之间的协调效果；第四个因素是竞争优势，指的是企业及其产品与市场所具备的优于竞争对手的条件和位势。以上四个战略要素并非孤立存在，它们以一种相辅相成的关系共同构成了企业战略的内核。其中，产品与市场范围明确了企业盈利能力的范围，成长向量明确了这一范围应该向何处扩展，竞争优势是企业盈利能力最主要的来源，协同效应则是企业成长的重要保证。显而易见，这四个要素所体现的是一种内外兼顾的战略思维。

（三）SWOT 模型：经典战略思维模式的一个总结性框架

美国哈佛商学院教授肯尼斯·安德鲁斯等学者在钱德勒等人的研究基础上进一步发展了有关学说。他们认为，形成企业战略的过程，实际上就是将企业具有的内部条件因素与其有关的外部环境因素进行匹配的过程，这种匹配促使企业内部的优势与劣势同企业外部环境中的机会与威胁能够协调起来。在此基础上，他们建立了一个至今仍被广泛应用的 SWOT 战略分析框架。

在 SWOT 模型中，优势（Strengths）与劣势（Weaknesses）分别指的是企业自身的强项和弱项，机会（Opportunities）与威胁（Threats）分别指的是外在环境中对企业的有利和不利因素。这一模型直观地告诉人们，企业的战略谋划就是通过对企业内外因素的分析，将企业所具有的优势、劣势以及外在环境中所隐含的机会和威胁搞清楚，积极抓住客观环境的变化给企业带来的机遇，努力消除外在环境给企业造成的威胁，努力做到扬长避短，化劣为优，不断推动企业实现可持续发展，最终实现企业的战略目标。这一分析模型已经成为当今企业制定战略时经常采取的方法。后来发展起来的诸多分析方法，比如波士顿矩阵、市场模型、五力模型等，大都是从不同角度通过对 SWOT 模型的引申，深化人们对企业运营中可能遇

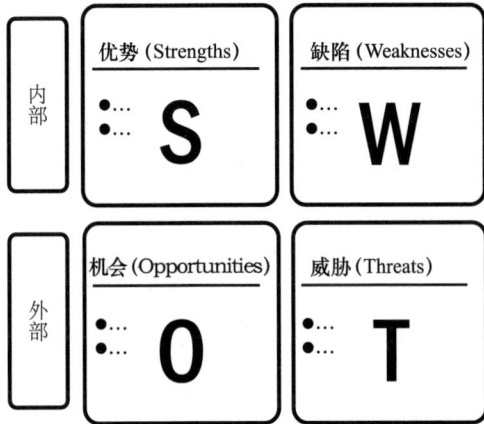

企业战略思维的 SWOT 模型

到的机遇、威胁及其所涉及的企业价值链、企业资源能力等因素的认识，这些研究成果使 SWOT 模型得到了更加广泛的应用。

二、企业战略的环境思维模式

企业战略的环境思维模式来源于贝恩和梅森的 SCP 范式，成熟于迈克尔·波特的市场定位论。这一思维模式着重从企业所处的外部环境来解析企业战略的实质及其形成过程。在 20 世纪 80 年代，环境思维模式曾在学界居于主导地位。

(一) 贝恩和梅森的 SCP 范式

新古典经济学理论认为，每个企业都是一个"黑箱"。按照完全竞争的假设，所有企业都是完全同质化的，因而，企业之间没有什么竞争优势与劣势可言。哈佛大学教授梅森、贝恩等人正是根据这一新古典经济学理论，对市场结构进行了新的界定。贝恩在他的《产业组织》一书中提出了著名的 SCP 范式，即市场结构（Structure）—市场行为（Conduct）—市场绩效（Performance）分析范式。他们首先提出了一个假设：在市场结构、市场行为和市场绩效之间存在着确定的因果关系，即市场行为由市场结构决定，市场结构通过市场行为对经济运行的绩效产生影响。这一范式中所说的"市场结构"，指的是在特定的市场或产业中经营的厂商所处的环境。这种环境通过买卖双方的数量和规模分布、产品差异的程度、厂商进入的壁垒、厂商一体化或多样化经营的程度等来加以描述。所谓"市场行为"，指的是厂商的市场行为，主要集中在产品质量、定价行为、研发费用支出、遏制竞争对手的策略等方面。所谓"市场绩效"，则是在一定的市场结构下，通过一定的市场行为使某一产业在产品的产量、质量、价格、成本、利润以及技术进步等方面达到的状态，即厂商的经营活动是否能够满足消费者的需求，是否能够增加社会的经济福利。可以看出，SCP范式注重从产业市场环境的角度来分析企业的战略行为和绩效。这一范式成为企业战略环境思维模式的理论来源，在正统产业组织理论中长期占据核心地位。

（二）波特的市场定位模式

在 SCP 范式的基础上，迈克尔·波特等环境学派，即市场定位学派的学者，在企业竞争战略研究方面投入了很大的力量。他们认为，企业具有的竞争优势主要源于与企业有关的市场因素。"形成战略的实质是将一个公司与其环境建立联系。尽管相关环境的范围十分广阔，既包含着社会的因素，也包含着经济的因素，但公司环境的最关键部分是公司所参与竞争的一个或几个产业。产业结构强烈地影响着竞争规则的确立，以及潜在的可供公司选择的战略"，因为"决定企业盈利能力首要的和根本的因素是产业的吸引力（即产业盈利潜力）"。① 按照这一观点，产业的盈利潜力是由产业的市场竞争规律决定的，而产业盈利潜力的大小对企业的产业战略具有决定性的影响，也对企业竞争优势的形成产生决定性作用。按照这一战略思维模式，企业必然会进入盈利潜力比较大的产业，放弃盈利潜力比较小的产业，以此来获取较多的市场机会。不难看出，这是一种以企业环境为基点的战略思维模式。

在这种以环境为基点的战略思维模式中，企业的内部条件未能得到应有的重视，与此有关的诸多因素几乎被排除在战略之外。这样的战略容易使企业忽视自身条件而落入盲目扩张的陷阱。这种情况在中外企业界并不少见，如美国的安然、韩国的大宇，再如国内的三株、巨人、春都等。

三、企业战略的资源能力思维模式

20世纪八九十年代以来，理查德·鲁梅尔特、沃纳菲尔特、巴尼等资源学派的学者和普拉哈拉德、哈默尔等企业能力学派的学者，对环境学派战略思维模式的许多内容进行了批判，并在此基础上提出了应该着眼企业内部寻求竞争优势的新的理论观点。他们认为，企业获得所需要的资源和能力优势比取得突出的市场位势更加重要，从而建立了企业战略的资源能力思维模式。柯林斯和蒙哥马利是这一流派的主要代表性人物，他们将企业的资源定义为一个企业所享有的资产和能力的总和。一个企业想要获取优良的业绩，就必须掌握一系列具有独特竞争力的资源，并能够把这些资源配置到企业的竞争战略中去。

与环境思维模式相比，资源能力思维模式更加重视企业内部因素对战

---

① 〔美〕迈克尔·波特著，陈小悦译：《竞争优势》，华夏出版社2005年版，第4页。

略问题产生的影响，并据此做出战略决策。在这一思维模式看来，每个企业都是由一系列资源与能力组成的集合体，这些资源和能力不仅是企业及其战略构成的基本要素，也是企业竞争优势的主要来源。因此，企业应该着眼自身的资源与能力状况来选择发展方向，确定经营领域和业务范围；同时，还应该注重从所具有的内部资源与能力出发形成竞争优势，并通过资源能力的逐步积累不断提升竞争优势。

企业战略的资源能力思维模式在日本得到了比较充分的运用。20 世纪 60 年代至 80 年代，日本企业的管理效率及其产品品质在国际市场上形成领先趋势，特别是汽车公司的优异业绩引人注目。日本生产的汽车不仅比美国生产的汽车更加耐用，而且维修较少。其中，丰田汽车公司表现得更加突出。一些研究者纷纷奔赴日本，考察丰田公司的管理经验，从中总结出准时生产制、无库存生产方式等高效管理模式。密歇根大学工业与运营管理工程系教授杰弗里·莱克在《丰田汽车案例：精益制造的 14 项管理原则》中将丰田的生产方式概括为理念、流程、员工和合作伙伴、解决问题 4 个方面。正是通过这 4 个要素的整合，丰田公司形成了一整套高效的制度，并将其转化为员工的实际行动。从中可以看出，丰田公司主要是通过整合企业内部资源、优化生产流程来提高管理效率、促进业绩增长的。

同时也要看到，这种十分重视企业资源能力的思维方式也存在一定的局限性。曾经超越了欧美先进企业的日本公司，因其过分关注企业的内部管理而未能适应外部环境出现的动荡，未能对此采取有效的应对之策，到了 20 世纪 90 年代以后，日本企业又被欧美先进企业超越了。可见，如果管理者只把眼光局限在企业内部，而忽视企业外部环境的变化，必然会出现"闭门造车"，给企业战略的谋划与实施造成极为不利的影响。

四、以顾客为本的战略思维模式

20世纪90年代后，全球经济环境发生了重大变化。与此相适应，以顾客为本的战略思维模式逐步得以形成。这一思维模式强调企业管理必须将顾客摆在中心位置，无论是增强企业的竞争优势，还是进行市场开发，都必须围绕顾客的实际需求及其变化来展开，"顾客就是上帝"是其核心思想的直接体现，尽最大努力来满足顾客的实际需求是这种战略模式的主要出发点。依据这一战略理念，企业想要获得较强的竞争优势，就应比竞争对手更加积极地为目标顾客着想，更加主动地为他们创造独特的价值。

以顾客为本的战略思维认为，顾客是每个企业都应高度关注的对象，深入研究、努力满足顾客不断变化的需求是企业战略的出发点。日本战略专家克尼奇·欧米将为顾客着想看成战略制定的前提。他认为，企业的战略始于顾客，顾客的需求决定产品。成功的战略必须能够找到更加有效的方法使顾客的需求得到满足。

以顾客为本的战略思维并未把顾客视为企业的"外人"，而是把顾客看成企业整体的一部分，将企业取得的利润视为衡量顾客价值的尺度。因此，积极发现、引导、创造顾客需求，想方设法地满足顾客需求，努力维系与顾客的良好关系成为这种企业战略的重点内容。企业围绕如何满足顾客的需求来整合企业的各种资源和经营行为，以达到为顾客提供更多价值的目的。

随着实物经济比重的减少和服务经济比重的不断增加，企业与顾客之间已经不是一种简单的买卖关系，而是具有某种依存性的联系。在这种情况下，努力维系与顾客的良好关系比吸引顾客重要得多。在买方市场已成常态的今天更是如此。顾客忠诚度的高低已经成为企业成长的基础条件。

优衣库就是一家通过坚持以顾客为本的战略思维模式取得优异业绩的公司。2016 年，优衣库的创始人柳井正荣登"福布斯富豪榜"榜首，力压横跨科技与金融产业的日本冒险家孙正义。在这个科技与金融横行的时代，一个靠卖衣服起家的人能够成为日本首富，真是令人难以置信。

优衣库取得成功的秘密到底是什么？这家公司的具体做法很多，但最根本的就是始终坚持以顾客为本这一战略思维。在优衣库 23 条经营理念中，第一条就是"经营要顺应顾客的需求，创造顾客的需求"；公司也始终践行着"企业最重要的就是创造顾客"这一经营理念，不断向员工发出追问：企业能够为人们的幸福做什么？柳井正在经营过程中，并未总是以追求利润为行动准则，而是始终站在顾客的角度去思考问题，不断设身处地地考虑顾客到底想要什么，并尽最大努力予以满足，努力使顾客获得良好的消费体验。就像柳井正再三强调的那样："在优衣库，最有发言权的人不是社长，而是消费者。"可以说，优衣库之所以能够风靡全球，创造出如此辉煌的成就，就在于真心实意地坚持"通过创造顾客成就企业"的思想，并切实将这一思想渗透到每个经营环节。可见，以顾客为本的战略思维模式适合当今的商业环境，能够赋予企业强大的发展动能。

五、多种战略思维模式的综合运用

上述几种战略思维模式描述了企业在各自不同的内外条件下采取的不同战略思维。当条件具备时，一些企业会将几种战略思维整合起来加以运用，这样的做法能够使企业更加有效地应对客观情势的变化，也更加符合企业战略管理的本质。

实践表明，一个企业很难始终坚持一种战略思维模式，也很难仅凭一种战略思维模式来应对各种局面。随着企业的成长，其资源和能力会不断发生变化，企业所处的外部环境也会不断变化，因此，应该根据不同时期出现的新情况、新问题，不断调整和提升企业战略。在此过程中，就可能运用不同的战略思维模式，或将几种战略思维模式整合起来加以使用。

显而易见，不同的战略思维模式具有不同的适用性，战略管理者应该依据企业内外条件的变化做出正确的选择。企业在确定战略思维模式时，不仅应考虑自身特有的资源和能力，还应设法进入发展前景较好的行业。处于一个蒸蒸日上的行业中，企业经营的阻力和障碍就会比那些处于夕阳产业中的企业要少一些。同时，还要随着经营环境和行业特点的变化不断优化企业的资源、能力配置。因此，对多种战略思维模式进行科学有效的整合，就成为优秀企业管理者进行战略运筹时较为理想的选择。经过整合的战略思维，能够兼顾企业内外各种要素的变化，使企业能够从多重角度进行深入的思考，并能够对企业的战略方向及时做出必要的调整。因此，这是一种较能适应复杂多变环境的做法。

由于综合运用多种战略思维模式需要考虑的因素较多，谋划的过程也比较复杂，因而决策者常因需要掌握和处理的信息过多，需要认识和解决的矛盾过多而面临难以平衡的窘境。因此，采用战略思维的整合模式，需要决策层具有更高的战略思维水平。

在本世纪最初的几年中，青岛啤酒公司通过高速并购率先踏上了扩张之路。为了消除扩张带来的重大隐患，公司决策层果断终止了企业的战略并购行为，及时确立了整合式的战略思维，将企业的资源、能力和市场力量加以整合。三年间，公司将 100 多个品牌砍至不足 10 个。品牌整合取得了明显成效，2019 年财报显示，青岛啤酒全年共实现啤酒销售量 805 万千升；实现归属于上市公司股东的净利润 18.5 亿元人民币，同比增长 30.2%。在竞争极为激烈的酒类市场上，能够取得这样出色的业绩，体现了整合式战略思维的巨大效用。

　　同时也要看到，整合式的战略思维模式虽作用显著，但并不是说任何企业在进行战略谋划时都应对各种战略思维模式等量齐观，都要把各种战略思维模式运用一遍，相反，企业要针对自身的实际有所侧重。比如，一家拥有稀土资源优势的企业，当然应该采取以资源为本的战略思维模式；一家拥有强大市场地位的企业，当然应该坚持以顾客为本的战略思维模式……每个企业均应从本企业的实际情况出发来选择战略思维模式，只有这样，制定的战略才可能取得更好的成效。

第五章

战略谋划，需要系统化的操作

　　战略必须告诉人们，主攻方向在哪里，次要方向在哪里，应将主要力量投向哪里，哪条战线应该放弃。任正非说得更加明白，什么叫战略？战略就是牺牲。打仗的时候略掉的一部分就叫战略，丢的一部分就是战略，舍弃的一部分就是战略。他反对在一些非战略机会点上过多计较，因为这样会消耗掉宝贵的战略竞争力量，还可能丢掉战略机会点。

战略谋划是一种关于企业整体布局的顶层设计，是各类资源配置的依据，决定着企业的发展方向。那应该如何进行战略谋划呢？对于这个问题，不会有固定的相同的答案，但这并不意味着人们可以随意行事，而是应该积极探寻有效的思路和要点。正是基于这样的考虑，我们有必要对企业战略的谋划过程做出一番探讨。

一、预测，企业战略形成的前提

我国著名战略学者李际均认为，战略预见就是战略思维的超前性。超前性的战略思维，是战略思维中最难把握又最需要的。战略思维如果缺乏超前性，就必然减弱其实践指导价值。他的这一看法是颇有见地的。

"风生于地，起于青萍之末"，但有变为暴风骤雨的可能。战略预测是在深刻认识客观事物现实状态、科学把握其未来发展趋势的基础上，对战略的目标、任务和手段的可行性及其实施的成效做出的判断。战略预测是战略制定和形成的前提。如果战略预测发生严重错误，整个战略谋划过程都会偏离正轨。

能够进行正确的战略预测是极其不易的事情。在这方面，许多著名人士都有过失败的记录：1901 年，威尔伯·莱特预测人类在一千年之内不可能飞行。1939 年，温斯顿·丘吉尔预测原子能可能会和炸药一样好，不大可能产生更大的危险。1948 年，IBM 总裁托马斯·约翰·沃森预判这世界能卖出 5 台计算机……这些著名人士的预测，都被后来的事实无情地否定了。

人类的行为到底能否被预测？长期以来，人们对此的回答难以达成一致。《爆发：大数据时代预见未来的新思维》一书的作者、美国东北大学教授艾伯特－拉斯洛·巴拉巴西从一个新的角度对这一问题给予非常肯定的回答。他认为，虽然每个人的具体行为看上去都是不同的，但如果把这些行为做了模型化、数学化和公式化的处理以后，所得出的结果全都是极为相似的。之所以出现这种情况，是因为人们在进行各种选择时，都会按照优先级原则行事，首先都会考虑某种选择的意义和对自己的利害。对这一优先级原则的坚持，使得人类行为的本质在思维结构的底层呈现出相同的形态。当其获取了足够多的信息后，就可以运用大数据技术手段做出预测分析。数据科学家认为，人类的行为具有很高的可预测性，这种预测的准确程度高达80%～93%。可见，人们的行为不是无规律的堆砌，相反，人们的绝大部分行为都是可以通过大数据方式做出预测的。

商界人士特别希望能够具备准确预测未来的能力。为了实现这样的愿望，不少人开始学习中国的传统经典《易经》，有的培训公司还开设了运用《易经》指导企业管理的课程，可谓用心良苦，但结果大都事与愿违。《易经》作为"百经之首"，具有很高的文化价值，但它的内容是对上古时期农耕社会状况的一种反映，是在当时信息量严重不足的情况下使用的思维模式，对解决当今社会大信息量条件下的战略预测问题具有很大的局限性。

战略决策者必须能够预测未来、辨明方向，并能够拿出相应的对策。在党的七大上，毛泽东说了一段对当时和后来产生了重大影响的话："如果没有预见，叫不叫领导？我说不叫领导。"[1] 他认为，"坐在指挥台上，如果什么也看不见，就不能叫领导。坐在指挥台上，只看见地平线上已经出现的大量的普遍的东西，那是平平常常的，也不能算领导。只有当着还

---

① 《毛泽东文集》第3卷，人民出版社1996年版，第394页。

没有出现大量的明显的东西的时候，当桅杆顶刚刚露出的时候，就能看出这是要发展成为大量的普遍的东西，并能掌握住它，这才叫领导。"① 从中可以看出，作为战略家的毛泽东将战略预见摆在十分突出的位置。在他看来，如果一个人没有预见能力，就不会成为优秀的领导者。只有具备卓越预见能力的人，才有资格坐在领导的位置上。

毛泽东明确指出："没有预见就没有领导，没有领导就没有胜利。因此可以说没有预见就没有一切。"② 这是一段极具分量的精辟之言，每个领导者都应从中受到启示，自觉将一切战略活动建立在科学预见的基础之上。毫无疑问，那些缺少先见之明的人，那些不善于预见性地开展工作的人，无法成为卓越的战略领导者。

著名的冷战史学家和大战略研究家约翰·刘易斯·加迪斯在《论大战略》一书中指出，要想拟定一个好战略，首先要弄明白哪些主客观条件是能够把握的，哪些条件正被"迷雾"笼罩着。作者将这些条件归纳为三类：一是已知，二是未知，三是可能性。已知和未知都很容易确定，最难认知也是最重要的就是所谓的"可能性"。如果一种出乎预料的可能性变成现实，就必然会带来出乎意料的结果。

从某种意义上说，战略就是决策者通过科学的预测来实现某种有利的可能性的过程。这就需要在制定战略之前对主观条件和客观环境进行较充分的预测，尤其要下功夫搞好对各种现实的可能性的预判，并有针对性地做出预案。这一过程被现代战略学称作"净评估"。之所以在"评估"前面增加一个"净"字，就是要求人们应尽力掌握一切真实的信息，消除那些多余的虚假的干扰信息。同时，还要看清自己与战略对手各自拥有的优势和劣势，也就是数学意义上的所谓"净差"。只有做到这些，才能全面

---

① 《毛泽东文集》第3卷，人民出版社1996年版，第394—395页。
② 《毛泽东传》第2册，人民出版社2011年版，第724页。

而准确地掌握自己与对手的优势和劣势，扬长避短，切实使自己的优势得到充分发挥。

毛泽东在 1936 年写的《中国革命战争的战略问题》一文中对"净评估"的步骤做出了完整的概括："指挥员应使用一切可能的和必要的侦察手段，将侦察得来的敌方情况的各种材料加以去粗取精、去伪存真、由此及彼、由表及里的思索，然后将自己方面的情况加上去，研究双方的对比和相互的关系，因而构成判断，定下决心，作出计划。"[①] 这些话说得多么到位啊！在这里，毛泽东对如何搞好预测提出了科学的方法。坚持这样的做法，就能够在战略预测方面取得良好的成效。

与此同时，我们还可以借助现代自然与社会科学的工具和成果来进行所需要的预测。实际上，现代科学技术的应用已使预测的准确性得到明显提高，许多方法论和预测工具都能在一定范围内发挥不同程度的作用。比如，博弈论、数学模型、大数据分析以及大型计算机的应用等都比非科学的手段靠谱得多，我们应该根据不同的需求适度加以运用。对于管理者来说，最重要的是要通过不断提高战略思维水平，来增强自己的预见能力。

长期以来，美国打着反海外腐败、违反制裁令等幌子，利用其非法搜集的各种信息，通过起诉各国高科技公司高管、给涉事公司开具高额罚单等手段，到处打击对美国高科技企业形成竞争威胁的大型跨国公司。许多受到打击的国外高科技公司因此出现巨亏甚至倒闭。

对于美国的手法，任正非早就预测到了。早在 2002 年，任正非就决定减少对美国芯片的依赖，成立专门研发芯片的海思公司。海思公司于 2004 年成立后，破除了许多障碍，攻克了道道难关，终于在 2013 年首次实现盈利。也是在这一年，海思一跃成为世界市场份额最大的高端路由器芯片厂

---

① 《毛泽东选集》第 1 卷，人民出版社 1991 年版，第 179—180 页。

商。2017年，华为手机的出货量已经达到1.5亿部之多，其中有7000万部使用的是海思麒麟芯片。美国宣布封锁华为后，海思立即宣布多年前打造的"备胎"正式转正。面对美国的疯狂攻击，任正非霸气回应，华为不是第二个中兴通讯，不会改变管理层，也不会接受任何监管！更不会到美国生产5G设备！纵观当今世界，没有哪个企业敢与美国作对，也没有哪个企业能够挫败美国制裁的先例。然而，华为却打破了这一"神话"！

现在来看，今天的华为能够渡过此劫，靠的就是任正非的战略预见。2009年，一部风靡全球的灾难大片《2012》引发了任正非对防范企业发展风险的思考，世界末日的危机预言和概念被任正非引入华为的研发机制中。他认为，未来信息爆炸会像数字洪水一样，华为若想不被洪水吞噬，就得建造自己的"诺亚方舟"。他将华为原有的研发体系加以整合，设立了"2012实验室"，"2012实验室"下设中央研究院、中央软件工程院、中央硬件工程院和海思半导体四个二级机构，这四个机构下面又包含了诺亚方舟实验室、材料实验室、多媒体实验室、香农实验室等26个重要分支实验室，遍布全球各地。"2012实验室"作为华为最重要的研发机构，招聘的都是世界级科学家和行业顶尖的专家。

在与这些专家的一次座谈中，有人向任正非发问，在当前终端OS领域，安卓、iOS和Windows Phone三足鼎立，我们还有必要做自己的系统吗？任正非表示，如果这三个操作系统都给华为平等的权利，那我们的操作系统是不需要的。如果他们突然不让我们用了，我们是不是就傻了？做操作系统和做高端芯片是一样的道理，主要是让别人允许我们用。否则，备份系统也能用得上。"（芯片）暂时没有用，也还是要继续做下去。一旦公司出现（因芯片断供引起的）战略性的漏洞，就不是几百亿美元的损失，而是几千亿美元的损失。我们公司积累了这么多的财富，这些财富可能就是因为那一个点，让别人卡住，最后死掉……这是公司的战略旗帜，不能动摇的。"正因任正非的这一"神预测"，才使华为有了对抗美国的实力。在中美贸易战、科技战激烈交锋的今天，重温任正非的这些看法和做法，不能不使人对他充满敬佩。

二、企业战略的定位、取舍及配称

波特曾经在他的《什么是战略》一文中将战略划分为三个层次：第一个层次是定位，即战略就是创造一种独特、有利的定位，涉及不同的多方面的运营活动。第二个层次是取舍，即战略就是对于竞争中的各种选择做出取舍，其实质就是选择不做什么。第三个层次是配称，即在企业的各项运营活动之间形成一种高效的匹配关系。对于市场战略来说，这几个层次不可缺少、相互衔接，同样重要。

（一）企业的战略定位

人们最早看到"定位"这一概念，是在艾尔·里斯和杰克·特劳特于1972 年在美国《广告时代》上发表的一篇文章中，里面有"定位时代"的表述。这篇文章在学界和企业界产生了很大的影响。此后，"定位"一词就成为企业管理的热门概念，市场定位、产品定位、品牌定位、文化定位等成为经常被人们挂在嘴边的热词。到了 20 世纪 80 年代，波特等著名学者的定位学说成为企业战略理论的主流观点。波特明确指出，战略定位的目的首先在于创造一个独特的、有价值的、涉及不同系列经营活动的地位。就其本质而言，战略定位就是采取与竞争对手有着明显差异的经营活动或以不同的方式从事类似的经营活动等。在同一产业中，相对于竞争对手的战略和结构上的差异，往往是企业获得持续竞争优势和超额利润的重要来源。因此，企业在产业内部获得最佳位置就是其主要的战略目标，企业应努力通过作用于各种市场的竞争力量来守住这一位置。

近些年来，"定位"一词的使用频率很高，然而，这一概念经常被乱用。这里有必要对这一概念做出必要的澄清。

从管理学的角度来看，"定位"有四层不同的含义，这四层含义相互支撑，形成一套较系统的理论。第一个层次是德鲁克所说的公司定位。公司定位明确了公司的使命和愿景：公司的使命阐明企业组织存在的根本理由，公司的愿景则确定了企业存在的最终目的。这是对一个企业做出的顶层设计，由此为其他各个层次的定位做出了定位。第二个层次是波特的战略定位。公司可根据所确定的长期目标，选择对自己最有利的战略，比如成本领先战略、差异化战略、专一化战略等。第三个层次是科特勒的营销定位。通过营销战略的三要素，即市场细分、目标市场、市场定位，来确定公司应该向哪些市场提供何种产品或服务。第四个层次是特劳特的传播定位。其主要含义是将顾客的心智视为商战的战场，并通过实施差异化，使品牌进入顾客的心智并占据一席之地。人们在探讨与定位有关的问题时，应该首先考虑清楚是在哪个意义上使用这个概念，只有做到了这一点，才可能得出正确的看法。

具体而言，战略定位描述的是企业采取何种方式和途径，为哪一类客户提供何种产品或服务的相关决策，以此来获取和保持企业的竞争优势，并确保公司战略目标的实现。一个企业在进行战略定位时，应该搞清楚以下几个方面的问题，即企业开展的主要业务是什么？企业怎样创造价值？企业的主要竞争对手是谁？此外还要对客户的构成进行深入分析，搞清楚哪些客户能够贡献最多的销售额？哪些客户的贡献较少？哪些客户是应该放弃的？

想要回答这些问题，应该特别关注以下几个方面的要素：第一，目标客户定位：企业着重为哪一类客户提供产品或服务？这样做是为了搞清楚企业的目标客户群体是哪些人。第二，产品定位：应该为企业的主要目标客户群体提供何种产品或服务？在这一过程中，应该努力扩大产品的品牌影响力，使其能够在预期消费者的心智中占据突出位置。第三，商业模式定位：采用何种高效率、高收益的市场运营方式，使目标客户群体愿意接受企业提供的产品或服务，从而使企业的市场占有率不断得到提高，并能够形成可靠的盈利模式。如果一个企业能够一一解决上述这些问题，就能够取得较好的战略定位。

加拿大黑莓手机在初创时期就采取了差异化竞争战略。为了能够与摩托罗拉、诺基亚等著名品牌相区别，公司将各界办公人士作为自己的目标客户。针对这些办公人士的需求偏好，相继研发出许多受到他们欢迎的新功能，如传真、手机电子邮件和一些 PAD 功能。有了这些先进技术的支持，黑莓手机很快成为许多西方国家手机市场上的畅销品。但这种势头并未长期保持下去。2007 年以后，新型的平板手机因其更优越的性能受到顾客追捧，黑莓手机的市场份额开始下降。在这种情况下，黑莓手机未能采取有力措施去维护自己的战略定位，反而开始模仿苹果公司的流行产品，试图通过此举来保住自己现有的市场。当时的平板手机并未满足办公群体的各项主要需求，但黑莓只关注平板手机带来的变化，没有再去关注目标消费群体的实际需求，导致苹果公司按照顾客的要求推出了"大 iPhone"的同时，黑莓推出了与苹果公司产品相似的"PLAY BOOK"，完全丢弃了自己曾经坚持的战略定位，从而使黑莓原有的市场大幅萎缩，今天已处于被收购的被动境地。

黑莓的失利告诫人们，确立一个正确的战略定位很不容易，而要坚持不懈地将其贯彻到底更不容易，特别是在竞争对手十分强大的时候，绝不能随意更改战略定位。否则，必然会出现溃不成军的结局。

（二）企业的战略取舍

波特所说的取舍就是在诸多战略选择中确定一种最为可行的基本战略，通常是在低成本、差异化和专一化几种竞争战略中做出一种选择。在这一基本战略的指导下，确定在有关的运营活动中应该做哪些事情、不做哪些事情，从而使基本战略得到更好的支持。其中，应该更加重视不做什么事情，只有明确了不做什么，才能知道应该更好地做什么。

波特认为，定位取舍在竞争中普遍存在，它对战略至关重要。那些想为所有客户提供所有服务的企业，就要冒前线出现混乱的风险，因为其员工不得不努力在没有明确框架的情况下进行日常运营。因此，适当地做出战略取舍是制定正确战略的重要前提。

战略必须告诉人们，主攻方向在哪里，次要方向在哪里，应将主要力量投向哪里，哪条战线应该放弃。任正非说得更加明白，什么叫战略？战略就是牺牲。打仗的时候略掉的一部分就叫战略，丢的一部分就是战略，舍弃的一部分就是战略。他反对在一些非战略机会点上过多计较，因为这样会消耗掉宝贵的战略竞争力量，还可能丢掉战略机会点。

乔布斯曾经通过正确的战略取舍，使深陷困境的苹果公司起死回生。1996年，乔布斯应邀回到苹果公司。这时，他已离开这家公司长达11年了。眼前的一切全都不是当年的样子，公司的处境糟糕透顶，各项数据跌跌不休：每股股价从1992年的60美元跌到了17美元；年销售额从110亿美元跌到了70亿美元，亏损额达到10亿美元；市场份额也从当年的12%跌到了4%。当时，几乎没有人看好苹果公司，戴尔的创始人甚至建议苹果公司关门。人们没想到的是，仅仅经过两年的时间，似乎毫无希望的苹果公司却满血复活了，1998年第4季度，苹果公司实现了扭亏为盈，当年总盈利3.09亿美元。

能够创造这样的奇迹，乔布斯到底做了什么？乔布斯最重要的举措就是做出了正确的战略取舍。他首先对公司当时的产品线进行了全面评估，明确公司不做什么。经评估，乔布斯发现公司的产品实在是太多太杂了，很多产品都是为了应付领导或经销商奇怪的要求开发出来的。比如，光是麦金塔电脑就多达几十个版本，而且每个版本编号都不相同，没人能够看得懂。除此之外，公司竟然还销售打印机和服务器。在乔布斯的带领下，苹果公司砍掉了90%的产品线，将全部力量集中到留下的4种产品的产销上：台式消费级、台式专业级、便携专业级、便携消费级，并在每个领域分别做出了一个"伟大的产品"。乔布斯用行动告诉人们，有所不为才能有所为，如果什么都想做，最终的结果只能是什么都做不成。

(三) 企业的战略配称

什么是战略配称？战略配称是创造竞争优势的核心因素之一。在战略配称过程中，需不断优化各项经营活动之间的相互配合，并进行持续改进，从而产生协同效应，充分发挥组织系统的放大作用。战略配称应该围绕着企业的定位来进行，与战略定位相契合。

战略配称有三个层面的内容。第一个层面的配称是指每个业务部门或每项运营活动与公司整体战略之间的一致性。这种一致性能够确保运营活动产生的竞争优势不断累积，避免出现因不同方面力量的分散而导致企业优势逐渐减弱或消失的情况；它还能够使公司战略更容易被员工、客户和股东理解，促使公司上下同心协力地完成战略实施。这是对公司战略配称的基本要求。第二个层面的配称，是指通过有效的配称能够使各项运营活动彼此适应、相互促进。企业的所有经营管理活动不仅应该具有高度的一致性，还应能够做到彼此相互配合、相互强化，只有这样，各项经营活动才能产生强大的合力。第三个层面的配称，是将所有的战略配称环环相扣，使之形成一个统一、高效的系统。任何优秀的企业都是一个有机的整体，各项独立的活动都是围绕着同一个战略定位进行的，都有着内在的联系。企业通过战略配称，能够创造出对手无法模仿的持续竞争优势，其中包括产品、价格、渠道、市场、目标客户、广告、公关、研发等；它可以建立一个环环相扣、紧密连接的闭环系统，构造一条"护城河"。

海尔公司通过高效的战略配称成功实施了"人单合一"的战略经营模式。这一做法是海尔公司为了克服大企业病、顺应互联网时代"去中心化"趋势实行的重大变革，为此，公司注重从企业、员工和用户三个维度搞好战略配称，进行系统性的持续动态变革。

围绕着"人单合一"战略的目标，海尔公司首先实现了组织的扁平化。海尔公司在全球有 122 家工厂，员工人数达到 8 万多人，在原有的管理体制下，员工没有充分发挥个人创造力的机会，其行为完全听命于上级。随着企业的规模越来越大，公司的层级越来越多，决策机构离市场越来越远，内部的官僚主义也愈加严重。通过新战略的实施，海尔公司撤销了所有的中层管理机构，原来的 1.2 万余名中层管理者既可以选择加入企业内部的创业团队，也可以选择离开企业。

为了与上述变革相适应，海尔公司又将 8 万多名员工变成了 2000 多个自主经营体。所谓自主经营体，实则是一个能够实现共赢共享的经营团队，它能够独立承接企业战略目标，有着明确的客户价值主张，可以端到端全流程满足用户需求，并独立进行经济核算。

在此基础上，海尔公司将企业变成一个创业平台。海尔的员工可以自己组成一个个创业"小微"。一个"小微"一般在 8 个人左右。通过"小微"，公司将原本属于 CEO 的三项权利——决策权、用人权和薪酬权全部下放给各个"小微"。"小微"成员的薪酬完全依赖于其创造的市场价值。对于"小微"成员来说，他们没有上级只有用户，不再需要看上级的眼色行事，只需要考虑怎样更好地去满足用户的需求。"小微"在工作过程中，按照业务需要自发地组成与用户有关的经营体系，共同解决生产经营中遇到的问题。如果一个"小微"创造了超过其他"小微"的用户价值，多创造的部分可以自己分享。

另外，"小微"可以联合起来组成"链群"，通过采取协调一致的行动产生 $1+1>2$ 的效果。由"小微"组成的"链群"实际上是一条生态链，众多"小微"自由结合共同满足用户的需求，继而实现了自身的生存和发展。原来的做法是由公司市场部向总部反馈所需要的产品信息，总部再给有关生产线下达指令，生产线生产出产品后再通过物流回到市场；现在的做法是将面向市场的"小微"和生产的"小微"直接结合成为"链群"，原来由总部管理部门负责的生产销售安排变成由各"小微"自己协商。这样的做法成效明显，原来由总部统一调控时，产品销量的增长速度为8%；形成"链群"之后，增长速度达到30%以上。

明茨伯格、大前研一等著名学者对波特的定位理论提出过尖锐批评，他们认为波特的学说是一种狭隘、静态和过时的理论。实际情况是，任何理论都有着特定的条件和假设，也都会存在自身的盲点，但这不能成为其遭到否定的理由。只要这些理论的适用环境没有发生大的改变，其基本合理性、指导性仍然存在，就不会失去生命力。时至今日，学界、企业界从总体上是肯定波特的理论贡献的，波特作为当今世界公认的竞争战略"第一权威"的地位也是不可撼动的。

三、聚焦企业的核心竞争力

知己知彼，百战不殆。企业在进行战略谋划时，应该首先搞清楚自己目前正处于什么状况，以及目前的战略对于企业竞争优势产生了什么样的影响，特别要认真分析目前的战略是如何增强或抑制了企业的竞争优势的。这就要求管理者必须深刻认识企业内部与外部的各个要素及其相互关系，在此基础上，管理者的战略思维应该聚焦企业的竞争优势。每个企业的管理层应该考虑的首要问题不是"我们的竞争优势是什么"，而是"我们具有竞争优势吗"？

企业的竞争优势从何而来？从总体上来看，其来源可分为结构性来源、执行性来源、预见性来源、企业文化来源。结构性来源指的是企业占有或控制的资源具有独特性，竞争对手无法获得也无法予以复制；执行性来源指的是企业通过运用其拥有的资源产生的极高效率和效能；预见性来源指的是企业管理者通过认识和预见未来抢抓商机的能力；企业文化来源指的是通过发挥员工共同的价值和信念体系的作用，来强化企业的竞争优势。对于企业来说，这几个方面的竞争优势都是必不可少的。

但这并不是说，企业可以不加区别地看待这些竞争优势。企业应该将已经获得的全部资源和能力集中起来，努力打造出强大的核心竞争力。1990 年，美国学者普拉哈拉德和英国学者哈默尔在《哈佛商业评论》上发表了一篇题为《公司核心能力》的论文。这篇文章首次提出了"核心能力"一词："核心能力是企业关于如何协同不同生产技能及整合多种技术的集合知识，是沟通、包容以及跨越组织边界的高度承诺"；是"组织中的积累性学识，特别是关于如何协调不同的生产技能和有机结合多种技术流的学识。"[①] 应该看到，企业所控制的全部资源和能力不会完全转化为持续的竞争优势，只有当资源和能力同时符合稀缺、异质、不可模仿和难以替代的标准时才能转化为核心竞争力。因此，只有在这方面做出不懈努力的企业，才会在市场竞争中获得有利的地位。

---

① Prahalad C K and Hamel G，"The Core Competence of the Corporation," *Harvard Business Review*，No. 3，1990，pp. 79—91.

德国军事理论家克劳塞维茨指出，战略上最重要而又最简单的准则是集中兵力，以便能够在决定性的地点保持兵力和物质条件上的优势。很显然，这一原则也适用于商战。任何企业的资源和能力都是有限的，管理者的主要责任就是将企业所掌握的有限资源最大限度地配置到最关键的地方，使其产生足够的突破性的力量。由此观之，那种"撒胡椒面"的方法是不可取的。另外，企业拥有的资源也是一种"矢量"，它不仅有大小，而且还有方向。管理者可以分别使用这种力量，但其必须指向同一个战略方向。如果不是一个方向，本来有限的力量就会分散，就无法形成战略上的优势地位。

正是因为看到了这一点，特劳特主张企业应该"聚焦"。在《与众不同》一书中，特劳特进一步论述了企业为什么要围绕自身的核心竞争力来制定战略的道理，他认为，人们总是会对那些专注于某一领域或产品的公司留下深刻印象。企业规模无论大小，是否专注才是王道；与其做跨界经营的多面手，不如做专注于某个领域的佼佼者。定位理论创始人、世界著名营销战略家艾·里斯以一个简单的自然现象对此做出了解释："太阳的能量为激光的数十万倍，但由于分散，变成了人类的皮肤也可以享受的温暖阳光。激光则通过聚焦获得能量，轻松切割坚硬的钻石和钢板。"[1] 可见，只要能聚焦发散的能量，就能形成极强的力量。

有人曾经问李嘉诚："很多多元化的企业都失败了，你却做了那么多生意都很成功。你到底有什么秘密？"李嘉诚回答："我的秘密就是永远有一个生意，天塌下来也能赚钱。"正是因为有了这样"一个生意"，李嘉诚旗下的企业才有了战略聚焦点，由此产生的核心竞争力才支撑起李嘉诚的"商业帝国"。

---

① 〔美〕艾·里斯、杰克·特劳特著，王恩冕等译：《定位》，机械工业出版社 2019 年版，第 XXVII 页。

华为的管理始终坚持聚焦中心、重点突破的战略,任正非将其称为"压强原则"。他认为,华为在投资、技术等许多方面条件有限,四面出击是不可能成功的,因此,华为采取的战略是盯死研发的关键点,并集中全部力量予以攻克。2016年,《人民日报》记者问任正非成功的密码是什么时,他的回答是:"坚持只做一件事",不炒股、不做房地产、不上市,28年坚定不移地只对准通信领域这个"城墙口"冲锋。任正非说,华为只有几十人的时候,就对着一个城墙口进攻,几百人、几万人的时候也是对着这个城墙口进攻,现在十几万人还是对着这个城墙口冲锋。多年来,华为以"密集炮火"——每年1000多亿元的弹药量炮轰这个"城墙口",最终在大数据传送等方面领先了世界。

一讲到企业的核心竞争力,许多人就想到了高科技,似乎离开了高科技,企业就无法取得竞争优势。其实不然。人们大都知道沃尔玛公司是折扣连锁商家的样板,但这种商业模式却"一直被模仿,很难被超越",原因就在于其低价背后所隐含的强大实力:这家公司建立的一整套完整的信息资源和采购及配送流程不是那么容易复制的。这样的例子并不少见,可口可乐、星巴克、老干妈、海底捞、耐克……这些长盛不衰的跨国公司,生产的都是生活中极为常见的产品,其最宝贵的资源并非什么高科技,而是创造了这些商业神话的企业家的战略头脑。这些企业坚持不懈地制定和实施正确的发展战略,努力将体现这一战略的产品或服务做到极致,由此形成的商业模式最终成为企业的核心优势。

通用电气通过实施"数一数二"战略聚焦公司的核心资源和能力,进而大大增强了企业的核心竞争力。1981年,杰克·韦尔奇担任通用公司CEO时,公司主要业务中称得上世界级龙头产品的只有燃气涡轮机。韦尔奇为此忧心忡忡,寝食难安。经过8个月的调研和思考后,他对公司的现状做出了全面评估。1981年12月8日,韦尔奇来到纽约,面对华尔街的众多分析师，第一次提出了通用公司的"数一数二"战略：每个事业部存在的条件就是必须在市场上做到"数一数二"，否则就要对其实行整合、出售或者关闭。为了贯彻"数一数二"战略，通用电气在此后的 5 年里共出售了 110 亿美元的业务，解雇了多达 1/4 的员工；同时，在公司内部进行大量投资，积极改善员工的工作、生活和培训条件，大量收购有利于实现公司"数一数二"战略的业务。韦尔奇为什么如此重视"数一数二"战略？他在《赢》中道出了原因："当我退休的时候，通用电气大约有 15 项主要业务，从涡轮机到信用卡，全公司聘用了超过 30 万名员工，是一家不折不扣的大型的、多样化经营的企业。但我总是说，我希望 GE 的经营能够像街边的小店一样，有够快的速度、灵活的反应和开放的沟通气氛。其实，街边小店通常也有自己的战略。由于资源有限，他们必须把精力聚焦在一件事情上，而且要做得非常好。"[1]

从中可以看出，通用电气公司之所以能够创造出世界一流的业绩，最重要的原因就是韦尔奇成功地将公司的资源聚焦到"数一数二"的主要业务上，从而使公司上下形成了实现公司战略的强大核心竞争力。这样的做法是值得大力倡导的。

四、战略谋划，应该抓住主要矛盾，解决关键问题

战略思维的功用在于帮助人们解决关键问题。所谓关键问题，就是事物发展过程中的主要矛盾。战略管理者就是识别和解决企业面临的主要矛盾的人。

当今关于战略分析的方法、工具和模型虽然很多，但万变不离其宗，

---

[1] 〔美〕杰克·韦尔奇、苏茜·韦尔奇著，余江、玉书译：《赢》，中信出版社 2017 年版，第 182 页。

都是建立在与辩证法有关的哲学理论基础上的，都是以矛盾分析方法作为分析、解决问题的基本方法论。因此，坚持战略思维，就应注重学习和运用矛盾分析方法。

　　每个企业都是一个复杂的矛盾集合体，企业管理就是一个不断认识矛盾、解决矛盾的过程，然而，由于各方面矛盾的地位和性质不同，其对企业发展全局的影响和作用也会不同。因此，管理者应学会"抽丝剥茧"，从中找出对企业发展起关键作用的主要矛盾，并始终抓住不放，直到彻底解决。人们经常看到一些企业决策者整天忙得焦头烂额却效果不彰，其主要原因就是缺少解决主要矛盾的意识和能力，没能牵住"牛鼻子"，未能做到突破重点、带动全局，管了许多自己不该管、管不了、管不好的事情。

　　毛泽东在《矛盾论》中说得很深刻："任何过程如果有多数矛盾存在的话，其中必定有一种是主要的，起着领导的、决定的作用，其他则处于次要和服从的地位。因此，研究任何过程，如果是存在着两个以上矛盾的复杂过程的话，就要用全力找出它的主要矛盾。捉住了这个主要矛盾，一切问题就迎刃而解了。"① 必须看到，在诸多矛盾的交互作用中，是主要矛盾决定着事物自身的性质及其发展方向，并影响着其他非主要矛盾的存在和发展。

　　企业管理者每天都会面临许多矛盾，如何认清主要矛盾与次要矛盾及其相互关系，如何运用主要力量解决主要矛盾的同时兼顾次要矛盾，在这方面，企业管理者应该有两个本事：一个是能够在相互纠缠的诸多矛盾中判断出哪一个是关乎企业成败的主要矛盾，并找出这一矛盾的主要方面；另一个本事就是要具备围绕主要矛盾及其主要方面来解决问题的能力。一

---

① 《毛泽东选集》第 1 卷，人民出版社 1991 年版，第 322 页。

个人能够具备第一个本事已经十分难得，若能同时具备第二个本事，就更加了不起，只有同时具备这两种本事的人，才能够成为优秀的管理者。

有一天，麦肯锡咨询公司突然接到一家航空公司的邀约，请其派出一个紧急行动小组协助解决航空公司面临的严重危机。经紧急行动小组确认，这家航空公司的账面资金仅够维持公司15至20天的运营，现金流随时可能断裂。经过讨论，紧急行动小组提出了一个又一个纾困方案，包括关闭航线、特殊优惠和降价出售等。这些方案都具有一定的合理性，但都需要较长时间才能产生效果，如果等到那个时候，这家航空公司可能已经关门了。就在这时，主咨询师打断了大家的讨论，他说："正确的决策应该是从现在起，将航空公司的票价提高20%。"会场立刻寂静下来，大家一致认为，这一做法必然会遭到顾客的反对。在无更优方案的情况下，这一方案最终在争论中获得通过。结果表明，机票涨价后，航空公司的收益有了明显增加，以此获得了足够的时间去思考公司下一步的战略。

由此可见，解决问题必须有能够抓住主要矛盾的本领，也就是首先要客观准确地提出问题。英国管理史家斯图尔特说过一句话：管理上没有最终的答案，只有永恒的追问。的确如此，管理者的水平在很大程度上取决于其能否及时准确地发现问题、提出问题。

战略管理更应该坚持问题导向。习近平指出："坚持问题导向是马克思主义的鲜明特点。问题是创新的起点，也是创新的动力源。"[1] 只有抓住了那些战略性的问题，才能不断开拓新的战略局面。因此，战略管理绝不能回避问题，而是应该勇于发现问题，积极解决问题。就企业管理者来说，应该经常思考如下问题：当下对市场需求状况及其变化趋势做出的分析符合实际吗？目前对行业供给状况及其变化趋势做出的判断对吗？企业

---

[1] 习近平：《在哲学社会科学工作座谈会上的讲话》，《人民日报》2016年5月19日。

已经做出的战略选择正确吗？

马恺文在《大概率思维：人生赢家都是概率赢家》中讲述了这样一个神奇的故事。

一个准备参加国际吃热狗大赛的选手在比赛的前一天被带到一个房间里的一面镜子前。带他进来的人说，这是一面神奇的镜子，可以解答任何问题。

他想到明天要参加吃热狗比赛，就急切地问道："我怎么才能赢得明天的比赛？"

镜子说："根据比赛规则，你只要在 12 分钟内吃掉比别人更多的热狗就可以赢得比赛。"

这不是废话吗？他很想离开房间，又有点不甘心，便继续问道："我怎样才能在 12 分钟内吃掉比别人更多的热狗呢？"

镜子说："时间相同，要吃得更多，你就要尽可能地提升速度。"

怎么还是废话？他感觉很失望，但还是不想离开房间，便继续追问："怎么才能提升速度呢？"

镜子说："影响吃热狗速度的最关键动作是吞咽，所以你应该吞咽得快一些。"

到这里，他有点难以忍受了，却没有停止追问："我怎么样才能吞咽得更快呢？"

这个时候，镜子闪烁了几下后说道："根据用不同方式处理热狗的时间数据，如果想最大限度地提升吞咽速度，建议你采用以下方式：把热狗里的面包和肉肠分开，肉肠掰断，面包泡软，交替着吃。水里可以加一点植物油。"

这个办法听起来有点奇葩。但是，第二天他按照这个办法做了，居然真的拿到了冠军。

这个故事呈现了怎样才能正确解决问题的过程，战略管理者可以从中得到诸多启示。德鲁克说：世界上最严重的错误，并不是你做的错的回答，而是你问错了问题。问错了问题，只能得到没用的甚至是错误的答案。只有问对了问题，才可能有针对性地去寻求问题的答案。大多数人在考虑如何在比赛中取胜时都会提出这样的问题：我怎么才能快速将更多的热狗吃掉？只有这个人问到了点子上：怎样才能使热狗更容易下咽？可见，只有把问题问准确、问到位，才能更好地解决问题。

五、不确定条件下进行战略谋划的方法

传统的战略谋划方法往往从静态的角度来分析问题，大多将历史与现实的状况当作预见未来的主要依据。然而，公司战略涉及企业中长期发展的诸多重要问题，需要考虑对战略的制定和实施产生重要影响的各种内部和外部因素。由于这些因素大都具有不确定性，因而把握起来并不那么容易。麦肯锡公司管理顾问休·考特尼认为，传统的战略规划方法通过精确地展示未来的情景，确定最可能发生的结果并据此制定战略，在相对稳定的环境下，该方法能起到有效作用，但在高度不确定的环境下就难以起作用，甚至会带来危险。由此可见，能否有效应对不确定性，能否在积极创新的同时搞好风险管控，成为企业兴衰的主要因素。

战略谋划的决策方法可分为两大类，即"硬方法"和"软方法"。硬方法指的是那些模型化、数学化和计算机化的操作方法，其核心环节是将每一个与战略有关的变量用数学关系式表达出来，构建相应的数学模型，然后把各种相关数据代入这些模型，依据计算机运算后的结果作出多种选择。这类方法很多，如线性规划、系统工程、博弈论、决策树法、最优控制论、排队论、投入产出分析等。软方法指的是运用经济学、管理学和行

为科学等学科的研究成果，采取有效的组织方式，充分发挥学者、专家等专业人员的集体智慧，来完成更加有效的战略决策。这类方法也很多，如头脑风暴法、列名小组法、特尔斐法、提喻法、方案前提分析法等。

管理者应根据战略决策的需要，深入研究软、硬两类方法不同的适用领域以及如何搞好相互匹配，以此来达成最佳效果。在此介绍几种比较管用的战略谋划方法。

（一）发现推动规则

在当今的诸多研究中，存在着一些危险的暗含假设，这些假设如果不受质疑地混入规则，其危害是可想而知的。而发现推动规则提出了一种能够系统地发现这种假设的程序。这一程序采用的准则分别记录在四个相关的文件中，即重大事件规划、逆向损益表、经营情况预测说明书、重要假设检验表。随着经营组织各项业务的发展，新的数据不断产生，这些文件也会不断更新，待这几个文件的更新过程循环回来后，管理者再重新思考修正以后的逆向损益表，便可从中看出有关业务设想是不是连贯一致。如果其结果是否定的，则应重复进行这一过程，直至有关业绩方面的要求和行业标准得以实现。如果业绩要求和行业标准无法实现，就应该果断放弃这项事业。

通过发现推动规则的运用，能够将那些具有潜在风险的暗含假设突出出来，并避免套用现有的规划方法对新业务进行规划。特别是当战略性事业出现超出预期的不确定性时，这一工具将会显得尤为重要和有效。它促使管理人员努力探究其不熟悉的领域，并提供了一种具有较高可靠性的行为准则，帮助决策者掌握在决定投入大量资源之前会经常遇到的与成败有关的未知因素。另外，发现推动规则的运用能够促使人们将假设转换成知识。发现推动规则提示人们，在开创一项新的事业时，首要的是要对未知的重要因素做出周密的设想，而不应在开展新业务时沿用原来所熟悉的规划方法。在新业务开始阶段，应将所有相关因素都看成未知的，应该提出尽量多的合理假设。

总之，发现推动规则是一种制定战略的有效工具，可将其用于任何具有不确定性的战略性事业的谋划。与那些以平台为基础的规划方法不同，发现推动规则会增强管理者的求知欲，迫使其努力探索自己不熟悉的情况，逼迫管理者不断提高学习能力。作为一种管理手段，发现推动规则提高了在开展新事业过程中不确定因素的可见度，并帮助管理者以较低成本去解决因不确定性引发的系列问题。

（二）展望未来，逆向推理

所有的战略决策都是以未来为导向的，但这并不排斥吸取以往的经验。深刻地认识过往，有助于避免思维错误的发生。

但把握未来也不能以总结过去的经验为满足，而是应更加注重向前看。决策者应该积极收集与未来相关的变量信息，并由此展开加权推演，运用适合本企业实际的战略规则工具来估算各个重要因素的准确性，然后将全部重要信息综合起来，以此对未来进行全方位的分析和判断。在此基础上，一步一步地由可预见的未来向回推理，明确划定一个个关节点，并将所需资源进行系统性的预先配置。

美国学者大卫·B. 尤费和迈克尔·A. 库苏马罗在《战略思维》一书中谈到一个与此相似的企业战略法则，叫作"向前看，向回推理"。这一战略法分为 4 个主要步骤：（1）向前看，形成对于未来的愿景；向回推理，设定边界和首要任务。（2）向前看，预测客户需求；向回推理，努力匹配这些需求。（3）向前看，预测竞争对手的行动；向回推理，设置障碍，阻止对手并且锁定顾客。（4）向前看，预测行业拐点，应对改变并且坚持到底。① 这一法则的核心要义是，管理者应该着眼企业未来发展的可能性，提前制订切实可行的预案，并一步一步地将所需要的资源配置到各个关键节点上，以此确保企业顺利实现战略目标。采取了这样的具有预见性的举措，企业就能够以从容的姿态走向未来。即使今天所做的一切未能与今后的需要完全相符，也只需做些微调即可，而不至于出现"现上轿现扎耳朵眼"的被动局面。

（三）技术路线图

20 世纪 70 年代末期，摩托罗拉公司率先运用技术路线图这一管理方法协调产品生产和技术开发的相关工作，并取得了巨大成功。此后，技术路线图作为一种具有前瞻性的可视化方法，很快在世界许多较发达国家和地区的企业、行业以及国家管理等不同领域得到应用，特别是在企业界，技术路线图的应用更加广泛。实际上，技术路线图是企业展现"技术—产品—市场"发展的规划图，普遍适用于确定企业的技术战略和产品战略。摩托罗拉、通用汽车、朗讯科技、飞利浦等许多公司将技术路线图用于企业的经营管理，有效提高了企业的技术及产品的规划水平。

因研究者和使用者的视角不同，对技术路线图所做的定义也出现很大的差异。戴维·普罗伯特认为，技术路线图是一群利益相关者关于怎样到达他们想到达的地方，怎样实现他们的期望目标的总的观点和看法。李栎等人认为，作为一种战略规划工具，技术路线图能够沟通市场、产品、技术、科学和研发计划，为各利益相关者达成共识提供恰当的机制，最终以简洁的形式概括复杂的过程和大量的内容，清晰地显示达到特定目标的确切时间和所需的路径。② 从总体上来看，技术路线图虽然具有不同的形式，

---

① 〔美〕大卫·B. 尤费、A. 库苏马罗著，王海若译：《战略思维》，中信出版社 2018 年版，第 5 页。
② 李栎、张志强、安培浚：《技术路线图的发展与应用分析》，《图书与情报》2009 年第 3 期。

但大都在回答这样三个问题，即我们现在处于何种状态？我们希望到达的目的地在哪里？我们怎样到达目的地？

这三个问题将技术路线图描述的内容分为不同的层次。它的上层所描述的是组织期望达到的目标以及与其相关的影响因素，其中包括公司内部的业务需求以及外部市场驱动的具体情况；技术路线图中间层的内容主要是企业为了达到目标所采取的手段，其中包括产品、服务和经营运作，这些内容直接与企业的业务内容紧密相连；技术路线图底层描述的则是包括技术在内的各种相关资源的情况，企业通过合理调配这些资源，将其转化为用户所需要的产品。公司层面的技术路线图一般由企业的战略管理者与技术、研发和市场等部门的骨干人员共同研究制定。通过各个层次技术路线图的制定过程，有效促进了技术研发人员和市场营销人员之间的沟通与合作，进一步提高了新产品研发的成功率。

制定技术路线图是企业进行战略规划的有效方法。技术路线图向管理者提供了一个分析问题和解决问题的框架，明确了不同部门人员完成各项工作的必备要素。在纵轴上，技术路线图界定了实现公司战略应该予以关注的各个要素；在横轴上，技术路线图将不同战略要素按照一定的时间刻度做出具体分解。技术路线图的制定与实施，有效地将战略实施过程中的各个要素整合起来，促进了企业各层级人员的沟通与合作，较好地保证了战略实施过程中各个相关要素的协调运行；同时，可以较好地实现市场拉动力与技术创新推动力的相互融合，准确识别当前应该着重克服的技术差距和障碍，帮助企业确定应该重点开发的关键性技术，并规划出最优技术路线。这一过程促使企业决策者始终围绕战略需要来思考问题，继而谋划出有利于企业未来发展的技术蓝图。

（四）鲁棒性战略谋划方法

鲁棒是"Robust"的音译，是强壮、健壮的意思。在 20 世纪 90 年代，美国兰德公司专家罗伯特·伦珀特和史蒂文·波普尔提出了这一决策方式，并将其成功用于军事战略的研究与决策上，所展现的是在异常和危险状况下系统的生存能力。当出现极度不确定的情况时，人们以往的经验和知识无法对新出现的状况做出合理的解释，采用以往的决策方法制定的战略难以应对所面临的新情况和新问题，因此需要做出具有鲁棒性的决策。具有鲁棒性的决策方案适应性较强，敏感性较弱，即使外界环境发生了重大变化，此方案仍能满足人们的要求。

日本工程管理专家田口玄一在提出"稳健设计"产品设计方法时涉及鲁棒决策的概念。按照他的看法，鲁棒决策不是一个完美的方案，也不是一个最优化的方案，而是一种在面临极度不确定性时能够做出的优于某一事先期望的效益值的方案。鲁棒决策是一种尽可能在现有条件下消除不确定性因素，并选择一个对剩余的不确定性不大敏感方案的过程。

从表面上看，不同研究者提出的鲁棒性分析的具体步骤有许多不同，但归结起来大都具有以下几个关键步骤：首先，认真分析那些可能会给企业发展带来较大影响的重要因素。实现决策鲁棒性的首要条件是充分考虑未来可能发生变化的企业内部和外部情况，尽其所能地保证其预先的设想具有完备性。其次，着力识别那些能够发挥关键性作用的重要因素。深入分析这些因素的相互关系和可能出现的具体结果，按照这些因素的不确定性程度及其产生的影响做出详尽的分类，并将不确定性及影响程度都较高的因素列为优先级因素。最后，构建主要情景。将那些重点因素未来可能产生的结果，做出系列组合，着重描述出三四种情景，经过概率计算后，将其确定为企业未来发展中最有可能出现的情景。应该看到，鲁棒决策过程也是一个基于人机结合的交互过程，计算机系统可辅助研究者观察和分析大量数据，并能够在各种可能的范围内对所需要的假设做出测试，管理者要善于通过人机结合方式来获取鲁棒性决策方案。

第六章

坚持战略思维，才能赢得商战

多年来，家庭消费的卫生纸一直是白色的。在人们的印象中，纸张越白越干净，许多厂家为了给卫生纸增白，增加了不少成本。然而，几年前，一家湖南的企业却反其道而行之。该厂以竹子为原料，生产出一种竹黄色的卫生纸——"竹炭纸"，竹炭纸以"天然""抑菌"为卖点，价格高于白色纸，仅两年时间就卖出十多个亿。这家公司能够在充分竞争的市场环境中获得成功，靠的就是差异化竞争这一战略。

战略思维绝不是书斋里的空谈，而是可以用于实战的智慧。想要在商战中取胜，就离不开战略思维。市场经济的竞争属性决定了当今企业仍需以战胜对手作为战略管理的重心，因而，商界人士需要认真研究市场竞争的规律，努力在商战中赢得胜利。

一、竞争战略的基本坐标

商场与战场有诸多相似之处，商战中对手之间的交锋如同战场上的两军对垒，经常会发生激烈的较量。正因为这样，军事理论早已被广泛用于商战，许多从商者更是运用前人的战争智慧打赢了商战。然而，商场与战场的交战形式却不相同，商战不像战场上那样进行真刀真枪的拼杀，其进行的是一种没有硝烟的竞争。

在商业竞争中，企业管理者应该着重思考怎样利用有限的资源形成竞争优势，通过不断优化企业的竞争战略，充分满足目标顾客的需求，以此来创造新的更大的价值。在这种情况下，资源、竞争和顾客等因素就成为企业开展竞争的主要力量，也成为管理者思考战略问题的出发点。战略谋划者通过在此基础上进行创造性的整合，建立了符合不同企业运营情况的战略管理模式。

在学界与商业领域，以竞争为本的战略思维长期占据着主导地位。坚持这一战略思维的人们认为，在企业运营的营利性因素中，市场结构始终发挥着基础性的作用，企业需要针对五种竞争力量，在三大竞争战略中做出抉择，这是企业能否实现经济增长的关键。

所谓五种竞争力量与三大竞争战略，是当今"竞争战略之父"迈克尔·波特在他《竞争战略》一书中提出的著名模型。这一理论已经成为商业领域竞争力分析的基本坐标。即使在当今互联网经济快速发展的时代，波特的有关理论依然对大多数企业的战略决策产生深刻影响。

波特认为，企业的盈利能力主要由行业现有的竞争状况、供应商的议价能力、客户的议价能力、替代产品或服务的威胁、新进入者的威胁这五大竞争力量决定。因内部因素与外部环境不同，各个企业所承受的市场竞争压力也不尽相同，潜在的盈利能力也存在或大或小的差别。波特对其中的原因进行了深入的研究。他认为，企业战略设计的核心在于选择正确的行业并在这一行业中占据有利的竞争位置。

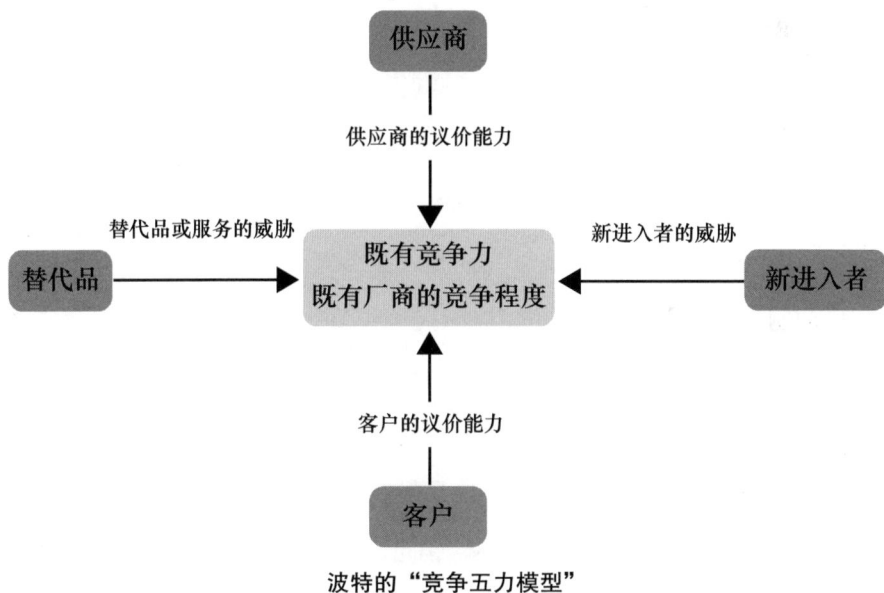

波特的"竞争五力模型"

企业在与五种竞争力量进行交战时，面临着三种不同的战略选择，分别是成本领先战略、差异化战略与专一化战略。

（一）成本领先战略

成本领先战略主张建立高效的能够形成规模化的生产设施，尽可能地降低企业运营成本，从严控制经营管理中各方面的消耗，最大限度地减少技术研发、服务、营销等方面的费用，尽力将企业各个运营环节的成本降下来。为了实现这些目标，就需要在经营管理中把成本控制摆在非常突出的位置，确保企业的总体成本能够低于竞争对手。实现成本领先战略的目的在于当其他公司在市场竞争中已经无利可图时，本公司依然可以获得一定的利润。

许多企业都想赢得在同行业中总成本最低的有利地位，但这一目的并非轻而易举就可以实现。为此，通常需要获得远高于竞争对手的相对市场份额，由此产生的规模效应能够较大幅度地降低成本；或可通过创造其他优势，诸如与原材料供应商或其他合作方形成良好的协作关系，产品设计更加有利于形成较宽的产品线等，这些做法都可以有效地分摊固定成本。

赢得总成本领先地位是许多商家梦寐以求的目标。某个公司一旦赢得了这样的地位，就能取得很高的边际利润。在这种情况下，企业就可以从很高的利润中拿出一部分对人才、研发、设备等进行新的投资，从而进一步强化企业在成本控制上的领先优势，这种良性循环的结果必然推动企业不断迈上新台阶。

也有人认为，成本领先战略不就是让商家打价格战吗？这有什么技术含量啊！不是这样的。其实，价格战是最高级的竞争策略。格兰仕与长虹争夺市场时，格兰仕突然降价40%，销量随之上升200%，生产成本随后降低了50%，市场占有率从25%增加至34.5%，因而利润率反而提高了。价格战的学问在于降价点的精确计算和设定，格兰仕将其设在自己的盈亏平衡点之上，又正好处于竞争对手的盈亏平衡点之下。如果对手跟进，就会亏本；不跟进，市场份额就会下降。格兰仕运用这种策略屡屡得手，现已抢占了世界70%的微波炉市场份额。可见，价格战不是随便打的，其中的学问同样是很大的。

（二）差异化战略

差异化战略是学界和企业家十分推崇的一种战略选择。迈克尔·波特认为，所谓差异化战略，即企业提供被全行业认可的独特产品或服务。在波特看来，战略并不是要涉及最佳的做法，而是要选择什么样的做法可以使你与众不同、独一无二，以此和竞争对手竞争。要实行差异化战略，前提和关键是找到自身的定位。定位理论创始人杰克·特劳特提出："定位就是要寻找与众不同、独特的差异化，它是战略的全部。""在大竞争时代，唯一的成功之道就是进入顾客心智。而进入顾客心智的唯一方式，就是做到与众不同。"[①] 他还提出了"定位四步法"，即分析外部环境、确立品牌的优势地位、为定位寻求可靠证明、将定位植入顾客心智。特劳特在《与众不同：极度竞争时代的生存之道》一书中再次强调了与众不同在市场竞争中的极端重要性，甚至认为不能实现差异化，就只有死路一条！在对手众多、竞争激烈的市场环境中，企业必须找到与众不同的经营途径，这是成功的定位策略的基础。你要告诉顾客为什么他应该购买你的而不是别人的产品。

实现差异化战略需要对企业的自身优势与外部环境做出客观和充分的评估。在此基础上，采取许多灵活多样的方式促进差异化战略的形成，比如，开发应用新技术、设计新的品牌形象、改进服务方式、增加新的产品性能、强化商业网络的独特性等。当然，如果一个公司能够在多个方面都具有差异化特征就更加理想了。在这种情况下，企业战胜竞争对手的可能性就会明显增加。

只要差异化战略能够成功实施，就会为企业筑起一道可靠的应对五种

---

① 杨琦、颜宇慧、杨秋慧：《浅议互联网金融背景下理财风险防范》，《商场现代化》2018年第19期。

竞争力量的"防御工事"。波特认为，推行差异化战略有时会与争取更大市场份额的目的产生矛盾，原因是实施差异化战略往往会推高企业的运营成本，有时即便全行业的顾客全都知晓公司享有的独特优势，却未必都愿意或有能力为公司提供的较高价格的产品买单。

来见识一下一家制造卫生纸的厂家是怎样进行差异化竞争的。多年来，家庭消费的卫生纸一直是白色的。在人们的印象中，纸张越白越干净，许多厂家为了给卫生纸增白，增加了不少成本。然而，几年前，一家湖南的企业却反其道而行之。该厂以竹子为原料，生产出一种竹黄色的卫生纸——"竹炭纸"，"竹炭纸"以"天然""抑菌"为卖点，价格高于白色纸，仅两年时间就卖出十多个亿。这家公司能够在充分竞争的市场环境中获得成功，靠的就是差异化竞争这一战略。

（三）专一化战略

专一化战略指的是将某一类顾客群体、某一产品线的一个细分区段或某一区域市场作为主攻方向的战略。低成本战略与差异化战略都是在整个产业范围内来实施自己的战略，而专一化战略却不是这样，它仅将某一特定范围内的客户群体作为服务对象。通过开展专一化的业务，企业能够以较高的产品或服务质量获得某一较窄市场空间战略对象的认可，从而避开在较大范围内与诸多对手进行竞争。波特认为，这样做的结果或者是通过满足特定对象的需求实现了差别化，或者在为这一对象服务的过程中实现了比竞争对手更低的成本，也可能是二者兼而得之。实施这一战略的公司具有高于产业平均水平的盈利潜力，由此产生的优势能够抵御来自多方竞争对手的威胁。但专一化战略也有弱点，它常常会使整体市场份额的获取受到一定的限制，可能会造成利润率与销售额此消彼长的情况。

在餐饮业的最高处，许多商家用的就是这一战略。餐饮业已经是一个呈现充分竞争的行业，高端餐馆的竞争不仅体现在菜色品质和服务质量上，还体现在预见客户需求的本领上。2000 年，享誉世界的知名厨师杜卡瑟在美国纽约开设了一家名为"埃塞克斯"的餐馆，并为此精心设计了一份极为高档的菜单。这家餐馆提供的菜品种类很多，但价格是统一而固定的，到此享用美食的顾客每人需付费 160 美元。如此之高的消费并未挡住顾客的脚步，反而每天被渴望品尝绝味美食的富人预订一空。2003 年，日本厨师高山雅方加入了这一竞争，他以每人 300 美元的最低消费推出了世界上最精美的统一高价的日本寿司。这一产品及相关服务大受顾客欢迎，餐馆的生意也因此十分兴隆。杜卡瑟哪肯罢休，为了不落人后，他又设计了一份具有新的世界水平的高档菜单，统一价格为 225 美元，也可以按照顾客的需要升级到 400 美元。

不少人曾怀疑，如此高昂的价格能够得到顾客的认可吗？结果却大大出乎人们的预料。究其原因，很重要的一条是这些餐馆将餐厅的座位控制在合理的数量，每天晚上只接待 100 名顾客，也可以更少。通过适度限制餐厅座位的供给，为餐馆的产品制造了一种稀缺性，并由此抬高了服务的价格，从而在这一细分市场领域获得很高的回报。

波特认为，每个公司都应对于上述三种战略做出明确选择。在这三种战略之间摇摆不定的公司会处于十分不利的战略地位，很难取得战略优势；当然，相继采用这三个战略的公司也必然会失败，因为它们各自要求的主客观条件是不一样的。

二、选择正确的商战策略

当今的不少专业学者将军事战略理论应用于市场竞争方面的研究，取得了令人瞩目的成果。实践证明，这些研究成果对于指导人们的商业活动是十分有益的。

营销战略家阿尔·里斯与杰克·特劳特所写的《商战》一书，就是一本具有浓郁军事色彩的市场营销专著。这本书对于商业对手之间的营销战做了非常深入的探讨。作者认为，传统的市场营销都在倡导"顾客导向"，现今的企业也是几乎没有不坚持顾客导向的。其实，市场营销的关键不在于是否能够满足顾客的需求，而在于能否赢得商业竞争，因此，企业应把"顾客导向"转变为"竞争导向"。作者鲜明地指出，商业就是战争，竞争者就是对手，目标就是要赢得胜利。

只要提到如何在商战中获胜，人们的第一反应就是打价格战，降价促销已经成了许多商家常用的"战法"和商业行为的"必选动作"。但绝不应简单地将商业竞争看成打价格战，特劳特在《定位》一书中提醒中国商家："继续'制造更廉价的产品'只会死路一条，因为其他国家会想办法把价格压得更低。"[①] 随意性的"杀价""血拼"是短浅之举，是缺乏战略思考的表现，不仅无法增加企业利润，也无法长久地提升市场占有率，更无法赢得商机，最终只会给企业造成十分被动的局面。

商战是看不见硝烟的知识之战、智谋之战。身处商业竞争环境中的人们需要更多地吸取战略思维的成果，以此来提高自己的战略思维水平；同时，还要集中精力分析研究"战场"的真实状态，即目标消费者的心智形态及其变化，努力增强战略思考的针对性和有效性。

具体而言，要想夺取商战的胜利，首先要精心绘制商战相关方的心智地图，准确评估各个主要竞争对手在顾客心智中已经占据了什么位置，搞清楚其基本阵容，并找出是哪家公司占据了客户心智空间的制高点；同时，还要找准本企业所占领的"山头"，然后进行市场细分，拿出瓦解敌

---

① 〔美〕艾·里斯、杰克·特劳特著，王恩冕等译：《定位》，机械工业出版社 2019 年版，第Ⅸ页。

方防线的具体策略。心智地图如同一张作战部署图，有了它，就能够排兵布阵，及时采取正确的作战行动。

（一）勇于进攻，主动出击

阿尔·里斯和杰克·特劳特的《商战》一书重点分析了商战中的四种常用战略形式，即防御战、进攻战、侧翼战和游击战，并针对每一种战略形式提出了实用性很强的指导原则。

想打防御战，必须具备相应的主客观条件。只有在市场上居于领导地位的企业才适合打防御战。最佳的防御期是与对手交战的初期，对手刚刚发起进攻时，其实力并未完全展现，攻势强度不会很大，此时只要部署得当，就能够以较小的代价打退对手的进攻。因此，即使是市场的领导者，也不能有丝毫的麻痹，必须时刻掌握市场的变化和对手的动向，不可犯"贻误战机"的错误。

对于发动进攻战的商家来说，必须充分考虑市场领导者能够具备强势地位的相关因素，采取相应策略逐项击破；应该努力找出市场领导者的弱势，并尽可能在狭长地带发起攻击；应充分发挥自身的相对优势，尽可能地集中资源，分清轻重缓急，尽快拿下市场制高点。

发动侧翼战的企业应该着重在无争地带展开。要把"奇袭"作为侧翼作战最重要的招法，以此来达到出其不意、攻其不备的效果。追击与进攻同等重要，只要符合实际情况，就应果断加以实施。

发动游击战时，必须找到一块较小的适宜市场空间后再发起攻势，绝不能大面积展开行动，只有这样，才可能攻得下、守得住。无论对手多么成功都不能完全效仿，只有做了对手做不到的事情，才有可能战胜对手。一旦遇到了超过预期的重大变化，不应恋战，而应立即撤退。

专业人士的研究结果表明，在激烈的商战中，平均每100家企业中仅有一家企业打防御战，这是因为享有市场领导地位的商家本来很少，选择这一战法的企业当然不会很多；会有两家企业采取进攻战的打法，有三家企业打的是侧翼战。能够发动进攻战和侧翼战的企业需要一定的实力，同样不是谁都可以打的，因而其数量也不是很多。剩下的94家企业都在打游击战。这样的选择是不得已而为之。这些企业大多是中小型企业，没有那么强的战斗力，只能通过打游击战来与对手竞争，从而使企业得以生存和发展。从上述比值中可以看出，在商战中，具有较大竞争优势的大型企业与处于弱势地位的中小型企业会采取截然不同的经营战略，因此，每个企业都要慎重进行自己的战略抉择，如果竞争战略搞错了，战胜对手将变得极其艰难。

20世纪中期后，计算机行业迅速崛起，各企业间的竞争十分激烈。IBM公司奉行极为周密的防御战战略，以其强大的竞争优势，长期处于计算机行业的领导地位，大力遏制对自己形成威胁的对手。到20世纪六七十年代，计算机行业的市场格局已经形成，同行业中的现有企业无法对IBM造成实际威胁。就在这时，一个真正的挑战者出现了。DEC公司（美国数字设备公司）通过侧翼战战略发起了进攻，并很快取得了优异的战果。

IBM生产的是大型计算机，DEC避开这一领域，专攻小型计算机的生产。IBM面向终端客户，DEC专门为设备制造商服务。通过侧翼战，DEC推出的小型计算机价格低廉，销量大增。到了1980年，DEC已成为世界最大的小型计算机生产商。

这一出乎意料的情况让IBM的决策者惊出一身冷汗。1981年，IBM向市场推出了个人计算机。针对DEC的小型计算机的主要服务对象是制造商，而不是家庭和个人，IBM适时进入家庭和个人市场，取得了成功。经过一番角逐，DEC终于招架不住竞争对手的强大攻势，只能认输。1998年1月，DEC被康柏公司以96亿美元收购。

此后，在个人计算机市场上，苹果公司与 IBM 展开了激烈的较量。苹果公司的产品迭代很快，不断抢夺家用计算机市场份额。成功不会总是属于某一个企业。当苹果公司开始进入商用计算机这一市场时，遭遇了重大失败。《商战》一书出版时，苹果公司已经陷入困境。作者也许不会想到，几十年后的苹果公司又会在商战中重新崛起，再次成为计算机行业的巨头。

（二）善于防御，建好"护城河"

上面讲的这些都是具有进攻性质的商战策略，但仅仅做到这些还是不够的。实战中的军人不仅要勇于进攻，还要善于防御，攻得猛、防得住才能锁定胜局。只知进攻，不会防御，是很难取得全面胜利的。这就启示置身商战中的人们，在市场上发起攻势之前，也需要为自己的企业建好"护城河"，以阻止对手可能发起的攻击。

"护城河"是"股神"巴菲特首先提出来的一个概念。在巴菲特看来，那些在竞争中能够取胜的企业都有自己的"护城河"。正是因为贯彻了这一理论，巴菲特与查理·芒格共同掌控的伯克希尔—哈撒韦公司从市值1000 万美元猛增到 6500 亿美元。巴菲特认为，护城河比 CEO 还要关键，经济护城河是一种结构性的优势。芒格说过一句很有名的话：面对护城河，竞争有害健康。他在提醒竞争对手，如果向已经构筑了难以跨越的"护城河"发动进攻，是不会有好结果的。

对于企业来说，究竟什么是"护城河"？巴菲特认为，优质的产品不是护城河，卓越的管理不是护城河。这些固然不错，但是它们不叫护城河。在这里，巴菲特用排除法否定了人们通常的看法，但并未给出"护城河"的定义，也没有为此做出更多的解释和分析。

关于"护城河"，国际权威投资评级机构晨星公司给出了一个定义：

"护城河"就是企业常年保持的结构性特质，竞争对手难以复制。"护城河"能够弱化外来竞争对企业的影响，让企业在更长时间获得更多的财富。在这里，可以将"护城河"通俗地表达为"竞争壁垒"，一家具有核心竞争优势的公司应该构建足够高的竞争壁垒，以取得对手无法进来、客户很难出去的效果，从而使企业的市场占有率不断增加。同时，晨星公司提出了"护城河"应该具有的四个要素，即无形资产、低生产成本、网络优势以及高转换成本。这些看法得到许多人的认同。

"护城河"可分为有形与无形两个方面。有形的"护城河"最容易被竞争者模仿，如厂房、机器、设备等；而无形"护城河"模仿起来就要难一些，如管理、技术、营销等。特别是模仿企业已经形成的品牌优势，难度就更大一些。比较起来，形成企业竞争优势的核心能力是对手最难模仿的，这种能力已经变成企业的运营方式，并已构成一个完整的有机的系统，外人很难在短期内完全掌握。

不少企业忽视"护城河"的建设，因而使得好不容易取得的优势地位很快被竞争者抢走。应该承认，一个企业的实力再强大、模式再独特，最终也会被人模仿甚至超越。从长远的视角来看，没有无法跨越的"护城河"，只要新的竞争者越过了"护城河"，企业一直享有的高额利润就会消失。因此，企业的"护城河"建设无法做到一劳永逸，必须不断加深加宽。竞争者用于攻破"护城河"的时间越长，企业就会赢得越多的用来建立强大市场地位的时间，企业的竞争优势就可持续得更久。可以看出，"护城河"能挺多久，在很大程度上决定了企业竞争优势是否具有可持续性。因此，构建难以逾越的"护城河"，是企业核心竞争力的重要内容，企业应该为此做出更大的努力。

从以上的分析中可以看出，与战场上两军交战相比，商战虽然不见硝烟滚滚、血流成河，却同样是"你死我活"的苦战。因此，学习一点军事理论，掌握一些军事战略与战术方面的知识，对于从商者是非常必要而有益的。

三、积极寻求正和博弈

凡是有人的地方就会有竞争，有竞争的地方就会有博弈。想要成为现实社会中的强者，就必须掌握博弈的智慧，努力在各种各样的竞争中为自己赢得最大的胜算。

博弈论又称对策论，是通过运用严谨的数学模型等科学手段，研究相互对抗条件下如何实现决策最优化的理论。按照诺贝尔经济学奖获得者罗伯特·约翰·奥曼的说法，博弈论是研究互动决策的理论。在经济生活中，各行动方的决策会相互影响。每个人在进行决策时，必须将他人的决策纳入自己的决策思考之中，当然也需要把别人对自己的考虑纳入思考之中。在这样一种自己与他人交互思考的情形下做出决策，从而选择对自己最为有利的对策。通俗地说，博弈论就是一些个人或组织面对特定的环境或条件，在一定的规则约束下，同时或先后、一次或多次对各自的行为或策略做出选择并加以实施，从中取得相应结果或收益的过程。

在通常情况下，这种博弈行为总归要达到一种均衡状态，即纳什均衡。在纳什均衡点上，每个参与者的策略都是最优选择，此时，无人愿意主动改变自己的策略。这种相对稳定的结构会一直持续下去，直至博弈的终点。纳什均衡呈现的是一种达至均势的状态，或是一种使博弈各方皆大欢喜的状态，相关者都乐于接受它；当然，这种状态也可能是相关者基于各自的理由做出的被迫选择。由此可见，纳什均衡是各方参与者在理性预期的约束下，经过综合博弈后产生的结果。假如参与博弈者能够理解其中的奥妙，就会比较从容地做出选择，减少许多无谓的烦恼。

在实际生活中，存在着各种各样的博弈，正和博弈、零和博弈与负和博弈是人们经常遇见的博弈形态。在市场竞争中，应该寻求更多的正和博弈，尽可能地减少和避免零和博弈与负和博弈。只有更多地采取正和博弈，才可能形成良性竞争的局面，才会更加有利于企业的稳步发展和社会的和谐进步。

正和博弈，也称合作博弈，是指在博弈过程中，参与方的利益都有一定程度的增加，或者至少是一方的利益增加而另外相关方的利益不会受损，这样社会的整体利益才会有所增加。正和博弈是通过合作或妥协的方式实现的。合作与妥协之所以能够增进博弈相关方以及整个社会的利益，是因为在此过程中能够产生一种"合作剩余"，这是零和博弈与负和博弈不会产生的。至于"合作剩余"在博弈各方之间如何进行分配，取决于博弈各方的实力对比与协商技巧的高低。在这里，"合作剩余"如何分配既是相互妥协的结果，也是达成妥协的条件。进行正和博弈需要长远的眼光、更多的包容、更丰富的智慧，激发出来的必然是集体主义、团体理性等正能量，是公平、公正等正面效应的直接体现。

人们相信，合作共赢才是最佳博弈结果。现实生活中，不少商家囿于短视和眼前利益，在一个时期内出于抢占市场、打垮对手的目的选择零和博弈与负和博弈，结果往往事与愿违，不仅未能达到目的，反而蒙受更大的损失。在当今社会，进行零和博弈或负和博弈虽然并不违法，但绝非上策，能够把非合作博弈转化为合作博弈才是应予提倡的商业之道。

厉以宁教授讲过一个"新龟兔赛跑"的故事。在旧的龟兔赛跑的故事中，兔子因在比赛中途睡大觉输掉了比赛。在"新龟兔赛跑"的故事中，兔子提出进行第二次比赛。这一次，兔子没有睡觉，赢了比赛。比赛继续进行。乌龟说，比赛路线不能都由你来决定，这一次比赛路线由我安排。在比赛中，遥遥领先的兔子被一条大河挡住了去路，最终输了比赛。比赛还在继续……双方看到如此比下去，对谁都没有好处，于是达成了共识：在陆地上，兔子驮着乌龟跑；在水面上，乌龟驮着兔子游。最终，双方都顺利到达目的地，实现了双赢。

这个新故事寓意深刻。在比赛开始时，双方采取的是零和博弈，结果难分胜负，并且看不到博弈的尽头。后来，双方采取正和博弈，实现了皆大欢喜的双赢结局。在现实生活中，人们应该更多地坚持这样的理念，搞好人力资源的整合，协调相互间的冲突，努力通过相互合作实现利益共享。

麦当劳和肯德基是快餐行业中的两大巨头。经常光顾麦当劳和肯德基的人们会发现，这两家公司总是在同一条街上比邻选址开店。常言说，同行是冤家，这两家店就近开店，难道是为了短兵相接、贴身厮杀吗？显然不是。这两家店的市场定位和顾客群体基本重合。通过两家门店比邻经营，能够增强规模效应。商家扎堆，能够形成商业圈，增加客户流动量，扩大经营规模。麦当劳和肯德基采取的这一经营策略取得了成功。

这就是正和博弈取得的共赢效果。如果仅仅为了一己之利而让对手受损，可能短期内自己能够获益，但下一次博弈吃亏的就可能是自己。与其争来争去，不如携手合作，将对手变成伙伴，一起去和其他对手竞争，取胜的概率会明显增大。实际上，这样合作共赢的案例在商界并不少见，许多商家都是通过正和博弈获得成功的。

四、不懂失败，怎能赢得商战

在人类文明的不断进步中，无数的凯旋、胜利、成功书写了历史的辉煌篇章。与此相伴随的，是数不清的错误、失败、毁灭。人们本能地向往着前者，排斥后者，然而，二者却始终并肩而行，形影不离。

胜败乃兵家常事。那些只希望得到胜利、获得成功，而不想经历挫折和失败的人，只能成为一名幻想家。即使是创造了"草船借箭""借东风""空城计"等战争神话的诸葛亮，也无法避免遭遇街亭之败，不得不吞下"挥泪斩马谡"的苦果。拿破仑打过的胜仗不计其数，但滑铁卢一役不仅葬送了他的政治生命，也毁掉了他的一世英名。

日本东京大学名誉教授畑村洋太朗多年来致力于对人类失败现象的研究，并创立了失败学。他在《失败学》一书中给"失败"下了一个这样的定义：在执行任务时，出现了意外的结果，未能达成原先目的。他认为，失败与意外有关。这就是说，失败是因主客观的状况相脱离而导致的。只有主观行为符合客观情势的变化，才不会出现意外，也就不会造成失败。胜利归来的英雄各有各的成功，而失败者的境遇却大体相同。失败学的要旨是，从过去的重大失败中汲取教训，从中找出规律性的东西，并抽象出系统的理论，用以指导今后的实践，努力避免重蹈覆辙。

美国保险公司的安全工程师海因里希在分析了许多起生产事故以后提出了一个法则——海因里希法则，又被称为1∶29∶300法则。这一法则告诉人们，每一次重大事故都不是偶然出现的，而是在已经发生了29起苗头，并且出现过300次"差点出事"的隐患后才发生的。这就告诉人们，从理论上说，那些最终造成失败的事情都是可以提前发现、提前采取措施加以预防的。

凡事都有因果，失败也必有原因可循。正如松下幸之助所说："当遭遇失败而陷入困境时，最重要的是要勇敢而坦白地承认失败，并且认清失败的原因。"只有搞清了失败的原因，才能采取正确的应对之策。

鉴于这一理由，畑村洋太郎结合自己在设计领域的经验，将造成失败的原因分成以下十个类别：无知、不注意、不遵守流程、判断失误、调查研讨不足、制约条件变化、规划不善、价值观错误、组织运营不善和"未知"。认清这些原因，有助于人们掌握失败的本质和规律，从而减少和避免失败。

为了达到减少和避免失败的目的，有必要对失败进行具体分析。收集失败信息：广泛搜集整理失败信息，并建立数据库；发布失败信息：将整理好的数据库发布出来，方便员工随时查询；分析失败信息：详细讲解失败的过程和结果；实际体验失败：建立一个体验失败的场所，让员工亲身体验；失败咨询：通过内部高层，或聘用专业人士，提供失败咨询服务；失败学研究：把失败与心理学、社会学等结合起来，抽象出方法论等系统性的理论。通过这六个步骤，可加深人们对失败的认识，掌握失败的规律，从而为日后取得成功奠定基础。

在此基础上，畑村洋太郎提出了"失败学三大定律"。定律一：进行逆向思维。如果总打"如意算盘"，必定会出现某种纰漏。为了预防失败，需要假想具体的失败项目，并从反方向推断出导致它出现的环节。定律二：使潜在信息公开化。根据海因里希法则，要及早发现和消除可能造成重大灾害的隐患，做到防患于未然。要给出隐患的限定条件，专业技术人员意识到"这一点将带来危险"后应该立即公开。定律三：形成人人思考的风气。如果每个员工不能认识到失败的苗头或不能及时思考总结自己的工作，依靠逆向思维避免失败的方式就很难发挥作用。因此，每个人都需要发挥主观能动性，提出具体可行的建议。

许多人比较重视学习和研究成功的企业，这是必要而有益的。但注重吸取失败企业的教训，也许对增强战略思维能力会有更大的帮助。在这方面，许多企业家都对失败有着极为深刻的认识和体验。李嘉诚说，他用90%的时间思考失败。他认为，经营企业和打仗一样，都是九死一生的事情。比较起来，经营企业比打仗的胜算还低10倍，因为军队打仗通常是两军交手，不是你胜就是我胜。而商战就不同了，许多商家常常不知道在跟谁打。正是因为看到了这一点，李嘉诚做任何事情前首先考虑失败。

任正非也说，我天天思考的都是失败，也许这样才存活了下来。史玉柱说，人这种动物啊，每成功一次智商就下降一截；每失败一次智商就上升一截。从中可以看出，虽然失败会使创业者遭受严重打击，但其本身也是有价值的。失败不仅能够教会人们如何变得更加聪明，而且通过失败的历练，人的意志力会变得更加坚强，从而以更加坚定的步伐走向未来。

对待成功与失败，人的态度很重要。许多人既经不起成功，也经不起失败。成功时，他们头脑发昏、得意忘形，看不到成功的暂时性和偶然性，过高地估计了个人的作用；失败时，又会灰心丧气、萎靡不振，失去了继续奋斗的决心与勇气。这种两极化的情绪是有害的。人们应以平常心来看待成功与失败，做到胜不骄、败不馁，心态从容地去对待生活中的风风雨雨。

庄纳恩·恩克经过 201 次试验终于成功研制出小儿麻痹疫苗。有人问他怎样看待此前 200 次遭到的失败，他十分淡然地答道："在我的生活中从来没有过 200 次失败，我从来不认为我做过的任何事情是失败的。我所关心的是，通过所做过的事情得到了什么样的经验，学到了什么知识。如果没有前面 200 次的试验，我就不会得到第 201 次的成功。"这样的态度太难得了！正是他能够以这样的态度对待成功与失败，才能成为最终的成功者。

来看看传奇企业家史玉柱是怎样看待成功与失败的。他说，一个人的成长中，顺境里做的报告都是瞎扯，困难的时候总结的教训一定是真实的。这些话或许有些绝对，却是他经历了悲惨人生后发出的肺腑之言。

史玉柱曾风光到何种程度？1995 年，33 岁的史玉柱位列《福布斯》富豪榜第 8 位，是当时中国内地唯一一名靠科技起家的富豪。某一知名媒体曾对全国数以万计的青年进行了问卷调查，其中有一个问题是："你最崇拜的青年人物是谁?"排在第一位的是比尔·盖茨，排在第二位的就是史玉柱。1997 年的那场大危机，使巨人集团欠债高达 2.5 亿元，史玉柱也在一夜之间从亿万富豪变成了全国首"负"，濒临破产的边缘。

在这泰山压顶的时刻，史玉柱经常"面壁思过"，反复思考如果再次创业，哪些错误是应该绝对避免的? 带着失败给予他的馈赠，2000 年，史玉柱又一次踏上了创业之路。随后几年，他逐渐从困境中走了出来，很快还清了当年欠下的全部债务。在以后的 20 年时间里，史玉柱重新踏上了成功之路。他的商业版图不断扩大，身家已达百亿之多，再次成为各大富豪榜的常客。

曾有人问他，巨人集团 1997 年经历的危机对他的身心是否造成持久性伤害，史玉柱回答得很客观："看阶段。如果 1998 年问我，我说那把我搞惨了; 1999 年问我，那对我有伤害; 现在问我，我说我幸亏有这样一段经历，没有这段经历，现在还不知道在珠海哪个小公司里面摸爬滚打。在我的人生轨迹里，成长最快、脱胎换骨的就是 1997 年⋯⋯"

在课堂上、在书本上是无法真正搞懂失败的，只有在实践中才能对失败产生深刻的认识和体验。史玉柱的曲折经历应该成为失败学的生动教材。

第七章

商业模式是战略思维的成果

　　企业战略与商业模式虽然有着明显的区别，却是相互联系、相互依存的，具有很强的互补性。如果能将企业战略与商业模式实现"耦合"，同时关注二者之间的相同点和不同点，努力将二者紧密衔接起来，充分发挥各自的作用，就能够促使企业的战略管理跨上新的台阶，企业的发展就不会偏离正确的轨道。

无论在当今的学界还是企业界，"商业模式"都是一个热词。商业模式是在战略思维的过程中产生的，每一个成功的商业模式都是战略思维的成果。不仅商业模式是在企业战略的基础上产生的，商业模式的运筹过程也是战略思维的直接体现。一个战略思维能力较低的人，很难设计出好的商业模式。

一、什么是商业模式

　　在当今学界，像"商业模式"这样能够存在这么大分歧和争议的概念的确很少见到，其中不乏针锋相对的观点。有人认为，商业模式回答的是战略概念中"How"（如何创造价值）的问题，只是企业战略的一部分。[①] 有人认为，核心战略仅仅是商业模式的一个组成要素。[②] 迈克尔·波特甚至对"商业模式"这一概念的存在意义提出了质疑。[③] 针对这种情况，非常有必要澄清在商业模式研究与实践方面存在的突出问题。

　　"商业模式"这一概念是在战略研究的过程中衍生出来的，作为一个专业性术语，产生的时间并不算长。从源头上来说，这一概念大约是在 20 世纪 70 年代中期出现在学界的文献中。Konczal 和 Dottore 在讨论数据和流程建模时，首次使用了"Busines Models"这一术语。此后，"商业模式"这一概念逐步被一些研究者应用到信息行业的规划中。到了 20 世纪 80 年

---

① Santos J, Spector B., Van Der Heyden L, "Toward a theory of business model innovation within incumbent firms," *INS EAD Working Paper*, 2009.

② Hamel G. *Leading the revolution*, Harvard Business School Press, 2000.

③ Porter M E, "Strategy and the Internet," *Harvard Business Review*, Vol. 79, No. 3, 2001, pp. 62—78.

代，"商业模式"这一概念开始出现在反映 IT 行业动态的文献中，直到 20 世纪 90 年代中期，互联网热潮兴起以后，新的企业运作方式在技术上有了实现的可能，于是，一些新兴的互联网公司就给一些未经验证的设想赋予了"商业模式"这一概念，使其在实践中获得了一定的合理性。

在这个时期，商业模式并无确定的内容，但含义已经悄然发生了变化，即从信息行业较快地扩展到了企业经营管理等更加广阔的领域，越来越多的企业开始从商业模式的角度考虑经营方面的问题。随着全球化进程的不断加快，企业面临的经营环境变得更加不确定，产业价值转移的趋势变得愈加明显，商业模式创新随即在商业领域展开，并逐步成为形成新的游戏规则的重要途径。戴尔等公司通过创立全新商业模式取得的巨大成功，在商界引起很大反响。从此以后，从商业模式角度来认识和解决企业发展所面临的问题引起了学界和企业界的重视。

现如今，几乎各个行业的管理者都在思考着同样的问题：我们的商业模式是什么？它是最优的吗？是可持续的吗？很多学者也将商业模式作为战略管理方面的重点问题加以研究，有力促进了商业模式有关理论的形成和完善。

现代管理学之父彼得·德鲁克曾指出，当今企业之间的竞争，不是产品或服务之间的竞争，而是商业模式之间的竞争。这就是说，当今的企业不能仅仅满足于提供好的产品或服务，还应在商业模式的设计上棋高一着。只有这样，才可能形成全方位的竞争优势，最终战胜竞争对手。

商业模式真的能够产生这么大的作用？商业实践对此做出了肯定的回答。同样是卖咖啡，99%的人仅仅是运营了一家咖啡店，而霍华德·舒尔茨把咖啡店经营标准化，加上管理模式、品牌化、连锁化以后，就做成了星巴克。同样是卖汉堡，可以开一个店去卖，但通过有特色的管理、组织、品牌化等因素构成的系统，就可以将汉堡卖到全世界，这就是商业模式的作用。由此可见，同样的商品，只要用了与别人不同的成功模式去经营，就可能产生相差千倍、万倍的效果。

2003 年，苹果公司带着 iTunes Store 推出了 iPod，创造了一种前所未有的便携式娱乐模式，开辟了一个新的巨大市场。仅用了三年时间，iPod/iTunes 的结合形成了一个极受欢迎的价值接近 10 亿美元的产品，其收入占比接近苹果公司总收益的 50%；同时，苹果公司的市值实现爆发式增长，2003 年初，苹果公司市值为 10 亿美元；到了 2007 年末，已达到 150 多亿美元。

其实，苹果公司并不是第一个将电子音乐播放器带入市场的公司。早在 1998 年，Diamond Multimedia 公司就向市场推出了一种名叫"Rio"的音乐播放器。2000 年，Best Data 公司也推出了 Cabo64。这两家公司推出的这两款新产品功能很好，并且便于携带，但为什么没有取得什么成就，而苹果公司的 iPod 却大获成功？其中的奥妙就在于它的商业模式。苹果公司最为难得的产品创新是将数字音乐下载变得既简单又方便，为此将硬件、软件和服务结合了起来，并且在游戏更新等方面为顾客提供了许多便利。这种开创性的商业模式以一种新的方式定义了价值，它在使顾客得到美好体验的同时也为企业赢得了丰厚的利润。

学界虽然对商业模式有着多种多样的表述，但综合来看，学者们在谈及与商业模式有关的问题时，常常在以下三个层次使用这一概念，即定义的层次、类型分析的层次和案例的层次。从这三个不同层次概括出来的商业模式概念，以不同的抽象程度来表述企业的经营逻辑，由此对商业模式概念所做的解析并不是相互排斥的，而是相互补充的。全面理解这三个层次的内容非常有助于人们全面、深入地理解商业模式的内涵与外延。

（一）从定义的层次界定商业模式

通过定义的方式对商业模式进行描述，是对商业模式概念所做的最高程度的抽象。美国经济学家提姆斯把商业模式表述为企业的"价值创造、传递和获取机制架构","企业把价值传递给顾客并把顾客的支付转化为利润的方式";[1] 马格雷塔认为,"有效的商业模式始于对人类动机的洞察,落脚于丰富的利润流";[2] 英国经济学家查尔斯·贝登夫勒和玛丽·摩根把商业模式视为"企业运作机制","企业为了创造并以有利可图的方式分配价值而进行自我组织的方式";[3] 蒂姆·克拉克、亚历山大·奥斯特瓦德、伊夫·皮尼厄三位西方学者则从新的角度对"商业模式"下了一个简洁的定义,他们认为,商业模式通常指的是一个组织在财务上维持自给自足的方式,简而言之,就是企业维持生存的方式。

比较起来,中国学者李振勇给"商业模式"下的定义更加可取。他认为,商业模式是为了实现客户价值最大化,把能使企业运行的内外各要素整合起来,形成一个完整的、高效率的、具有独特核心竞争力的运行系统,并通过提供产品或服务使系统达成持续盈利目标的整体解决方案。他将商业模式分解成融资模式、生产模式、收入模式、管理模式、盈利模式、运作流程。[4] 这一看法不仅阐明了商业模式概念的实质,而且表述得比较全面,有助于人们从理论与实践的结合上加深对商业模式有关问题的认识。

一个好的商业模式,应该能够清晰地回答两个问题。即:我们的客户是谁?满足客户需求需要完成哪些工作?这两个问题能够帮助人们高度重视客户和工作内容这两个关键要素,从而帮助人们认识到怎样才能帮助客

---

① Teece D., "Business models, business strategy and innovation," *Long Range Planning*, Vol. 43, No. 2/3, 2010, pp. 172—194.

② Magretta J., "Why business models matter," *Harvard Business Review*, Vol. 80, No. 5, 2002, pp. 86—92.

③ Baden-Fuller C., Morgan M., "Business models as models," *Long Range Planning*, Vol. 43, No. 2/3, 2010, pp. 156—171.

④ 李振勇:《商业模式:企业竞争的最高形态》,新华出版社 2006 年版,第 13 页。

户满足需要。在此基础上，才会发现在工作中盈利和获得满足感的方式。^①由哈佛大学教授约翰逊、克里斯坦森和 SAP 公司 CEO 孔翰宁共同撰写的《商业模式创新白皮书》把上述要素概括为客户价值主张、资源和生产过程、盈利方式，其中，客户价值主张指的是在一个既定价格上企业向客户提供产品或服务时需要完成的任务；资源和生产过程，即支持客户价值主张和盈利模式的具体经营方式；盈利方式即企业为股东实现经济价值的过程。从这些表述中可以看出，一种商业模式描述了一个企业创造价值、传递价值和获取价值的基本逻辑。

通过定义的方式来阐释商业模式概念，所注重的是对其本质方面的描述，因此，这种做法的意义在于阐述这一概念具有普适性的要素以及各个要素之间的逻辑关系，以此来指导人们做好对商业模式的分析和设计。成功的商业模式都会形成自身的逻辑系统，正是这种逻辑的不断演绎，才会创造出非凡的商业成就。

（二）从类型分析的层次阐述商业模式

类型研究是商业模式研究的一个重要组成部分，可用来研究具有相似性的一批企业的行为模式。对这一层次进行的分析，主要是将具有某些共同特征的商业模式类型作为对象，以此来描述此类企业的运作机理。英国经济学家查尔斯·贝登夫勒和玛丽·摩根指出："实际上，每种商业模式定义都关注不同的特征，因此有可能产生不同的类别和分类的可能性。""不同的分类——基于新思想、新经验甚至是新的商业实践——能够揭示不同方面的重要性以及需要分析的不同要素。"^② 这一观点指出了商业模式

---

① 〔美〕蒂姆·克拉克等著，毕崇毅译：《商业模式新生代》，机械工业出版社 2018 年版，第 12 页。

② Baden-Fuller C., Morgan M., "Business models as models," *Long Range Planning*, Vol. 43, No. 2/3, 2010, pp. 156—171.

类型研究的独特性和必要性。

从某种意义上说，商业模式就是一种分类工具，它能够揭示企业经营管理的本质特征，有助于人们加深对复杂的商业现象的理解。商业模式通过对同一类典型企业的研究，能够使其他企业得到有益的启示。如果其他企业能够在实践中灵活应用这些经验，便可能较好地实现商业模式的创新。因此，一些学者会针对某一类型企业的基本运营特征进行综合研究，以由此得出的成果来指导企业搞好商业模式的设计和创新。比如，通过对麦当劳这一类特许经营商业模式企业的分析，能够找出其值得其他企业借鉴的成功要素。虽然其商业模式很难复制，却可以从中获取诸多有益的启示。不难看出，商业模式类型研究能够服务于不同的企业，对于商业模式事前的谋划设计、事中的调整创新以及事后的总结升华，都具有重要的参考价值。

(三) 从具体案例出发解释商业模式

对案例进行分析的目的，在于对企业经营实践中某个具有典型意义公司的商业模式做出概念化描述，以揭示该公司经营行为的实质性特征。这一层面的分析方式可分为许多种，有的是依据商业模式的定义做出的描述，即借助于具有共性的商业模式构成要素来对案例企业的相应表现以及各要素之间的相互关系做出具体分析；也有的从类型分析入手来进行描述，即首先对某一类商业模式所具有的特征做出分析，然后对案例企业进行比较详尽的对比分析；还有的从案例企业的做法中直接提炼其管理的关键要素，描述此类公司商业模式的具体表现形式。

在当今的商业模式研究中，案例分析的方法已被普遍采用。这一分析方法与前面讲到的定义分析和类型分析方法相比，对相关问题的解析往往更加具体、更加翔实，更加具有可操作性。不管是成功的还是失败的企业案例，其中都蕴含着某些规律性的因素，都与其商业模式的优劣有着直接的关系，对此做出的总结分析，会更加直观地回答和解决人们在企业经营管理中遇到的问题，往往更能令人信服。正是由于这样的特点，这种从具体案例入手来深入分析典型企业商业模式的做法一直都很受欢迎。

二、商业模式的基本构成要素

对于商业模式的构成要素，学界和企业界有许多说法，很难找出统一的答案。尽管如此，还是可以从商业模式的本质出发，着眼其实际运行的基本特征，来把握其构成要素的主要内容。

（一）关键性业务

任何企业在规划商业模式时，必须清晰地确定自己的关键性业务，即确定为客户提供何种产品或怎样的服务。关键性业务及其相关系统是企业形成竞争优势的一个重要条件。关键性业务不仅包括如何搞好产品或服务的设计与产出，还包括企业与内外各个利益相关方之间的全部业务活动，具体包括实现企业战略定位所需要的一系列业务环节、各个合作方所担任的不同角色和各利益相关方开展合作的方式。企业根据自身的战略定位形成的关键性业务及相关系统构成一个全方位的价值网络，明确了企业的目标客户、供应商以及其他各合作方在特定商业模式获取价值的过程中各自担当的角色。

企业应该建立怎样的关键性业务及其相关系统？为此，企业必须搞清楚应该从事何种关键性业务活动，搞清楚这些关键性业务能否在行业生态价值链中争取到有利地位，行业内部与此相关的产业链能够为企业开展业务活动提供哪些有利条件，企业能够为有业务关系的厂商提供什么价值，应该怎么做才能将各项业务活动构成一个可持续的价值网络。企业要在客观评估自身能力和所需资源的基础上，构建一个由利益相关者组成的开展业务活动的网络，并以业务系统为中心，将整个商业模式的运营机制构建起来。在此过程中，应注重坚持正和博弈，努力构建一个有利于形成良性竞争关系的业务运营系统。

近年来，传统行业渐渐被同质化，商家的利润越来越低。如何改变这种情况？这就需要通过确定不同的关键性业务来获得企业的成长。比如："携程"是用别人的酒店赚自己的钱；"滴滴"是用别人的车赚自己的钱；"去哪儿"是用别人的飞机赚自己的钱；"美团"是用别人的饭店赚自己的钱……这些公司通过确定与这些传统企业完全不同的关键性业务，开辟了新的市场空间，获取了很高的利润。

（二）核心资源能力

核心资源能力中的资源，指的是企业所能利用的最重要的内部和外部条件，其中分为有形的和无形的两个方面。企业的资源包括人力资源、金融资源、实物资源，以及品牌、知识产权等无形资产。核心资源能力中的能力，体现在企业运用各种资源开展运营活动的实际过程之中，其中包括学习和运用知识的能力、组织能力、创新能力、营销能力等。这些能力可能与某些特定的技术或产品设计及营销活动相联系，或可能存在于管理价值链各个要素的联系之中，还可能存在于协调这些活动的过程之中。资源和能力一般是由不同的投资人通过多种方式直接投入，或在企业成长中逐渐积累起来的。

核心资源能力在企业商业模式的运行过程中能够发挥决定性的作用。企业拥有的各类资源能力是有差异的，不同商业模式所依赖的资源和能力也会各不相同，商业模式的设计应该围绕着企业现有的和能够争取到的资源和能力来进行筹划。如果一个商业模式缺少所必需的核心资源和能力，就会成为空中楼阁，是很难落到实处的。无论构建怎样的商业模式，都应了解业务系统需要的核心资源和能力是如何构成的，应该怎样获取和支配它们。只有那些与商业模式各个要素相匹配，并且能够相互适应、相互强化的资源和能力，才能转化为企业发展的动力。由于每个企业所能掌控的资源和能力都是有限的，因而对其进行合理的整合，并且最大化地利用它们，就成为每个企业需要解决的首要课题。只有这方面的工作做好了，才能够谋划出适合企业发展的商业模式。

传统观念中，经营乳业当然需要养牛，否则从哪里获得奶源呢？因此，奶牛以及如何养好牛就成了一般乳业的核心资源能力。而蒙牛却不是这样——蒙牛公司一头牛也不养。它支持农民利用国家的惠农政策贷款养牛，企业负责包销其生产的全部牛奶。这一做法使北方300万养牛的农民成为蒙牛的奶源供应商，从而为企业节省了大量成本。蒙牛这种不养牛却能获得奶源的核心资源能力，为企业成长提供了强大动力。

（三）盈利方式

盈利方式指的是企业降低成本、获取收入、与企业运营的各个相关方进行利益分配的方式，是商业模式的核心内容。优质的盈利方式不仅会给企业自身带来盈利，还能够为给企业创造价值的各相关方都带来盈利。不同的客户在享受了企业的产品或服务后应该如何支付、支付多少，企业创造的价值应该在公司、客户、供应商、合作伙伴之间怎样进行分配，这是企业收入结构必须明确的问题，只有对此做出合理的、有吸引力的安排，才可能使与企业相关的价值链得以维持或扩大。否则，企业的成长空间不会很大。盈利方式是商业模式的支柱，其盈利目标能否实现直接决定商业模式的成败。

同一类型的企业可以采取不同的收益和成本分配机制。同样是面向体育消费者的产业，一般球类场所大都采取直接向客户收费的方式来实现盈利，而高尔夫球场则主要采取会员制的方式来经营，亦可达到盈利的目的。

一种成功的盈利模式可以生成多种收入来源。传统的盈利模式一般是由企业通过提供产品或服务直接向客户收取费用，现代企业的盈利模式则出现多样化的特征：一些企业不再向获得其产品或服务的消费者收费，而是通过向其他利益相关者收费来获得利润。比如，客户使用互联网搜索引擎无需支付任何费用，但被搜索到的产品或服务的提供商却需要付费，由此同样可以获得不菲的收入。

（四）现金流形态

现金流形态指的是在一定时期内，将企业在经营中取得的现金收入扣除投资后出现的状况，反映的是企业的现金流入与流出的总体状态。企业的现金流形态是检验一种商业模式是否成功的非常重要的标准。企业采用何种商业模式决定其形成的现金流的大小和结构，其贴现值能够反映出正在实行该商业模式的企业具有多大的投资价值。

通过对不同企业的现金流形态进行分析，可以看出企业在关键性业务、核心资源能力以及盈利方式等方面存在的差异。不同的现金流形态体现出企业商业模式的不同特征，决定企业的投资价值及其成长性，并能反映资本方对企业的态度。

企业可以一次性投资，一次性获取收入；也可以一次性投资，多次获取收入。比如银行为购买住房的人提供分期按揭，就属于多次投入行为，可以连续多年获取稳定的现金流。制造业、公共事业、基础设施建设等项目，往往初期资金投入规模很大，后续的维护性投入则规模较小，可取得数十年比较稳定的特许经营收入。大多数制造型企业、施工企业的商业模式通常是首先自行垫资生产，然后通过销售取得回款，通过一次性投资，实现一次性收入。如果企业在产业链中缺乏优势地位，往往会出现采购时必须支付现金，而在销售过程中回款速度较慢的现象，企业会因此面临较大的现金流压力。充足的现金流是企业的血液，如果现金流断了，企业的生命也就停止了，因此，能够产生足够现金流的商业模式才能维持企业经营活动的延续。

（五）潜在投资价值

任何企业都会不断追求自身的成长，不断提高自身潜在的投资价值，只有这样，才会为企业在资本市场上赢得更加有利的地位。潜在投资价值是企业所预期的在未来一定时期内可能产生的现金流的贴现值。使企业具有较大的潜在投资价值，是商业模式运行的最终目的。一个企业的潜在投资价值是由其自身成长的能力、效率、空间和速度产生的综合效益决定的。一流的商业模式可以事半功倍甚至会使企业出现爆发性增长，从而营造一种投入产出率高、投资效果好、能够实现持续较快成长的良好局面。

符合市场需求的关键性业务决定着企业长期性的成长空间，具有优势的核心资源能力体现着企业的实力，可持续的盈利方式会为企业注入无尽的活力，企业的现金流形态会直接影响企业的成长，这些因素的变化不仅影响企业投资的规模和运营成本的支付等，还会影响企业的潜在投资价值及其实现的效率和速度。例如，面对同样的机会、同样的市场等环境因素，采用不同商业模式产生的企业价值规模、价值实现的效率、价值递增的速度等会大不相同。

麦当劳的巨额利润不是来源于售卖汉堡包，而是来源于其收取的巨额加盟费。加盟麦当劳一个店，需要缴纳 200 万美元加盟费，很多投资人经营三五年都回不了本。但为什么他们宁可排队等上三年还是愿意加盟？这是因为麦当劳具有巨大的潜在投资价值，它卖的不是产品，而是能够持续性赚钱的机会。可见，潜在投资价值会给企业带来巨大效益。

结合上述五个要素，构建商业模式时可进行一系列层层递进的追问：企业确立了符合目标顾客需要的关键性业务了吗？企业获得了比竞争对手更有优势的核心资源能力了吗？企业确立了可持续的盈利方式了吗？企业能够形成稳定的现金流吗？企业是否具有较大的潜在投资价值？每一位企业决策者都应该认真思考这些问题，并能够拿出切实可行的解决方案。

三、商业模式的基本特征

商业模式就像由设计师精心绘制的企业发展路线图，反映了企业经营活动的整个过程。商业模式在运行过程中，会显现出诸多明显的特征。

（一）成功的商业模式能够提供独特的价值

在当今的市场环境中，商业模式成功的关键在于企业能否提供让客户满意的产品、服务以及解决方案，真正做到以客户为中心，切实满足客户的需求和偏好，努力为顾客创造更多的价值。这种价值往往是由产品与服务构成的具有独特性的组合实现的，只有通过这样的组合才能使客户得到超过预期的利益。

苹果公司之所以能够成为世界上最有价值的公司，是因为它始终尽其所能地为客户创造最大的价值。乔布斯经常冥思苦想的是，消费者需要苹果公司帮助他们完成什么新的工作？怎样才能利用苹果公司的资源和技术去帮助消费者完成这些工作？当他意识到消费者需要的是更多易于获取的娱乐途径以后，便去努力寻找能够跨越行业边界的技术手段，终于破天荒地打破了个人电脑、台式电脑、手机、电影、音乐、数字出版、音乐和视频零售这几个行业之间的界限，从而为广大客户提供了巨大而独特的价值，为消费者创造了前所未有的美好体验。今天的人们不仅应关注乔布斯创造的品质独特的产品和服务，还应研究其创造的具有开拓性的商业模式。

（二）商业模式应使企业具有良好的财务状况整体质量

财务状况是企业经营情况的直接体现，一个好的商业模式能够促使企业始终保持良好的财务状况整体质量。因此，企业在打造自己的商业模式时，必须将能否形成良好的财务状况作为最基本的标准。耐克和阿迪达斯是依靠自身强大的品牌影响，通过代加工或者"虚拟网络"的发展来扩大盈利空间；麦当劳和肯德基是依靠营造舒适的消费环境和美味的餐饮来赢得客户的青睐，并采取加盟的方式实现快速扩张，以此来获取高额的利润；腾讯和MSN通过长期的使用者积累，吸引了数以亿计的潜在消费者，并利用这一优势开展了增值服务、游戏、广告等业务，取得了丰厚的回报……正是因为有了高效的盈利方式，商业模式才获得了强大的生命力。

仅从财务角度来说，失去了盈利能力的组织不能称为企业，企业经营的直接目的就是在合法合规的前提下最大限度地获取利润。好的商业模式不仅能够增加盈利，还能降低成本、控制风险，使财务报表中的各项数据都较为理想。有的商业模式看上去很前卫、很炫酷，却无法改善企业的财务状况，甚至是"赔本赚吆喝"，致使企业经营举步维艰。这样的企业应该对其盈利方式做出深入分析，努力找出其中的漏洞和缺陷，并在此基础上寻求改进的对策。为了避免出现这种被动局面，企业在设计商业模式时，应该在如何构建高效的盈利方式上多下功夫。

（三）商业模式存在明显的路径依赖性

一个企业的商业模式不可能凭空产生，它必然是在承接了一个企业的历史传统、团队精神、企业文化等原有因素的基础上建立起来的。那种脱离企业的实际情况而异想天开地去设计、套用、移植商业模式的做法大都无法取得成功。

野外装备公司 Patagonia 的商业模式直接体现了其一直坚持的"让员工尽情冲浪"的企业文化。公司在工作场所设置儿童看护和瑜伽等设施，创造轻松和谐的工作环境，员工可享受明显超过一般企业的人性化福利待遇。Patagonia 公司之所以会形成这样的商业模式，是因为其创始人伊冯·乔伊纳德是一名极端冒险家，他雇用一些重要员工时，并不关注其是否具有业务技能，而是通过与这些人一块登山、钓鱼或者冲浪对其进行考察。通过这种独特方式雇用的员工都是与他建立了良好关系的朋友。他要求员工将工作视为具有人生乐趣的事情，由此建立起来的商业模式融合了公司自身特有的各个要素，具有很浓的 Patagonia 特色。这也是这家公司能够取得成功的一个重要因素。

（四）商业模式应该具有其他企业"学不会"的效力

在同一个行业中，无法见到两个完全相同的商业模式，因为商业模式具有排他性。如果一个商业模式"很灵"，却很容易被竞争对手复制，那么就无法使企业的优势地位保持下去，最终还可能使企业遭遇败绩。任何一种商业模式都应对其他企业设防，都应构筑一条能够有效防范竞争者进攻的"护城河"。

比如，人们大都了解直销模式是如何运作的，大都知晓戴尔公司是直销企业的样板，但许多企业对其所进行的模仿都未取得成功。这是因为戴尔的直销模式无法轻易形成，其背后有着一个精心打造出来的强大支撑体系，即一整套完备的生产流程和资源能力体系。这种商业模式由各个环节整合成一个难以分割的系统，想要通过简单复制的方式与戴尔竞争，几乎不会有什么胜算。

四、从异同中把握商业模式与企业战略的关系

"商业模式"作为战略研究领域出现的一个新概念，越来越受到学界和企业界的关注，其中需要搞清楚的一个重要问题就是商业模式与企业战略的关系是怎样的。美国宾夕法尼亚大学教授 R. Amit 认为，商业模式是一种可对竞争战略的效应产生影响的"情境"，它与战略的匹配状况，而不是它们各自独立的情况，才是决定企业绩效的完整因素。[①] 这就提示人们，在研究商业模式时，应该摆正其与企业战略的关系。在管理实践中，只有不断提高二者相互匹配的程度，才可能取得预期的成效。

通过分析和研究可以发现，企业战略与商业模式无论在内容上还是在其实际功用上，都存在诸多异同。战略的内涵与外延与商业模式相比具有更大的深度和广度，而商业模式概念也有着企业战略所不具备的特点和功用。

（一）商业模式与企业战略的相同点

无论从理论还是从实践的角度来看，商业模式与企业战略都具有许多相似的地方。

---

① 张赫挺、李申伟：《商业模式研究现状及其发展综述》，《经济研究导刊》2014 年第 5 期。

第一，商业模式和企业战略所要达到的目的是一致的。一个商业模式会对企业战略的诸多重要方面做出描述，二者的相互依存度是较高的。它们都是从战胜竞争对手的目的出发，对企业价值创造活动所做的全面设计或规划，都是对能够给企业带来竞争优势的经营活动进行的系统性描述。只有二者实现了较高程度的协调与匹配，才可能有效地达到这一目的。

第二，商业模式和企业战略的基本内容也是一致的。企业的人力资源管理、技术创新、供应和销售等职能战略举措都属于价值活动方式，它们共同构成了价值创造的过程。商业模式中描述的资源和能力、目标顾客、产品和服务内容等要素，可在企业的战略定位、核心竞争力、低成本战略等战略内容中得到充分体现。可以看出，构成商业模式的一些要素与企业战略的诸多要素具有很高的一致性，甚至存在许多相互交叉和重叠的内容。正因为这一点，不少人主张这两个概念只要保留一个就行了。

商业模式理论属于战略理论的范畴，战略理论也必然会被运用到商业模式的谋划和设计中来。既然商业模式与企业战略在本质和内容上具有一致性，二者就会相辅相成。明茨伯格曾将战略理论归结为十大学派，其中的学习学派就将战略看成企业管理中的一种模式。学习学派认为，战略无法提前搞好设计，只有根据环境变化及不断试错，即经历持续的学习过程，才能得到一个有效的管理模式。这些观点将商业模式理论与战略理论紧密地联系了起来。

由于市场竞争的加剧和新技术的不断涌现，新的商业模式不断涌现，有关商业模式方面的理论也有了进一步的发展。为了建立更好的商业模式，不断的试错或持续的学习是不可缺少的。随着商业模式应用场景的不断扩大，更多的战略理论内容，如核心竞争力、核心资源能力等被纳入其中，这是一种值得肯定的做法。通过这样的做法，有助于设计出更多具有更强竞争优势的商业模式。这一做法也使得商业模式理论与战略理论相关学派有了更多的联系，从而使商业模式的理论和实践不断得到深化。总的来说，商业模式理论的内容大都可以从战略理论中找到来源。

由于商业模式与企业战略的交互作用极大开阔了商界人士的视野，许多企业在经营管理上跨入了新的境界。像阿里巴巴、小米、腾讯等公司，不仅注重从企业战略的角度搞好谋划，而且注重从商业模式的角度搞好设计，因而这些企业不仅能够站上当下的风口，也能顾及其长远的发展。这是这些企业能够创造辉煌业绩的根本性原因。

（二）商业模式与企业战略的不同点

战略思维贯穿商业模式谋划的全过程，必须将企业战略与商业模式联系起来加以考虑。通俗地说，战略所回答的问题是企业应该去哪里？企业如何才能到达那里？商业模式所要回答的问题是，企业在到达目的地这一过程中的具体对策，是企业当下如何行动的解决方案。在此过程中，能够使企业已经制定的战略开始得以实施，并能够使企业战略中的一些重要内容得到检验。

企业发展面临的根本问题，就是德鲁克和巴纳德所强调的如何使组织既能做到内部协调，又能做到外部适应。企业战略和商业模式都涉及了这两个问题，但各自关注的重点却不相同。企业战略侧重于通过战略的适时调整来更好地实现外部适应，从而能够更加有效地引导企业始终朝着正确的方向运行；而商业模式更加侧重于通过改进内部管理来进一步实现内部协调，继而能够更加高效地开展企业的价值创造活动。与企业战略相比，商业模式缺少的是对企业外部竞争环境的重视和研究，缺少对相关信息的搜集、分析和对企业长远发展的深度谋划；与商业模式相比，企业战略所缺少的是具体如何创造、传递、分配价值的具有操作性的设计，而这两方面的内容都是企业无法绕开的重要课题。因此，要实现企业稳步发展，二者缺一不可。凡是有远见的管理者，都会在搞好企业战略和商业模式二者的匹配上做出极大的努力。在这方面，无论投入多么大的力量都是必要的。

企业战略所要解决的是有关企业发展的根本性、长远性的重大问题，所做的是关于企业如何赢得市场竞争并取得高于行业平均利润的长期谋划，注重的是企业长周期、全方位的方向和结果，是一种比较全面的、多方面的安排，包括企业的愿景、使命、竞争策略、组织架构等。在企业的战略蓝图上，是不能够出现空白和死角的。而商业模式则要完成对企业经营与盈利的策略或模式的设计，侧重的是经营理念的创新，把握的时间期限可能没有战略管理那么长，关注的要点可能也没有战略管理那么多，但它却是企业为顾客创造价值并能够实现盈利增长的内在逻辑及其整体解决方案，呈现的常常是战略实施过程中一种从无到有的创新。

处于不同发展阶段的企业，企业战略和商业模式所起的作用是不尽相同的。从事前的角度来看，企业需要按照战略的要求完成对商业模式的选择。不同的商业模式体现着不同的企业经营逻辑，企业从实现战略的目的出发，通过十分审慎的评估，在多个备选的商业模式中选定最合适的一个。因此，一个优质的商业模式必然蕴含着企业经营的核心理念，并应确保其具有内在的成功逻辑。从这一角度来说，商业模式可被视为战略工具，它能够为企业形成正确的战略决策提供有力的支持。还应看到，战略不仅能够对商业模式做出必要的选择，其自身也具有更强的权变性。商业模式显现出来的是企业在一定时期已经得以实施的战略，随着商业模式实施进程的不断推进，企业战略应该根据其带来的经营状况的变化，来决定是否需要对现行的商业模式做出调整或创新，以使其能够更好地适应市场竞争的需要。

从一些企业的管理实践来看，有的企业由于未能认清战略与商业模式的区别，因而造成了十分不利的结局。有的公司认为，只要能够设计一个好的商业模式就够了，有没有战略无关紧要，结果是虽然赢得了一时的成就，却很快就陷入困境，最终使经营管理失去了战略方向。有的公司只重视战略，不重视其与商业模式的匹配，结果是企业经营缺少符合实际的解决方案，公司无法长期盈利，出现现金流断裂，同样无法活下去。可见，企业战略与商业模式如鸟之两翼、车之两轮，必须同时发挥作用。

从上述分析中可以看出，企业战略与商业模式虽然有着较明显的区别，却是相互联系、相互依存的，具有很强的互补性。如果能够实现企业战略与商业模式的"耦合"，同时关注二者之间的相同点和不同点，努力将二者紧密衔接起来，就能够促使企业的战略管理跨上新的台阶，企业的发展就不会偏离正确的轨道。只有在这方面取得明显成效的企业，才可能始终立于不败之地。

五、商业模式是设计出来的

在当今这个被许多人称作"模式制胜"的时代，越来越多的商界人士开始深入思考和研究如何搞好商业模式的设计。一个好的商业模式不仅具有一定的理论色彩，而且有系统性的操作要素。

怎样才能设计出一个具有成功前景的商业模式呢？尽管各个企业的商业模式各不相同，但我们还是可以着眼一些具有共性的东西，提出一个符合实用性、可行性要求的操作方法。从总体上来说，企业想要设计出一个优质的商业模式，必须注重在以下几个方面做出较大的努力。

（一）要形成组织力的生成机制

企业发展的第一要素是人，核心竞争力的第一来源是组织，因此，进行商业模式的设计都应该从组织力的生成机制开始。企业财与物的因素，只有实现了与组织和团队的匹配和结合，才可能形成真正有效的资源优势。正因为这样，商业模式的设计必须有助于组织力的生成与增强。

海底捞为什么能够从四张桌子起家，发展成为市值超过 1500 亿港元的跨国连锁企业？最重要的是这家公司形成了能够激发人的潜能并能形成强大组织力的商业模式。每个企业都希望能够获得很高的顾客满意度，但这需要通过员工的努力才能实现。只有员工对企业有高度的认同感，才会发自内心地为顾客付出，才能把公司的价值观传递到顾客身上。正因为这样，海底捞的内部管理始终把员工摆在核心位置。海底捞员工的薪酬比同行业平均高出 30%～50%；另外，公司为员工提供居民小区楼作为宿舍，其地点距员工上班的门店不超过 20 分钟的行程；还有专门为员工服务的宿舍保洁员和餐厅厨师。更有吸引力的是，公司设计出有利于员工成长的晋升机制。海底捞一般不从外部聘请管理人员，而是把好的职位都留给内部员工，为大家创造成长的机会，从而使员工能够把工作当成事业来干。各个不同岗位的员工凭借自己创造的绩效，可以从合格晋级为优秀、标杆、劳模的级别。通过不同途径的提拔任用，员工可以改变自己的命运。员工有三条晋升通路：第一是管理线，可以从普通员工晋升到大堂经理、区域经理甚至更高级别的岗位。第二是技术线，有专才的员工能够成为某个技术领域的专家，其待遇仅次于店长。第三是后勤线，这是为后台的工作人员和技术开发人员设计的，这些员工同样可以按照不同的表现和业绩得到相应的晋升。这些做法有效调动了各层级员工的积极性，成为海底捞强大组织力的主要来源。

（二）商业模式设计离不开差异化创新

商业模式的设计实质上是一个创新的过程，是一种"扬弃"，是一个既克服又保留的过程。企业可将国内外成功企业的商业模式作为参照系，以此来获取新的创意和灵感，并积极做好改进和创新方面的工作。企业应该更多地向市场和客户要答案，努力挖掘产销对路的产品创新源泉，善于运用创新思维来重构适合目标市场的游戏规则。在条件具备时，应勇于突破行业原有的运行逻辑。企业设计商业模式时必须紧贴自身的实际，既不能过高估计企业现有的实力，也不能偏离行业的竞争状况。在此过程中，绝不能搞"简单移植""跟风操作"，而应该信守"只要合适的就是最好的"的原则。

在商业模式的创新过程中，只追求比别人做得更好是不够的，主要应该追求与别人做得不同。想象一下，即使你研制出了比可口可乐更好喝的可乐、比茅台更好喝的白酒，造出了比奔驰更好的汽车，但也很难说服顾客相信这一事实。怎么办？应该在如何与这些排名第一的品牌做得不同上做出努力，创造品类第一。娃哈哈是第一个矿泉水，农夫山泉是第一个天然水，乐百氏是第一个纯净水；红牛是第一个功能饮料，脉动是第一个维生素饮料，乌龙茶是第一个茶饮料，鲜橙多是第一个果汁饮料，元气森林是第一个气泡饮料……这些品牌都因其自身的差异化而取得了巨大成功。

一个企业的产品未必一定要比那些已经占据第一的品牌更好，当然也不能差，但只要与它们形成差异性，就可能进入一片"蓝海"，就可能在某一个领域取得主导权。正如我们常听到的："只要赶上了风口，猪都会飞起来！"什么叫风口？就是快速成长的新品类。投资者和创业者最大的本事之一，就是能够捕捉到这样的机会。

（三）摸准目标客户的真实需求

"以市场为导向，以客户为中心"是商业模式设计过程中必须坚持的指导思想。"国际第一营销管理大师"杰·亚伯拉罕认为："只有三种增加生意的方法：1. 增加客户数目。2. 增加每一客户单笔生意平均交易量。3. 增加客户回头交易数目。只有这三种。只专注这三个项目，那么你的工作就少多了，且容易多了。"[①] 这些话恰好击中了商业模式设计的要害：只要一切都围绕着消费者的需求去思考，努力实现这三条，企业就不会在高手如林的市场竞争中败下阵来，还可能开拓出一片新的天地。

在设计商业模式时，需要解决的首要问题就是企业要给哪些顾客提供什么样的产品或何种服务，由此锁定一个具有明确范围的市场。在此基础上广泛开展市场调研，深入分析顾客的消费心理，将有限的资源集中配置。企业应投入足够力量认真研究主流客户目前存在的问题和痛点，切实掌握各类顾客的需求差异，并对这些需求做出具体划分，如既很重要又很迫切、很重要但不迫切、很迫切但不重要、既不重要也不迫切等不同层次，分别加以应对。只有注重把握那些既很重要又很迫切的客户需求，才更有可能走向成功。企业还应对顾客的购买动机做出深入分析。一般来说，处于温饱状态的顾客最关注的是产品的价格，已达小康的顾客最关注的是产品的功用，而富裕阶层的顾客要求较高，他们最关注的往往是使用产品的心理体验。从中可以看出，处于不同社会阶层的顾客会对企业提供的不同产品和服务做出不同的价值评估。企业的管理层应该明白："客户不买产品或服务，他们买的是最终结果"[②]，因此，企业在经营中的任何一点敷衍塞责，都会造成不良的结果。只有当顾客在其购买的产品和服务中获取了所期待的价值，企业此前所做出的努力才能得到最终的肯定。

在这方面，海伦司小酒馆的商业模式值得借鉴。这家公司的成功，靠

---

① 〔美〕杰·亚伯拉罕著，袁力译：《发现你的销售力量：挖掘销售机会的九条法则，倍增销售业绩的十二条途径》，中国商业出版社 2006 年版，第 1 页。

② 〔美〕杰·亚伯拉罕著，袁力译：《发现你的销售力量：挖掘销售机会的九条法则，倍增销售业绩的十二条途径》，中国商业出版社 2006 年版，第 120 页。

的就是准确掌握了目标客户的消费需求——打造年轻人的线下社交平台，将自己定位为"夜间星巴克"。这家公司的对标企业是美国的布法罗鸡翅酒吧。这个美国酒吧只卖鸡翅和啤酒，目标客户是看棒球、橄榄球、篮球的人群，3 亿美国人中多达 1.2 亿属于这类人。海伦司的创始人徐炳忠到美国考察时注意到这一现象，并从中受到启示：未来有一天，中国的年轻人也会像美国的年轻人 样，只消费几块钱就能在酒馆里喝到好品质的啤酒。

海伦司的第一家店诞生于 2009 年。截至 2021 年 4 月，这家公司已在北京、上海、广州、重庆、深圳、成都、武汉、西安等 100 多个城市开设了 400 多家直营门店，平均每 3 天开设一家店，发展势头强劲。不久前，黑蚁资本领投、中金跟投分别为这家公司投资 3079.4 万美元和 201.0 万美元。2018 年至 2020 年，海伦司年复合增长率达到 116.9%。尽管新冠肺炎疫情对公司经营造成了不利影响，公司 2020 年仍然新开设了 105 家酒馆，全年收益实现 44.8%的同比增长。可以看出，只要抓住了特定客户群体的真实需求，就能够创造出一流的业绩。

（四）要有明确的可持续的盈利点

任何商业模式都有一个最低要求，就是必须为企业解决盈利方式和现金流问题，必须为企业创造出可持续的盈利能力，特别要有非常明确的、可持续的盈利点。只有做到了这一点的商业模式，才有实施的必要。可通过"沙盘推演"来验证盈利点的确定性，无法通过这一验证的商业模式是不可实施的。

茶饮连锁品牌沪上阿姨在 2013 年成立时，只是一家小门店。这家公司通过"现煮五谷茶"的差异化定位，使其在众多奶茶品牌中脱颖而出。由于其高品质的产品与服务，加上较低的销售价格，很快吸引了很多消费者。生意红火后，公司开始设计能够促进企业成长的商业模式。这家公司十分重视盈利方式的谋划，为自己确立了 4 个核心盈利点：第一，向各加盟店收取 19800 元的培训费、2 万元的开店服务费、4.8 万元设备采购费。第二，每月收取 1800 元的管理费。第三，收取 5 万元的供应链费用。第四，合并财务报表。由于这几个盈利点都是可持续的，因而沪上阿姨实现了快速成长。目前，这家公司拥有分布在江苏、安徽、广东、天津、山东、河北等地区的 2000 多家门店。此前，沪上阿姨获得了嘉御基金近亿元 A 轮融资，最近又获得该基金近亿元的追加投资。这家公司正在为上市融资做准备。

（五）善于运用资本思维来设计商业模式

这里所说的"资本"指的是能够不断产生增值效应的商业资源。企业在设计商业模式时，应该积极运用资本思维来解决问题，以此增加成功的可能性。

趋利性是资本的本质特征，任何资本都会将利润最大化作为追求的目标，适当利用资本的逐利特性能够促进资源的优化配置。通过合理的资本运营，企业能够找到所需要的资源，从而使企业实现加速成长。仔细了解一下国内外大型成功企业的发展历程就可以看出，它们大都是借助资本的力量实现跨越式发展的。在已经充分市场化的经济条件下，企业仅靠自身的积累是很难做大做强的。那种排斥资本作用的企业，容易错过企业发展的良好机遇。当今世界 500 强中的外国企业 CEO，80% 的人都曾是资本行业的从业者；而中国 500 强企业中的 CEO，80% 的人出自营销行业。这是造成中国企业缺少资本思维的一个重要原因。随着中国经济与全球经济的深度融合，必然会有更多的懂得资本运营的人加入中国企业的管理层。

在设计商业模式时，应该考虑如何引起私募基金和风险投资者的关注。这些投资人往往以追求超额收益为目的，他们在审核一个创业项目时，会十分关注有关项目的商业模式是否存在倍增机制，最希望看到的是产品销量倍增计划。因此，那些寻求风险投资的企业，应尽力将有关产品商业模式的快速增长前景表述清楚。当然，这种前景应该建立在客观可行的基础上，脱离实际的"自我吹嘘"只会产生适得其反的结果。

企业应该注重搞好未来组织架构的设计，明确与此相关的股权结构是怎样安排的。各类投资人一般不会愿意成为长期股东，他们会事先对将来如何退出的问题做出考虑。那些希望引入风险投资的公司应该对此做出预想，有针对性地提出相应的解决方案。必须看到，公司一旦做大做强了，就很难完全归自己所有，那时，所面临的选择只有两个：要么通过上市使公司成为众多股东所有的公司，要么被其他实力强大的企业收购。为了避免因投资者过早退出造成公司的涣散或解体，应该在商业模式设计之初就商定出一个有利于企业长期发展的投资者退出办法。

匹克公司曾经是一家只能靠贴牌经营，为外国著名品牌的产品做代工的小企业。但自从设计出通过资本运营促进企业发展的商业模式后，企业的实力大大增强，并快速打破了国际优势品牌一统天下的局面。这家公司仅用三年时间就完成了 ABC 三轮融资，先后共获得 1.06 亿美元的投资，从而为企业插上了腾飞的翅膀。公司的门店由原有的 800 家迅速增加到 1.2 万家，并在香港股市顺利上市，现在，匹克已成为中国运动鞋第一品牌。如果没有资本的助力，匹克公司很难取得如此巨大的成就。

以上五个方面，仅仅是从当今一些成功企业的商业模式中抽象出的一些具有共性的做法。企业在设计自己的商业模式时，还应着眼自身的特殊性，进一步完善和深化相关的操作。只有这样，才可能设计出既能创造具有独特价值又很难被其他企业复制的商业模式，从而在激烈的市场竞争中打出一片属于自己的天地。

第八章

关于知识经济的战略思维

　　诺贝尔经济学奖获得者保罗·罗默在 1986 年的《收益递增经济增长模型》中构建了一个内生经济增长模型，该模型比较系统地解析了知识与技术因素对经济增长的作用，强调了研究与开发对经济增长的贡献具有实际价值。他认为，知识包括创意是经济增长的内生性动力，新知识、新创意会衍生出无穷的新产品、新技术、新市场，并形成创造财富的新机会。

知识经济的兴起使人们的日常生活发生了明显的改变。在这一新的经济形态中，人的智慧和能力已经成为生产力中更加重要的因素，正因为这样，战略思维必然处于更加突出的地位。在此背景下，企业要更好地适应新的经济环境，更加高效地整合各种知识资源，进而将知识管理工作不断引向深入。

一、什么是知识经济

美国管理学家弗雷德里克·泰勒的科学管理实践及《科学管理原理》一书产生的广泛影响，开启了人类历史上一次新的生产力革命。在此过程中，体力工作者的创造力得到大幅度提升，工作时间明显缩短，有了接受教育的时间，因此知识水平得到不同程度的提高，产生了越来越多的知识工作者。据美国的人口统计资料显示，1959年，以知识方式工作的人口数量首次超过靠体力谋生的劳动者数量，知识工作者成为美国劳动力的主力军。此后，知识经济逐步成为一种社会发展的趋势，从以美国为代表的发达国家向全世界"蔓延"。在当今的美国，体力工作者所占的比重已经下降到10%左右。按照德鲁克的预计，在世界范围内，这一社会转型的过程要延续到2030年才能结束。

知识社会的到来，大幅度提升了人类社会创造财富的能力。在此过程中，社会产生了规模巨大的培养和需要知识群体的可能，并为这一群体创造业绩提供了必要的条件，从而使他们能够更有效率地开展工作。在知识社会中，最关键的经济资源已不再是资本，而是最先进、最有价值的知识；社会"代表性人物"的标签也不再归资本家独有，而是大都属于知识

界的精英或各个领域的顶级专才。以知识经济为主导的社会形成了大量而
多样的组织，从而为每个人打开了脱离底层、向上发展的通道，每个人都
有通过学习知识获得成功的可能。当然，也会加剧同一知识领域中的竞
争，在不同的知识领域也会存在相互替代的激烈角逐。

从 20 世纪 60 年代起，由于科学技术与经济增长的关系变得愈加紧密，
社会经济发展中出现了许多新的业态、新的组织形式，特别是以信息技术
为主导的高新科技在经济领域的广泛应用，进一步强化了这一趋势。1962
年，美国普林斯顿大学经济学教授 F·马克卢普第一次提出了"知识产业"
的概念。1973 年，美国社会学家丹尼尔·贝尔在《后工业社会来临》中提
到了"后工业社会"。美国斯坦福大学的 M．U．波拉特则强调，"以制造
业为中心的经济"将发展成为"以信息业为中心的经济"。

1996 年，经济合作与发展组织（以下简称"经合组织"）正式发表了
《以知识为基础的经济》的报告，引起了全球的普遍关注。这一报告通过
对经合组织经济现实的观察与分析，着手构建知识经济的理论、政策和指
标体系，并特别提出了有关知识经济发展所面临的挑战和问题，正如经合
组织在 1996 年发表的《技术、生产率和工作的创造》报告中指出的：今
天，各种形式的知识在经济过程中起着关键的作用，对无形资产投资的速
度远快于对有形资产的投资，拥有更多知识的人获得更高报酬的工作，拥
有更多知识的企业是市场中的赢家，拥有更多知识的国家有着更高的
产出。

根据经合组织的观点，知识经济是建立在先进知识或现代技术基础上
的经济活动，是人类社会达到较高发展水平后出现的高级经济形态，是当
今社会的科学技术与经济发展实现互动的产物，已经成为当今经济发展的
基本趋势。知识经济是建立在人类社会现有知识基础上的经济，它直接依
赖于知识的学习、创新和应用。在当今的知识经济中，知识的作用已不仅

体现在诸多科技产业上，而是已经体现在经济发展的各个方面。

知识经济与信息经济、网络经济不完全是一回事，虽然它们之间有联系，但存在着明显的差异。人们通常所说的信息经济，主要是指以信息技术为基础、信息产业起主导作用的、基于信息条件形成的一种新型经济。[①] 由于数字化是信息技术的发展趋势，所以也有人将其称为"数字经济"或"比特经济"。网络经济则是通过互联网开展的经济活动，它包括网络贸易、电子支付、网络企业以及其他商务网络活动。其中，电子商务已经成为网络经济的一个重要内容。相比之下，知识经济是建立在现代科学技术基础上的经济形态，其支柱产业是高新技术产业。与知识经济相比，信息经济的范围则相对要小一些，网络经济则是信息经济的一部分。

在知识经济的各种活动中，软性资源的作用日益超过了硬性资源的作用。这不由得让人想起了法国思想家圣西门曾提出的两个著名而有趣的假设：一个假设是：假如有一天，法国突然失去了50名优秀的物理学家、50名优秀的化学家、50名优秀的诗人、50名优秀的作家、50名优秀的军事家和民用工程师……法国立即会变成一具失去灵魂的僵尸，因为上述这些人"对祖国最有用处"，而要重新培养一批这样的人，则"至少需要整整一代的时间"。另一个假设是：假如有一天，法国不幸地失去国王的兄弟和王公大臣、议员、参事、元帅、主教、省长和上万名最大的养尊处优的财主，并不会因此"给国家带来政治上的不幸"，因为这些人是无足轻重的，他们并未用自己的劳动去直接促进科学、艺术和工业的进步。在圣西门看来，那些有真才实学的知识创造者才是国家不能失去的栋梁之材，至于那些有名无实的头面人物，则是可有可无的。在当今的知识经济时代，

---

① 乌家培：《信息经济与知识经济》，经济科学出版社1999年版，第7页。

圣西门的这种假设具有更加现实的意义。

随着知识经济发展趋势的不断强化，知识因素对于经济领域各个行业产生的实际作用越来越大。员工的知识所能达到的水平已经成为促进企业成长的最具活力的因素。企业管理者所学知识的先进程度，决定着一个企业的未来。在美国经济学家、诺贝尔经济学奖获得者保罗·罗默创立的经济模型中，知识已经作为新的独立要素进入生产函数。罗默将知识区分为一般知识和专业知识。他认为，一般知识会产生内在的和外在的经济效应，专业知识会产生内在经济效应，二者的结合不仅使知识要素本身产生不断递增的收益，而且也使非知识要素的收益、总产出的规模收益出现递增，使经济能够保证长期稳定的增长。由此可见，知识进步是经济增长的主要源泉。罗默在 1986 年的《收益递增经济增长模型》中构建了一个内生经济增长模型，认为知识积累和技术研发是经济增长的源泉。罗默的模型比较系统地解析了知识与技术因素对经济增长的作用，强调了研究与开发对经济增长的贡献具有实际价值。他认为，知识包括创意是经济增长的内生性动力，新知识、新创意会衍生出无穷的新产品、新技术、新市场，并形成创造财富的新机会。正如比尔·盖茨所说的那样，创意具有裂变效应，一盎司创意能够带来无以数计的商业利益、商业奇迹。在当今的经济环境中，知识型企业将会不断涌现。那些知识含量过低的企业，将无法在市场竞争中取得优势地位，其发展空间也会越来越小。

德鲁克曾做过一个关于未来的预言：我们正处于从资本主义与民族国家的社会向知识社会与组织化社会转变的时代。在后资本主义社会里，最宝贵的资源就是知识，主导这个社会的人群也将是知识型员工。这些知识型员工毫无疑问将成为社会创新的主体。因此，企业应该着眼培养更多的知识型员工，努力适应未来社会的发展需要。

近年来，随着知识经济的诞生，越来越多的人意识到人类必将进入一个以知识（智力）资源的占用、配置、生产、使用为最重要因素的经济时代。知识经济的兴起标志着人类对知识的创造、拥有和利用，以及知识对人类生活和历史发展的影响都达到了一个新的质的飞跃，体现了人的知识和人的力量的必然合一。由此可见，知识经济的到来必将引起一场深刻的管理革命，新的管理理念也必将追求人和知识的和谐统一。① 在知识经济的发展环境中，企业不仅仅是物质生产部门，还是围绕知识活动而运作的机构，是进行知识创造、传播、利用和保护，以知识为资本来进行运营的组织；② 企业的核心任务也变成如何加速知识的转化、交流和创造，不断实现其能力的提升；对企业绩效的评价也应该从企业内部知识的积累、利用和延伸的角度来衡量。③ 从这个意义上讲，知识、知识活动已经成为当今企业经营管理活动的主体内容，因此，必须从战略的角度对企业运营中的各项知识活动进行有效调控，以使其创造出最大的价值。

二、知识经济的基本特征

人类社会的经济形态经历了由低级到高级的演进过程，它是从农业经济、工业经济逐步发展到当今的知识经济形态的。从本质上看，人类社会的经济发展是一个知识化程度不断提高的过程。随着生产要素从土地到实体资本再到知识资本的变化，实物商品的附加值中，来自原材料成本和生产制造过程的比例越来越低，而来自非物质的知识性价值的比例却越来越高；从劳动力的素质来看也是如此，农民从事农业生产更多的是依赖经验和技能，工人从事工业生产需要掌握专业化的应用性技术，而知识劳动者

---

① 谢庆绵：《人与知识的和谐统一：当代管理革命的新课题》，《管理科学》2003 年第 3 期。
② 余光胜：《企业知识理论》，《外国经济与管理》2000 年第 2 期。
③ 李柏洲、吕海军：《企业战略管理理论的演进及其发展方向》，《中国科技论坛》2003 年第 4 期。

则是运用具有创造性智力的科学知识进行价值创造活动。在不同经济环境中，人们从事生产活动的方式是完全不同的。

总体上来说，知识经济作为一种新的经济形态，具有明显的特征：

（一）新的科技知识是知识经济形成的基础

知识经济是基于当今社会先进知识的生产、获取和使用而产生的经济形态。科学技术是知识经济形成与发展的基础。公开资料表明，2018年，我国在研究与开发方面投入的经费已经达到19657亿元，比上一年增长了11.6%，占当年GDP的比重达到2.18%，这一数值已经达到了经合组织国家的平均水平。高技术制造业、战略性新兴制造业同比分别增长11.7%、8.9%。战略性新兴服务业营业收入同比增长14.6%。这些数据表明，我国的知识经济产业已经有了较大的增长。

统计表明，经合组织成员国研究与开发投入经费的大约60%是由有关企业提供的，企业还参与了其全部研究工作的67%。由于科学技术与经济活动的联系日益紧密，越来越多的科研成果被应用到企业的生产经营过程中，推动了产业知识密集度的不断增加，其中，高新技术产业的发展速度很快。在过去的十多年中，经合组织成员国的高新技术产业在制造业中所占的份额和出口比例均翻了一番多，达到了20%～25%。知识密集型产业，如教育、信息、通信等行业的发展则更为迅猛。据估计，经合组织主要成员国国内生产总量的50%以上是由以知识为基础的产业提供的。

值得注意的是，服务业也在知识经济的快速发展中显现出强大的活力。在现代经济增长过程中，服务业的地位得到了显著提升，知识经济条件下的制造业发展模式开始向服务业转移，特别是转向了知识密集型的服务活动。经合组织国家新增的工作岗位中，95%是由服务业提供的。可以看出，知识经济的发展，已经给世界经济形势造成了巨大影响，世界的面貌也因此发生重大变化，曾经被广泛使用的"老皇历"已经用不上了。

（二）信息技术成为知识经济的核心和支柱

知识经济必须以知识的生产、积累与创新为基础。在知识经济的发展过程中，快速发展的信息技术起到了十分重要的核心和支柱作用。所谓信息技术，是指有关信息的产生、处理、控制和利用等的技术，主要包括计算机技术、软件技术、现代通信技术、图像处理技术、信息基础设施等。所谓信息基础设施，是指以信息交流为目的而建立起来的能够贯通各行业以及普通家庭的完备的信息网络，又被人们形象地称为"信息高速公路"。

信息技术是当代经济社会发展中最具影响力的技术。信息技术及其相应的网络对知识经济的发展发挥了核心和支柱作用。信息技术大大促进了信息和知识的编码化，从而使人们能够更加快捷地获取新信息、新知识。信息技术及其网络极大地提高了人类生产、传播和运用知识的效率，并为知识在全球范围内实现共享奠定了物理基础。更为重要的是，信息技术及其网络为现代经济提供了一种即时、灵活、交互的组织机制，这是一种新的经济技术范式，它促使经济结构的重心由物理空间向虚拟空间转移，进而创造了新的工作方式、生活方式与商务方式。

在过去的几年中，信息技术及其产业已成为新兴经济体经济力量的重要源泉，占各国国内生产总值较低的信息产业，对实际经济增长的年均贡献均达到40%以上。与此同时，信息技术设备成为各行业资本设备中耗费最大的一部分。用在IT设备上的工业支出大幅度上升，其在工业支出中的比重始终保持在1/3左右。这种情况说明，信息技术已经成为知识经济这座大厦的支柱，相关技术与产业的进步与发展，将会促进知识经济不断发生新的飞跃。

(三) 学习、创新是知识经济的本质特征

知识经济是学习经济。无论是个人还是组织的知识，只能通过不断地学习才能获得。学习是增长知识的基本途径，是将经验类的知识转化为编码化的知识并应用于实践，进而又产生了新的经验类知识的过程。因此，在知识经济条件下，员工需要不断地学习，企业也需要不断地组织学习，从而具备对变化中的商业环境的连续适应性。这种连续适应的能力是凭借个人优良的技能和组织的作用来实现的。根据经济环境的变化和技术的变革，企业在学习中不断优化管理模式、组织结构及技术，不断成长为一个反应迅速、不断成长的组织。

知识经济是创新经济。任何创新都离不开人的思维。思维活动常常表现为知识的运动，是相关知识通过排列、组合和取舍完成的。前所未有的知识组合就会产生创新，思维创新成果的外化就能够为企业创造新的价值。知识经济是基于知识的质与量的不断增长得以发展的，但并不是说知识能够自动转化为经济。知识的经济价值是通过技术实现的，而企业创新的目的在于科学技术知识向商品的转化。在知识经济中，创新思维存在着多种来源，其中包括新的制造能力和对市场需求新的认识。创新能够以多种形态出现，包括改进现有产品、将技术应用于新的市场、利用新技术服务于现有的市场等。

还应看到，创新过程并不是完全的线性关系，其中的一些因素会呈现非线性的变化，所起的作用未必是完全成比例、成直线分布的，因此，创新带来的变化常常超出了人们的预期。技术创新是知识经济的主要动力，它把技术变革引入企业生产要素的新组合中，使之成为经济发展的内在动因。成功的创新会带来收益递增，推动经济实现可持续增长，因此，"从本质上说，创新体系是由存在于企业、政府和学术界的关于科技发展方面

的相互关系与交流构成的。在这个系统中，相互之间的互动作用直接影响着企业的创新成效和整个经济体系。这里创新系统的'知识分配力'是极为重要的，也就是创新系统能保证创新者随时可以接触到相关的知识存量。"① 而知识经济的重要标志之一，就是主张知识的传播与知识的生产同等重要，这就使得"知识传播网络"和"国家创新系统"受到更多的重视。因此，政府在强调产业部门和科学系统之间的相互联系，加速知识的传播与扩散的同时，也鼓励大学和实验室吸收产业界的应用方参与相关研究工作。显而易见，在知识经济时代，国家创新系统的建设是知识生产、扩散以及使用的重要保证。

知识经济时代的核心工作内容就是创新，创新是每一个知识型企业发展的主要动力。微软公司曾以"18个月后将倒闭"来增强全体员工的危机感，加速创新产品的研发进程。尽管消费者对微软 Windows 居高不下的价格有许多非议，也对微软每次在版本更新时涨价的做法很是不满，可还是因无法拒绝其性能优异的新产品而产生购买的欲望，有时甚至会为了体验 Windows XP 的先进性和新增加的功能而淘汰掉手中的硬件。微软正是通过在公司内部形成的不断创新机制，使竞争对手难以对其构成威胁。

（四）人的素质已经成为知识经济发展的先决条件

随着知识经济的快速发展，各个行业和企业的知识密集程度日益提高，因而对员工的素质提出了更高的要求。从20世纪70年代开始，在经合组织所有国家的整个制造业中，具有一定技能的熟练工人的就业数量大幅度增加，而不熟练工人的就业数量则下降了70%；与高技术相关的高工资者就业增加幅度更大，中等工资者就业下降了20%；在一些发达国家，

---

① 美国商务部：《新兴的数字经济》，第13—14页。

具有工程技术专长人员的增长是其他职业增长的 3 倍以上。

在知识经济时代，人们的生产、生活方式大都无法离开知识的生产、传播和运用，因此，努力学习和掌握新知识，不断探索能够创造性地运用先进知识的途径和方法，将成为知识经济时代人们生存的基本方式。在这种经济背景下，终身学习、终身教育必然成为创业者不变的追求，以各种公共文化设施和大众媒介为载体的社会教育必然被视为教育的重要组成部分。研究表明，一个科技人员的应用知识总量大约只有 20% 是在学校学习中获得的，其余约 80% 的知识是在工作和生活中不断学习获得的。联合国教科文组织早在 1972 年就确认了"终身教育理论"，在近 50 年的时间里，"终身教育理论"已经被世界各国所接受。

网络技术的成熟和普及为人们创造了越来越多的学习和接受培训环境。这种学习的目的不是单纯地为了掌握一般的知识，更重要的是为了开发人们综合运用知识和创造知识的能力，更好地开发人的潜能，以此来解决各种问题，并能够为企业创造更多的价值。在这个崇尚知识的时代，知识将成为比原材料、能源更有价值的主导性资源，整个社会生活也将呈现更高水平的知识化、智能化。现代企业都应成为一个学习型组织，只有这样，才能有利于培养个人和组织的战略思维能力。麻省理工学院资深教授彼得·圣吉认为，深层的学习过程构成了学习型组织的本质。努力做到这一点，已经成为知识经济条件下企业必须完成的任务。

三、知识管理必须与企业战略相融合

多年来，知识管理已经成为管理学界和企业界关注的重要课题，但实施效果却无法令人满意。据前些年高德纳集团的调查，在全球财富 1000 强企业中，有一多半的企业采用了知识管理系统，然而，据《现代管理》

（*Management Today*）报道，这些企业的商业收益并不高，其中仅有 15%
的知识管理项目被认为是成功的，35% 的项目没有取得收益，不少企业的
知识管理还处于口头重视、行动不力的阶段。为了促进企业知识管理能够
很好落地，应该注重运用战略思维去探索和解决有关知识管理的重要问
题，进一步提高企业知识管理的实践水平。

知识经济的发展催生了知识管理，有效促进了企业知识管理理论的成
熟与实践的进步，从而使一些企业的知识管理能力有了较大提升。同时，
知识经济的发展也向企业的知识管理提出了新的要求，新的与知识经济相
适应的市场竞争态势已经出现在众多企业面前。有竞争就会有战略。企业
在与知识经济相适应的市场条件下求生存、谋发展，就需要有一套能够与
企业战略相一致的知识管理解决方案。面对知识经济带来的严峻挑战，企
业必须从战略的角度全面审视知识管理的全过程，考虑各种知识要素的不
同战略价值，精心构建企业的知识管理战略系统，制定出有效的知识战略及
其实施方法，设计出与企业知识战略相适应的组织架构和工作模式。只有这
样，才能凭借高水平的知识战略，在知识经济时代的市场竞争中取得成功。

随着知识经济发展进程的加快，企业面临的市场环境变得更加复杂，
因此，企业的战略管理应该针对知识经济这一新的背景，努力寻求更加有
效的变革与创新，以此来满足企业战略实践的需要。在知识经济条件下，
企业拥有的知识要素的质量已经成为企业战略制定与实施的关键性因素；同
时，知识经济所决定的外部环境与以往相比也发生了很大的变化，已由过
去的"4S"（静态"static"，单一"single"，简单"simple"，安全"safe"）
环境状态转变为当前的"4D"（动态"dynamic"，多样"diverse"，困难
"difficult"，危险"danger"）环境状态。[①] 这种转变要求战略管理者对即将

① 谢泗新：《知识型社会中战略管理的动态模式与主体战略研究》，南开大学博士学位论文，
2002 年。

发生的重要变化能够做出及时的掌控和预测，并能制定出比较完善的适应性战略。

在知识经济环境中，企业战略要素和经营环境的变化使得企业的战略管理越来越将知识作为各项经营活动的中心。鉴于这一情况，一种建立在资源、知识基础上的核心能力理论应运而生。Prahald 和 Hamel 认为，核心能力是组织中的积累性学识，特别是关于如何协调不同的生产技能和有机结合多种技术流的学识。企业核心能力的形成离不开资源、知识、技术等生产要素的积累和整合过程，为此，企业应该首先完成对自身现有资源、知识和能力的识别，再按照珍贵、异质、不可模仿、难以替代诸多标准，选择其中某一个或几个方面，着力打造强大的竞争优势。这一竞争优势的出现，意味着企业的战略管理活动与知识要素的结合更加紧密。

综合以上分析可以看出，知识经济在推动战略管理和知识管理创新发展的同时，也促进了二者的互补和互动。国外一些学者已在积极研究组织战略和知识管理之间的关系。Kim 指出，知识管理的目标和战略计划须反映组织的战略目标和计划。Tiwana 认为，如果不能清楚地揭示知识管理和组织战略之间的联系，即使是世界上最好的知识管理系统也将毫无用处。Bater 也认为，企业必须保证知识战略和知识项目与组织的目标相匹配。[①] 事实上，战略管理的理论和工具，如"能力理论""企业再造""标杆管理""平衡计分卡"等逐步被一些企业的知识管理吸收、利用，使这些企业能够从战略的视角来重新评估所掌握的知识和知识资本所具有的价值，深入思考知识管理对于企业的战略价值。与此同时，企业的知识管理实践也开创了战略管理发展的新领域、新阶段，它使战略管理的着眼点从企业

---

① RethaSnyman，Cornelius Johannes Kruger，"The Inter dependency Between Strategic Management and Strategic Knowledge Management，" *Journal of Knowledge Management*，Vol. 8，No. 1，2004.

的外在环境、各项职能活动转向企业自身，要求企业必须注重学习能力和创新能力的提高。

在知识管理中，需要更好地运用战略思维。知识管理的战略设计与实施，知识管理与人力资源管理、生产管理、财务管理、物流管理、信息系统管理的匹配，及其与企业战略的互动和融合，都需要做好切实有效的协调工作。在此基础上，还需要努力搞好知识管理与企业战略目标的匹配，以使企业总体战略和各职能战略能够始终保持一致。知识管理从价值创造的角度来考察组织的所有运作过程，有利于将知识管理渗透到其他各个方面的管理中去。知识管理无须凌驾于其他各项管理之上，而是应该成为战略管理需要关注的中心。

在这种情势下，一些学者提出了关于战略知识管理理论的一系列观点。什么是战略知识管理？对于这一问题，国外学者有较多的研究。他们认为，企业战略知识管理理论应该注重解决如何搞好知识管理中一系列关系的战略平衡、知识内容的战略控制和调配、知识管理与企业战略的匹配、战略工具在知识管理中的应用等诸多问题，以使企业的知识管理能够达到较高的战略水平。

一些学者论述了知识管理的实践过程。Ron Sanchez 和 Aine Heene 认为，能力理论是研究知识管理和组织学习的新视角，为了适应不断变化的竞争环境，企业必须重新界定自己所拥有的知识的战略价值和组织、组织间学习的战略安排。这里强调的是在知识经济条件下，企业应该对企业现有知识的战略价值做出新的估价，并将组织的学习视为战略行为，这样的能力必然给企业发展带来战略性的改变。David A. Kleinl 认为，知识管理围绕企业知识互动的具体环节，讨论如何根据外部环境的变化实时调整企业的制度安排和组织安排，以保证资本的持续增值。他认为，知识管理问题本质上就是战略管理问题，因此，知识管理理论主要表现为战略知识管理理论。① 这一观点很有见地。将知识管理问题看成战略管理问题，并将知识管理理论也视为战略知识管理理论，深刻地界定了知识管理的意义，把握了知识经济条件下企业管理的本质。哥本哈根大学的 Nielsen 在其研究报告中认为，战略管理研究对知识管理研究产生了很多的影响。随着能力理论的出现以及战略管理对环境变化的关注，知识管理开始研究如何通过学习、新知识的内化和吸收来应对外部环境；同时，知识管理的研究者开始关注如何获得、积累、编码、转化和内化企业所特有的、具有互补性的知识。② 要将知识融入战略管理中，发展具有持续竞争优势的以知识为核心的资源。③ 这些论述为人们开展知识管理提供了可行的路径，特别是要注重发展具有持续竞争优势的核心知识资源。做到了这些，企业才能更好地适应知识经济的发展。

还有一些学者论述了知识管理与组织战略之间的关系。Retha Snyman 和 Cornelius Johannes Kruger 认为，知识管理与组织战略不是平衡并行的关系，而应成为组织战略的有机组成部分，并设计出一个整体性的框架描述战略知识管理的四个过程，即环境分析、目标制定、战略计划和战略制度化。J. E. Mc Cann 和 M. Buckner 认为，战略知识管理就是在满足组织当前目标的同时也能满足组织未来的发展。④ 这几位学者都在强调知识管理与组织战略的融合，并对其重点和框架做出了概括。但从目前的情况看，与此有关的研究尚未形成较系统的理论体系。从总体上来看，对于战略知识管理理论的把握，应该着重弄清楚战略思维及其方法在知识管理中的应用，以提升现有知识管理理论的理论意义和实践价值；同时，还要注重搞

① 沈群红、胡汉辉：《组织知识理论的发展与结构》，《管理工程学报》1999 年第 1 期。
② Nielsen. Strategic Knowledge Management：A Research Agenda.
③ Drew S.，"Building Knowledge Management into Strategy：Making Sense of a New Perspective," *Long Range P lanning*，Vol. 32，No. 1，1999.
④ Joseph EMcCann，"Marilyn Buckner. Strategically Integrating Knowledge Management Initiatives," *Journal of Knowledge Management*，Vol. 8，No. 1，2004.

好知识管理与组织战略的相互匹配。只有搞清楚这些内容，才能进一步理清战略知识管理的思路。

关于这个问题，A. B. Graham 和 G. Vincent 的研究值得借鉴，他们认为，企业在面对不可预知的以知识为基础的竞争时，其根本的措施是实施知识驱动的商业战略，在对 AES、3M、Buckman 和 Kao 公司进行案例分析之后，指出战略知识管理就是处理好一系列关系的平衡。

首先，要努力搞好知识创新活动与其商业化之间的平衡。知识的创新涉及知识的传播和流动。在这一过程中，新的知识从一些个人机构和人际网络中产生，忽略有关标准化的规定以有利于知识创新活动的进行。知识创新的商业化涉及与此相关的制度化领域。在这个领域中，各方面的知识被具体表达为数据库、备忘录和报表，有关人员通过正式的指令有选择地实现共享。如果知识管理过于偏向流动领域，就会使知识创新的目的与企业发展的目标相互脱节，知识创新的市场价值就不能得到很好的实现；还要看到，过于严格的制度化容易阻碍知识的创新和交流，不利于产品和服务的创新。企业实行战略知识管理的目的在于通过具有高度适应性的制度，来管理企业与知识创新有关的各种活动，从而保持二者之间的平衡。

其次，要处理好知识在企业的内部和各个企业之间的调配与进行知识保护之间的平衡。为了有效地管理组织知识，管理人员不仅要掌握企业所需掌握的知识存量，还要控制企业内部和企业之间的现实的或潜在的知识转化和扩散。为了能够长期保持企业所具有的竞争优势，必须在企业内部搞好知识的交流和共享，同时也应积极了解、获取其他企业能够增强自身竞争力的知识。在此过程中，行业中的其他企业也会通过不断的学习和交流活动，获得对自身发展有益的知识。在这种情况下，战略知识管理要运用组织、机制等方面的手段来化解知识扩散和保护之间的矛盾，使之不至于造成对企业自身不利的结果。

再次，处理好知识保护的成本和收益之间的平衡。知识创新能力是知识型企业经济效益的主要来源，因此，必须构建"护城河"来确保自身拥有的知识不会被竞争者模仿和侵占。但不当或过度的保护会造成企业管理成本不必要的上升。在战略知识管理的过程中，需要考虑哪些知识需要保护、保护到什么程度、应该采取什么样的保护机制等，并采取切实有效的举措，以达到既能有效保护企业的知识产权，又不会增加不必要的管理成本的目的。

最后，在战略知识管理过程中，必须搞好知识内容的战略控制和调配。准确估价不同方面的知识在不同背景下产生的不同战略价值，是企业战略知识管理应该首先做好的工作，只有做到这一点，才能实现对各方面知识的有效利用。Ron Sanchez 和 Aine Heene 提出具有不同内涵的三种知识类型，即 know—how（关于产品如何做的具体知识）、know—why（关于如何改进的知识）、know—what（关于企业战略发展的知识），并在此基础上提出一个动态的知识战略等级框架。他们认为，know—how、know—why 和 know—what 三类知识在不同的竞争环境中具有不同等级的战略意义。在技术和市场需求相对稳定的竞争环境中，各种变化所带来的压力可能不会很大。在这种情况下，对企业而言最重要的知识应该是使企业有效地控制其当前生产、分销、市场营销的 know—how 类知识；在市场需求和产品技术不断变化的动态竞争环境中，使企业不断产生新创意的 know—what 类知识和不断改善产品结构、性能的 know—why 类知识具有重要的战略价值；如果竞争的动态性加剧，那些指导企业如何创新、如何利用现有的或潜在的技术来进行创新性产品和服务设计的 know—what 类知识将会成为最具战略价值的知识。

知识管理必须与企业战略实现良好的匹配，这是战略知识管理必须着力解决的重要问题。在此过程中，应该注重从内在的关系上找出二者的联系，实现其实质意义上的融合和贯通。战略知识管理在对知识的创造和保护进行有效管理的同时，还应考虑知识在企业的不同职能主体之间的横向联系，即考虑组织的知识管理与组织制度安排、内部激励和外部合作机制之间的关系，以及知识管理与其他战略职能的匹配。这就需要用系统思考的观点来看待知识管理。[①] 为了使知识管理与战略思考能够一致起来，必须全面考虑知识管理的整个过程，包括组织的各方面知识与各个战略要素的关系，要将技术、人员、文化、制度等与知识有关的因素纳入企业战略管理的范围。在知识经济条件下，知识型企业应努力将人力资本引入创新轨道，最大限度地发挥人的创造性；积极实现结构性资本与有关创新活动的结合，不断提高各种创新的商业化水平，努力促使其走向市场；不断增强合法利用其他企业知识产权的能力。在此过程中，企业战略知识管理不仅需要促进企业知识、技能的创新，同时还要注重改善企业的组织结构、制度安排和激励机制，以促进企业各种知识创新成果的价值实现。

　　注重战略工具在知识管理中的应用是战略知识管理的重要环节。企业战略知识管理是一个实践性很强的课题，因此，有关理论不能流于空谈，最终必须能够解决实际问题，这就需要将战略工具融入知识管理的过程。主要的战略分析工具包括：SWOT 分析法、愿景陈述、产业分析、平衡计分卡、产品生产周期等。如何选取和使用这些战略分析工具应该依据企业的实际情况来决定。战略分析工具的运用是一项专业性较强的工作，企业应该与有关咨询机构密切协同，努力提高其实际使用的效果。

四、"大数据时代"的战略思维

　　1988 年，著名组织理论学家罗素·艾克夫在一次国际会议上首次描述

---

① 和金生、熊德勇：《知识管理应当研究什么》，《科学学研究》2004 年第 1 期。

了人类的智慧金字塔。他告诉人们，这个金字塔共分为四层，最底层是数据，然后向上延续，依次是信息、知识和智慧。金字塔的每一层，都会从它下面的一层吸取价值。最底层的数据原本没有什么价值，但通过处理以后就可提供有用的信息；再对信息加以提炼，就可以获得知识。信息是已经完成了某种结构化的数据，而知识则是具有一定实用价值的信息，比如，人们根据实时路况信息发明的电子导航地图，就是将信息转化为知识的过程。此后，人们在知识的基础上升华创造出了智慧。至少在以往数千年的人类发展历史中，人们都是依靠这样的逻辑方式积累知识、产生智慧的。

当今的人类社会已经进入信息化时代，数据爆炸已经成为一种客观现实。但人脑的机能是有限的，大脑无法处理超过其容纳限度的数据量，因此就会对所获得的信息进行选择，过滤掉一些看似多余的信息。但这样的筛选和过滤机制带来了一个重大弊端，那就是过滤掉了许多可能有用的数据和信息，造成了巨大的资源浪费，也降低了社会管理的效率。

随着知识经济的发展，人脑的上述缺陷有了得以弥补的可能——由数据技术生成的人工智能已经能够代替人脑，完成对海量数据和信息的科学过滤。这种过滤不会出现遗漏有用信息的情况。根据互联网数据中心（IDC）估计，2020 年世界各国的数字信息量总量增长了 44 倍，比 2011—2012 年全球产生的数据内容增长了 48%。目前，全球超过 90% 的数据都是最近两年生成的。这种趋势还会呈现加速的过程。

所谓"大数据"，指的是科学仪器、传感设备、互联网交易、电子邮件、音视频软件、网络点击流等多种数据源生成的大规模、多元化、复杂、长期的分布式数据集。大数据不仅使人们的日常生活方式发生重大变化，也给企业的商业模式、营销方式、情报获取等带来极大的影响。一场管理革命已经到来，大数据技术的运用为企业应对市场竞争的不确定性提供了可能，那些依赖于经验与直觉进行的传统决策行为不得不发生改变，许多企业已经能够在数据分析的基础上进行精准量化管理，企业的许多经营活动已经可以进行可靠的预测和决策。国际商业机器有限公司（IBM）中国开发中心首席技术官毛新生指出，大数据不再是商业活动的附属品。对于企业而言，大数据如同石油一样重要，收集、整合、分析、利用、校准大数据的每一个环节，都体现了全新的商业能力。企业管理者应该将其视为重要的竞争要素，高度重视大数据的采集和运用。只有这样，才能及时掌握那些具有实用价值的信息，并将其转化为有利于企业发展的知识和智慧。

在知识经济的大背景下，大数据对于企业形成与维持其竞争优势是十分有益的。以小米公司为例，这家移动互联网公司于 2010 年 4 月成立，只用了 4 年多时间便成为仅次于三星和苹果的世界第三大智能手机制造商。在中国大陆手机市场，小米手机的市场占有率已经超过了三星手机，小米公司已经成为当今智能手机行业的领导者。小米能够以如此快的速度发展起来，很大程度上归功于公司"为发烧而生"这一核心理念的高效执行。在这一理念下，小米公司始终基于"发烧友"（忠实顾客）的意愿来设计手机，并以他们愿意接受的较低价格出售手机。小米手机的创新主要体现在 MIUI 智能系统上，这一系统的优势源于对用户数据的大量采用。小米公司每个星期都会推出一款 MIUI 的新版本，以此来实现这一系统的渐进式升级，而不断进行系统升级的做法则来自"号召上百万人提意见"的创意。及时全面地掌握有关顾客的大数据，通过创建参与者众多的网络社区与顾客进行实时互动，广泛搜集顾客的意见并及时予以回应，不断满足顾客不断变化的合理需求，是推动小米公司高速成长的强大动力。目前，小米手机的 MIUI 智能系统已有高达近亿人的用户群。可见，充分利用大数据，能够助力现代企业获得竞争优势并实现跨越式增长。在知识经济这一大背景下，以资源为本的战略思维需要升级，应该将获取和利用大数据创造价值加入其中。

一些传统企业至今不能适应知识经济的发展趋势，缺乏利用大数据进行经营管理的战略思维，导致其在新的经济环境中失去了原有的竞争优势。以传统的零售企业为例，很多零售商家的结账平台功能仅能用于记录各种商品的销售量、销售金额等简单信息，缺乏对顾客信息的收集与利用。许多零售商店的摄像头仅限于安全防范方面的功用，并未将其用于自身形象的宣传等方面。有的餐饮公司率先运用监控摄像头开展"明厨亮灶"活动，通过摄像头，让后厨全天候暴露在大众的监督之下，不仅有助于企业塑造良好的形象，还能实现大众对食品安全的监管，有利于社会的和谐与进步。

在大数据背景下，企业面临的市场竞争环境发生了很大的变化，企业与市场之间原本清晰的边界变得模糊起来，信息共享与知识溢出成为企业以及利益相关者之间开展合作的重要方式。在这种经营环境中，信息和知识显现出更高的价值，被企业视为重要的生产与创新要素。基于大数据平台建立覆盖面很广的社会网络，及时获取外界有价值的数据和信息，已经成为企业获得和保持竞争优势的重要举措。因此，高度重视大数据这一战略性资源，通过获取、利用这一资源来不断强化企业的竞争优势，应该成为以资源为本战略思维加以拓展的重要内容。

随着大数据技术的快速发展，产业融合与细分协同渐成趋势。通过大数据技术的应用，传统上认为互不相干的行业却产生了内在联系。例如，阿里巴巴已将金融、物流、云计算等诸多行业融合起来，许多传统的零售商家开始涉足电子商务。对大数据进行广泛充分的挖掘和分析，及时发现企业在垂直业务领域的机会，能够帮助企业形成新的竞争优势。在大数据背景下，不仅产业环境发生明显变化，企业对外部资源需求的内容和方式、价值创造及其传递的方式等也发生了改变。因此，不同的企业应该对各自的行业结构，即顾客、行业内部竞争、供应商、替代品、潜在竞争者等力量重新进行全面审视，只有这样，才能确立适应大数据时代的经营战略。

在大数据技术日益普及的情况下，以顾客为本的战略思维不能固守原有的内容，而是应该做出新的变革。以顾客为本的战略思维的传统做法是，企业通过市场调研及时掌握顾客需求，进而设计出适销对路的新产品或据此对已有产品加以改进，以此来为顾客创造更多的价值。由于大数据技术的发展，以顾客为本的战略思维发生了改变，更加强调企业与利益相关方的社会互动。在大数据条件下，从新产品的设计、测试到投放市场，社会互动都起着十分重要的作用。例如，为了开发新产品，美国某 T 恤衫销售公司号召员工向公司网站上传自己的设计，然后组织网络用户对这些新的设计进行投票，公司相关部门最后选定在投票中认可度最高的设计投入生产；另外，英国一家家具公司通过其网站搜集的顾客对每一款新产品的评价，经过投票选定前 5 名新产品投入生产，这些做法受到消费者的欢迎，并带动了新产品的热销。当今的电商平台，无论是国外的亚马逊还是国内的淘宝、京东，都十分重视其产品的网络评价。网络评价是企业与顾客群体实时互动的结果，后续客户会根据所形成的口碑做出自己的消费决策，因此，搞好社会互动已经成为赢得市场竞争的一项战略举措。

随着数字化网络经济的快速发展，知识经济形态出现了新的明显变化。这一新的趋势触发了许多新的商业思想，长尾理论应运而生，"二八法则"不再灵验。在传统的经济环境中，那些处于市场需求曲线头部 20%的深受顾客欢迎的商品和服务，创造了企业 80%的利润；需求曲线尾部的那些 80%的利基商品即非畅销的商品和服务，由于其销售量很小，无法获利，企业不得不放弃经营。当在线电子商务蓬勃发展起来以后，这种状况完全被改变了。正如长尾理论所揭示的那样，这部分处于需求曲线尾部的80%的商品，可能成为企业新的利润增长点。极大数量的差异化的小众需求累积，使得非主流产品能够为企业创造更大的价值。

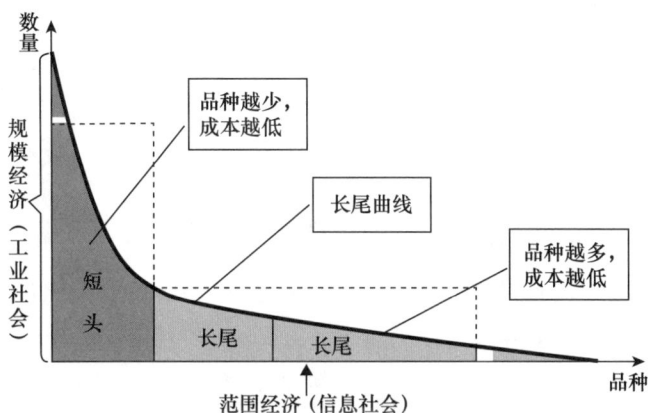

长尾理论示意图

克里斯·安德森在《连线》上发表的一篇文章首次从理论上探讨了"长尾"问题。他告诉人们，商业和文化的未来不在热门产品，不在传统需求曲线的头部，而在过去被视为失败者的那些商品，也就是需求曲线那条无穷的尾巴。① 现如今，已经到了"尾巴决定商业的未来"的时候了。

长尾理论所阐明的基本逻辑是完全成立的。正如安德森所言："事实上，这些'货架空间无穷无尽'的企业已经领悟了数学集合论的一个原理：一个极大极大的数（长尾中的产品）乘以一个相对较小的数（每一种长尾产品的销量），仍然等于一个极大极大的数。而且这个极大极大的数只会变得越来越大。"② 随着大数据技术开发与应用水平的不断提高，各类

---

① 罗建法：《影响未来的九个商业思想》，《品牌》2008 年第 5 期。
② 〔美〕克里斯·安德森著，乔江涛译：《长尾理论》，中信出版社 2006 年版，第 5 页。

商家与长尾消费者的互动关系得以强化，进而形成了一个规模可观的细分市场。在此基础上，商家可通过创意和网络为顾客提供更具价值、更有个性化的产品和服务，从而激发和满足顾客的隐性需求，由此创造出一种与传统的大众化经营完全不同的商业模式。

长尾理论的实践意义是极为深远的，它为企业的战略管理开辟了一条新的路径。正像安德森所说的那样："人类的注意力比金钱更容易扩散。长尾的主要效果就是将我们的品位转向非主流产品，但只要新发现的东西让我们更加满足，我们就会更多地消费它们。只不过，我们不必为得到这样的特权而付出太多的金钱。"[①] 对于顾客来说，这的确是一件好事情，他们能够从中得到更多的个性化的满足，却无需更多的付出。有关的商家同样乐观其成，因为长尾效应为他们开辟了一片蓝海，他们遭遇的竞争减弱了，而取得的利润却可能增加。

事实正是如此，根据亚马逊书店和在线音乐下载网站的数据，亚马逊排行榜上位于 13 万名以外的图书产生了超过一半的销售量。美国最大的在线 DVD 影碟租赁商 Netflix 公司有 1/5 的出租量来自其排行榜 3000 名以外的内容；而在线音乐零售商 Rhapsody 排行榜 1 万名以外的曲目下载数量超过了排行榜前 1 万名的曲目。可以看出，长尾效应在商业实践中是广泛存在的，凡是可以开展线上业务的公司都应十分重视长尾理论的研究和应用，从而为企业开辟更加广阔的发展空间。

---

① 〔美〕克里斯·安德森著，乔江涛译：《长尾理论》，中信出版社 2006 年版，第 153 页。

第九章

战略创新，关乎企业的命运

　　战略大师加里·哈默尔引证的一份调查研究报告提供了这样一组数据：62%的高管认为，在他们所在的行业里，那些最优秀的公司都是通过改变所在行业的游戏规则在竞争中获胜的；仅有31%的人认为，企业的成功来自比别的公司更强的执行力。可见，如何结合自身实际搞好战略创新是关乎企业成败的重大问题，也是实现企业稳步发展的必由之路。

在当今商界，"创新"已经成为一个高频使用的词汇，几乎无人会否定其正面意义。但能够将它与战略联系起来的人还不够多，至于能够在战略创新方面取得成就的人就更少了。不能不说，这是当下中国企业应该予以改变的状况。一般说来，企业的战略一旦形成，短期内不会轻易改变，但面对经济环境的不断变化，一个企业不能不进行必要的战略创新。

一、战略创新是企业管理的制高点

企业"战略创新"这一概念，可以追溯到世界上诞生企业的那一刻，但直到20世纪80年代中后期才形成系统性的专题研究。由于传统的战略理论研究所存在的局限性，目前国内学界在企业战略创新方面进行的研究依然缺少应有的深度，大多数研究者只是针对某一行业或者是具体企业来探讨战略创新的有关问题，因而难以取得较多高质量的理论研究成果。

相比国内，国外在战略创新研究方面的研究不仅起步较早，而且投入的力量较大，取得的成果也比较多。明茨伯格和韦斯利认为，企业战略创新就是企业愿景、定位的改变，是组织程序、设施的改变。显然，这是一种会给企业带来重大影响的改变。Rajgopalan 和 Spreitzer 把企业的战略创新定义为随着时间的推移而表现在企业形式、质量或状态等方面的不同，前提是企业和外部环境保持一致性。[①] 企业的形式、质量或状态都变了，企业肯定会发生重大变革，这样的变革当然是在企业的外部环境发生明显变化时才会发生。围绕着战略创新问题，安索夫提出了"战略变革"这一

---

① 李畅、魏颖：《企业战略创新研究》，《知识经济》2016年第1期。

166

概念。他认为，所谓战略变革指的是企业对产品、市场领域的再选择和对其组合的重新安排。他在制定战略过程中，将企业战略变革看成企业正式系统、组织结构的调整和企业文化的转型。安索夫的表述总是理论性过强，让人们觉得不大好理解。实际上，他的意思是企业要进行战略变革，就要注重搞好产品、市场、组织、文化等要素的重新整合，并实行全面的转型。《好战略，坏战略》一书的作者、美国加州大学教授理查德·鲁梅尔特认为，战略变革是基于业务层面展开的，是企业对特定产品或市场领域竞争决策的变更或调整。[①] 对企业的产品和服务以及市场竞争决策进行调整，意味着企业的战略发生了重大改变。在这些著名学者的眼中，企业战略绝不是一劳永逸的，而是要不断进行变革和创新的。

老子将万物演化的过程概括为"道生一，一生二，二生三，三生万物"，讲得既形象又深刻。从中可以看出，从一到二、从二到三、从三到万都不过是量的增加和积累的过程，只有"道生一"的过程才是突破，才是质变，才能实现战略性的创新。"天下万物生于有，有生于无。"实际上，战略创新就是从无到有、无中生有的过程，就是今天人们所说的"从零到一"。成功的企业经历的都是这样的过程。

从根本上来说，企业的生存与发展是通过战略决策来实现的。战略创新是企业的创新机制在战略层面的展开，是一个企业能否战胜竞争对手的关键性谋略，也是其核心竞争力最重要的来源。企业决策者大都十分关注管理方面的创新，忽视了战略创新才是企业管理创新的制高点。有效的战略创新是企业管理创新最重要也是最高层次的要求，它所带来的往往不是简单的、局部的改变，而是与企业发展前途和命运相关的根本性、全面性的变化。正因为这样，那些高素质的管理者对此都会十分重视。

---

① Rumelt R. Strategies, *Structure and Economic Performance*，Graduate School of Business Administration，1974.

企业进行战略创新的目的是要形成自己独特的、有别于竞争对手的战略。有了这样的战略，企业才能够在本行业的竞争中占据有利地位。然而，企业无法仅凭一种战略永远保持自身的独特性，竞争对手不仅会进行模仿，而且也可能会创造出新的战略。因此，企业要想长期保持战略优势，就不能停止战略创新的步伐。每个企业的发展都如同一个攀登高峰的过程，所谓的胜利、成功、辉煌，都是一种相对的暂时的状态，都是迈向新高度的又一个起点，应该在此略做休整后，选好新的方向和路径继续向新的高度攀登，即使真的踏入"一览众山小"的境界，也不能就此停歇，而是应该找寻更高的山峰，继续攀行不止。

近些年来，人们对"颠覆性创新"谈论得比较多。自从 1997 年哈佛大学教授克莱顿·克里斯坦森在其《创新者的窘境》一书中首次提出这一概念后，"颠覆"与"被颠覆"就逐步成为一个热度很高的话题，因而也促进了人们从新的角度深入思考创新问题。实际上，所谓"颠覆性创新"不过是战略创新的一种突破形态。克里斯坦森认为，想要实现颠覆性创新，就要创建一个新的围绕颠覆性技术的独立的事业部门，从而使其不受主流客户的影响，全身心融入那些需要这种技术的产品的客户中。在他看来，将实现"颠覆性技术"商业化的责任下放给规模恰好与目标市场相匹配的一个较小的组织，更容易对小型市场上出现的成长机会做出反应。在这种情况下，"颠覆性创新"更容易取得成功。

在当今的市场竞争中，"颠覆者"常指那些弱势的小公司，而"被颠覆者"常指那些已经成为市场领导者的大公司。小公司通过创新关键性技术等手段，向能够支配市场的大企业发起挑战。由于居于领导地位的大企业往往只关注那些能够带来高额利润的顾客群，只注重为这类顾客改善产品和服务，因此忽略了其他的细分市场。那些作为"颠覆者"的小企业则聚焦于这些被大企业忽略的细分市场，通过提供更加符合相关顾客需求的产品和服务，取得了立足之地，从而获得了向高端市场移动的机会。在此过程中，小企业逐步蚕食大企业的主流顾客群，不断扩大其早期获得的成功优势。当原本属于大企业的主流顾客群完全接受新进入市场的小企业提供的产品和服务时，所谓的"颠覆"就发生了。

这种"颠覆"看上去好像是瞬间发生的，实际上却经历了一个或长或短的由量变到质变的过程。这种战略创新往往是由低端向高端、由边缘到主流的快速演变，最终完成了对主流市场的占领。对于弱小企业来说，应该努力捕捉"颠覆性创新"的机会，一旦发现了这种可能性，就应抓住不放，奋力推进。

另外，只要讲到创新，人们就很容易将其与科技挂起钩来。似乎企业离开了科技就无法进行创新。然而，在过去的二三十年间，诞生了另外一类明星企业，它们既没有创造出什么新技术，也没有创造出什么新产品，只是因为创造了新的商业战略就异军突起。众所周知，电脑、航空服务、洗发香波在戴尔公司、维珍集团、Body Shop 化妆品连锁等公司成立之前就有了，它们都没有在技术或产品的类别上实现什么创新，然而，上述公司却通过创新经营战略来营销这些已有的商品，照样取得了巨大的成功。现如今，战略创新已经不是只有明星企业才能独享的专利，而是成为许多企业开展市场竞争的常规武器。

战略大师加里·哈默尔引证的一份调查研究报告提供了这样一组数据：62%的高管认为，在他们所在的行业里，那些最优秀的公司都是通过改变所在行业的游戏规则在竞争中获胜的；仅有31%的人认为，企业的成功来自比别的公司更强的执行力。可见，如何结合自身实际搞好战略创新是关乎企业成败的重大问题，也是实现企业稳步发展的必由之路。

随着市场竞争的不断深化，某一行业的战略定位空间会被强势企业逐步填补。一个企业的战略创新能力越强，就会越先发现行业战略定位空间中存在的空缺，这个空缺可能是顾客产生的新需求，也可能是其他企业尚未发现的新出现的细分市场以及创新产品或服务的新方法。及早发现这些在行业战略定位空间中存在的空缺，就能在战略创新的过程中做到捷足先登，就能使企业在战略上形成新的优势，从而为企业开创更加有利的竞争局面。

从企业管理实践中可以看出，战略创新往往在中小型企业中更容易发生。一般来说，中小型企业主动向具有市场领导地位的大公司发起挑战，大都会以失败告终，但也有少数中小企业不但没有失败，而且有效地扩大了市场空间，有的甚至逐步成长为行业中新的市场领先者。这些后发先至的企业能够取得成功的主要原因，在于它们勇于改变那些约定俗成的市场竞争规则，采用了超越对手的新的战略对策。许多成功企业的经验表明，在无法进行技术创新的情况下，任何一个企业想要在激烈的市场竞争中取胜，只能通过破除那些原有的行规、进行有效的战略创新才有较大的可能性。

还应看到，技术创新不是自发出现的，许多技术创新是在战略创新为其创造条件、提供动力后才出现的。很难想象，在一个缺乏创新体制和机制的企业里会不断出现技术创新的成果。因此，即使是立足于技术创新的企业，同样需要在战略方面进行不停的探索，应该围绕着如何激发员工的创造精神，积极实施有利于技术创新的战略决策，努力创造有利于技术创新的机制和条件。做到了这一点的企业，才会成为新发明、新技术、新创意不断涌现的天地。

20世纪60年代，美国施乐公司在复印机市场占据统治地位。这家公司根据大企业对高速复印的需求，研发改善复印机的性能，受到客户的欢迎；不仅如此，这家公司还采用了出租复印机的分销方式。在60年代和70年代初期，施乐公司的年度资本收益率始终保持在20%左右。

复印机市场的巨额利润吸引一些企业不断加入，IBM、柯达等企业均希望从这一市场分得"一杯羹"，但由于其一味模仿施乐公司的战略，最终均未取得显著成效。出人意料的是，佳能公司通过战略创新很快扩大了市场份额。从20世纪60年代生产复印机起，佳能公司注重以中小企业和个人用户为目标市场，根据最终使用者的需求进行市场细分。与施乐公司不同，佳能公司通过出售经销网络来取得利润；与施乐公司非常重视复印机的运行速度相比，佳能公司则强调产品的质量和销售价格。很快，佳能公司的这一战略取得了巨大的成功。在后来的20年间，佳能逐步取代施乐成为美国复印机市场的"领头羊"。可见，战略创新的成效直接决定着企业在市场竞争中的成败。

像佳能公司这样在并未进行重大技术创新的情况下成功击败竞争对手的实例还可列出很多，如美国西南航空公司、戴尔计算机公司等。这些企业取得成功的关键在于其善于从战略层面思考如何进行创新、如何赢得竞争，从而改变了市场原有的竞争秩序和规则，这样的做法是值得学习借鉴的。

二、企业应避免落入战略成熟的陷阱

"成熟"本是一个褒义词，但对于战略管理者来说，应该读出这个词的深层含义。田里的庄稼成熟了，就停止生长了；树上的果子成熟了，就会落下来。企业一旦进入了成熟期，就到了"日中则昃，月盈则亏"的时候，往往意味着企业随后将进入停滞期，甚至会开始走下坡路了。因此，卓越的战略管理者在这个时候会表现得战战兢兢，会进行新的战略思考，以此来避免落入成熟的陷阱。

加拿大著名战略管理学者丹尼·米勒对一些失败的企业做了专门研

究。他认为，导致这些企业失败的原因在于他所提出的伊卡洛斯悖论。伊卡洛斯是古希腊神话中的人物。一天，伊卡洛斯与父亲代达罗斯一起准备逃离克里特岛。起飞前，父亲特意叮嘱儿子："必须在半空中飞行。如果飞得太低，羽翼会因碰到海水变得沉重，你就会被拽下来；如果飞得太高，翅膀上的羽毛会因靠近太阳而掉落。"随后，父子二人便开始飞翔。飞着飞着，伊卡洛斯忘记了父亲的警告，越飞越高。伊卡洛斯的翅膀是父亲用蜡和羽毛黏合而成的，强烈的阳光使封蜡融化了，用蜡粘在一起的羽毛也出现松动。伊卡洛斯还没来得及反应，已散开的羽毛便纷纷从他的双肩上飘落下去。他一头栽入大海之中，被万顷碧波淹死了。

这一悖论告诉人们，恰恰是伊卡洛斯强大的飞行能力导致了他的坠落。米勒指出，许多一度创造了佳绩的企业犯了与此极为相似的错误。

一个正常经营的企业怎么会落入成熟陷阱呢？原因并不复杂。由于战略创新客观上存在的难度和主客观条件的限制，许多企业会在一定时期内采取大同小异的市场竞争战略，导致的结果就是同行业的企业逐步趋于同质化，企业的利润空间被压缩得越来越小，相互间的竞争越来越激烈，企业管理面临的难题也会不断增加。在巨大的市场压力下，这些企业的管理者不得不更加努力，希望能够在同一种游戏规则下占据有利位置，并能战胜对手。这些早已习惯了以往做法的战略管理者会用极为相似的眼光看待周围的世界，也会基于相同的假设采取极为相似的竞争行为，从而使得这些企业的使命、愿景、价值观和竞争方略日益趋同，有些企业甚至达到了可以互换的程度。在同一个已经形成充分竞争的成熟市场里打拼，企业的发展潜力逐渐耗尽，巨大的生存压力反过来又促使企业相互模仿，从而使这些企业在战略上的差异性越来越小。

在这种情况下，企业内部原本广泛存在的创新动能很容易受到来自上层的压制。追求标准、降低成本、回避风险变成大家的共同目标，与此相关的那些四平八稳的做法也成了企业经营的标准行为。值得注意的是，这样的做法只会对提高企业的运营效率产生一定的效果，并不能形成真正有效的新的战略。在这种情况下，客户因未能从中看到其产品和服务的差异性，只能将注意力集中到产品价格上的比较，迫于此，各个企业不得不进行降价销售。长此以往，就会造成恶性循环的局面：产品的客户体验不佳，顾客满意度降低；全行业企业的平均利润率出现螺旋式的下降趋势；因企业严格控制成本，员工的劳动强度进一步增加，并承受着巨大的考评压力；管理者都习惯于按部就班地行事，长期形成的旧的思维模式不断得到强化，新的创意变得越来越少，本已成熟的行业因此变得更加成熟。一旦形成了这样的局面，就会产生"温水煮青蛙"的效果。企业不仅会失去战略创新的动力，甚至会面临落入陷阱、走向失败的险境。

但极少数优秀企业拒绝接受盛极而衰的命运。它们不以成熟为满足，不因安逸而止步，反而会将成熟和安逸视为企业成长的警讯。这些企业的管理层在公司进入成熟期以后，便开始进行新的战略思考，着手进行以自我变革为目的的"创造性破坏"，为战略创新做准备。面对市场竞争的复杂局面，这些企业不是盲目投入资源，加大竞争力度，而是善于在更高的战略维度上思考问题。它们常常"不按常理出牌"，勇于重构新的游戏规则，以此来掌握市场竞争的主动权。这些企业的管理层很清楚企业的核心资源能力是什么，并且善于通过具有创造性的方法来整合这些资源和能力，努力为客户提供新的价值。这样的做法才称得上是真正的战略创新，按照这样的战略思维来运筹企业的发展，必然会远离成熟陷阱。

企业在战略创新过程中，应该在主客观条件完全具备时勇于改进甚至淘汰那些已经成熟的产品或服务。任何企业都不可能仅靠一种产品、一种服务永久性地包打天下。再好的产品、再好的服务都会被淘汰，都需要进行升级。与其被市场抛弃，不如自己主动选择适当时机实现产品和服务的更新，以此来维护客户对企业品牌的忠诚度，不断开辟新的市场空间，这是一种应该给予肯定的战略选择。同时，企业也应在业务模式的创新方面多下一些功夫，比如在产品定价、销售渠道、客户服务等方面，都应该与竞争对手有所区别，都应努力为客户提供新的体验。只有这样，客户才会心甘情愿地为购买新的产品和服务支付较高的费用，企业才会获得较高的回报。

诺基亚公司就因落入了成熟陷阱而导致最终的失败。从20世纪90年代中期到本世纪初，诺基亚公司秉承"科技以人为本"的理念，制定了清晰的发展战略和营销策略，从而使企业一直处于手机行业的前沿：诺基亚凭借所发明的第一部能够联网的手机率先进入卫星导航市场，开发了最早的PDA操作系统。2005年前后，尽管手机市场面临着日益严峻的竞争态势，但诺基亚公司作为手机行业的霸主地位仍然无其他公司能够撼动，进入了战略成熟期。2007年，乔布斯宣布苹果公司进军手机市场。苹果公司的设备除了PDA系统外，还提供了邮件服务、在线媒体、游戏等更多的服务。面对苹果公司发起的攻势，诺基亚的一些管理者并未引起应有的重视，认为这不过是苹果公司的一次过度吹嘘罢了。但是，市场反应却大大出乎他们的意料。一夜之间，全球顾客排起长队抢购苹果公司的全新产品。诺基亚很快败下阵来。

回顾这一案例，许多人会感到疑惑，诺基亚的战略管理者都不是等闲之辈，他们为什么未能看到苹果公司这个重量级竞争对手进入市场后带来的威胁呢？其中的关键，在于他们已经习惯了成熟的一切，很难再次投入艰辛的奋斗。而当他们幡然醒悟、希望做出改变的时候，一切都来不及了，曾经风光无限的诺基亚只能接受失败的现实。

克里斯坦森曾深刻剖析过这种现象。他认为，"在遇到破坏性技术变革和市场结构变化时，遭遇失败的领先企业数量非常多。所有失败案例都具有一个共同点，那就是导致企业失败的决策，恰好是领先企业被广泛誉为世界上最好的企业时做出的。良好的管理正是导致领先企业马失前蹄的主因"。[①] 事实一再证明，当变革发生时，那些成功的大公司难以承接这样的变革，特别是公司管理层的既得利益者会本能地排斥这种变革。他们看不到甚至不相信客观环境已经发生的变化，不希望改变或失去现有的一切，因而成为企业做出相应改变的阻力，继而集体地成为最大的失败者。在这样的情势下，既得利益者的管理搞得越好，就越容易导致失败的结局。

那么，怎样才能避免落入成熟陷阱呢？克里斯坦森认为，避免落入成熟陷阱的唯一办法，就是不断地进行自我革命、自我破坏。现有的公司治理制度、组织架构等已经成为企业适应突变性变化的障碍，因此，必须对此做出相应的改变。现如今，所有大公司都在进行自我革命、自我破坏。

在这方面，腾讯的发展历程为企业如何避免落入成熟陷阱提供了路径。自21世纪初起，腾讯共进行了4次战略创新。值得称道的是腾讯的每一次战略创新，都是在经营形势很好的情况下做出的主动选择。2005年，羽翼未丰的腾讯开始了第一次战略升级。此时，QQ经过快速发展，已经成为新兴的大众聊天工具，并给公司带来了丰厚的利润。腾讯并未以此为满足，而是提出了"打造一站式在线生活平台"新战略，并按照这一要求成立了相关事业部。2011年，腾讯的年收入达到285亿元，净利润超过100亿元，一跃成为中国互联网公司之首。但腾讯再次放弃了可以坐享其成的机会。2012年，腾讯开启了第二次战略创新，公司设立了七大事业群，为游戏、社交、移动互联网等消费互联网业务板块的发展奠定了基础，开始迈向移动化时代。2018年，当腾讯社交、增值服务等业务收入仍

---

① 〔美〕克莱顿·克里斯坦森著，胡建桥译：《创新者的窘境》，中信出版社2010年版，第4页。

在稳定增长、消费互联网依然处在红利释放期的时候，腾讯又启动了第三次战略创新，公司开始向产业互联网转型，设立云与智慧产业事业群，开始投入互联网下半场的征战。发展产业互联网，需要对大数据、云计算等基础设施投入巨资，并要与地方政府、有关行业、中小企业共建生态，投入大于产出将会持续较长时间，但为了更加美好的明天，腾讯必须不停地奔跑。2021 年 4 月，腾讯又开始了第四次战略创新，"扎根消费互联网，拥抱产业互联网，推动可持续社会价值创新"成为腾讯新的发展战略。从此，社会价值创新战略成为腾讯发展的主轴，腾讯现今开展的各项业务都要围绕这一战略来展开。可以看出，腾讯跟随时代的步伐，不断推进企业的自我变革，从而为公司实现可持续发展奠定了可靠的基础。

显而易见，上述四次战略创新都是腾讯管理层审时度势，主动走出舒适区完成的。公司处于主营业务红利释放期时，即使"躺平"了也可以取得不菲的业绩，但腾讯的决策者不会允许企业坠入成熟陷阱，而是始终瞄准公司发展的长远的全局目标。企业只要始终保持这样的战略创新势头，未来必然会更加美好。

三、创造性战略思维是战略创新的来源

战略思维中的创造性是人的智力中最宝贵的部分，它通过最高层次的智慧调动、优化企业的现有资源，并将其运用到最新的战略机会上，以寻求新的更有意义的进步。它所带来的是长期性、全面性的改变或突破。这种创造性往往是企业处于不利局面时产生的。有了它，企业不仅能够化险为夷、起死回生，而且能够创造新的更大的成就。

从总体上来说，人类的思维方式可以划分为两个大的方面：一个是对事物进行比较、选择、分析的判断力，另一个是进行预测、联想、创新的

想象力。判断力依靠的是已经掌握的事实和经验，而想象力必须把目光投向将来，投向未知领域，二者是相辅相成、相得益彰的。战略创新正是在这两种能力的基础上进行的。有了基于分析、选择基础上的判断力，就能够对以往和现实的状况做出适当的评判，就能够在纷繁的现实中找出那些关键性、规律性的东西；有了面向未来的想象力，就能够将目光投向还未到来的时空，预见事物今后发展的诸多可能性，并据此做出贴近实际的比较正确的决定。这就是进行战略创新的思维基础。

要实现这样的目的，就不可缺少创造性战略思维。战略作为新的竞争优势的解决方案，本来就是面向未来的。战略思维可以为防范未来可能发生的危机制定出适当的对策，为此，人们的思维就不能总是循规蹈矩，而是要积极进行创造性的发挥，特别是要勇于走出战略思维的舒适区，敢于质疑那些热度极高的概念，不会轻易接受那些普遍流行的认知，善于重新整合那些看上去"离经叛道"、缺少合理性的看法和因素。正是这种常常不被看好的超前行动，会带来超出预想的战略拐点，带来不可思议的十倍速改变。

哈佛商学院教授特瑞莎·阿玛贝尔认为，创造性战略思维是指将存在的问题及解决方案和目前盛行的方法进行新的整合，以便产生新的解决问题的思路。这就意味着无法再走老路了，而是要去挑战早已被传统认可的思维成果，质疑那些在组织里流行多时的信念和方法。麻省理工学院教授彼得·圣吉认为，那种旧的思维方式是那些影响我们认识世界及我们如何行动的根深蒂固的假设、概念和一些想象。这样的过程常常是缄默的，人们平时觉察不到的，但它强烈地影响着组织的行为。由此可以看出，只有不断反思原有的习惯性的思维方式，勇于对已被普遍接受的假设与观念提出质疑，才可能形成新的战略。战略家绝不会将自己的思维置于旧的框架之中，在遇到新的战略问题时，他们会通过创造性的思考展开"升维行动",努力探寻无人涉足的天地,寻找异乎寻常的可供选择的方案。

华为从初创时,就十分注重在努力求生存的同时,运用创新思维谋划企业发展战略,最终通过实施三次重大战略创新,完成了企业的"裂变",从而使一只"丑小鸭"变成了一只展翅翱翔的"白天鹅"。

华为的第一次战略创新是在公司的起步期实施的。在这一时期,华为通过技术和营销方面的创新来提升公司的发展战略。尽管华为在成立初期经营过很多业务,但公司决策层很快做出了进行技术研发的决定。华为的研发人员从技术门槛不高的小型交换机入手,逐步进入技术含量较高的中型、大型交换机领域。华为一直坚持以市场为导向,始终致力于创造满足客户需求的产品和解决方案,以此来牵引公司的技术研发方向。每一种通信产品从开始研发到产品定型再到占领市场都需要经历较长的时间,诸如产品的稳定性等指标只有经过线网实验、产品验证等多次实验以后,才能得以证明。华为的研发人员一一闯过了这些难关。这一技术创新战略的成功实施,促使华为在腾飞的道路上迈出了决定性的一步。正是因为有了自己的原创技术,华为才获得了能够战胜强大对手的核心竞争力。

同时,华为在这一阶段开始了营销战略的创新,所采取的战法就是"农村包围城市"。在华为刚刚进入通信行业时,诺基亚、爱立信、西门子、摩托罗拉等跨国公司几乎垄断了国际通信市场。在这样的大背景下,初出茅庐的华为将未被占领的农村市场作为突破口,开始营销自己研发的产品。与其他公司不同,华为更加重视服务质量和客户体验。每一款新产品推向市场后,便会立即搜集客户反馈,并据此不断完善产品性能。正因为有了这样的基础,华为从农村市场转入城市市场取得的业绩十分突出。经过短短几年的打拼,华为在城市电信市场的占有份额就有了很大的提高。

1998 年前后,华为启动了第二次战略创新,即开始实行开发国外市场的国际竞争战略，以此将企业的全面发展战略推向了新的高度。华为的交换机产品经过国内广大用户多年的检验，已经形成了较为成熟的产品体系，因而将其直接推向海外市场后，技术性能完全可以得到保证。这一创新战略的实施，使华为在竞争激烈的国际市场上崭露头角，并很快取得十分突出的业绩。通过几年的努力，华为很快在泰国、新加坡、马来西亚等东南亚国家和地区以及中东、非洲的市场打开了局面。其中，华为在沙特、南非等中等发达国家市场也取得了十分突出的销售业绩。这些成就的取得使华为上下信心倍增。此后，华为开始向关注已久的发达国家市场发动攻势。从 2001 年开始，通过与当地有实力的代理商合作，华为的产品相继进入德国、法国、西班牙、英国等发达国家市场。从总体上说，华为第二次创新战略的实施取得了较大的成功，为其迅速崛起迈出了跨越性的一步。

华为的第三次战略创新是从单纯向运营商提供商业服务转为同时面向三个不同的业务领域。对于华为来说，这一创新战略具有更重的分量。以前，华为的客户只局限在中国电信、中国移动等运营商层面。经过这次转型之后，华为不仅面向原有的运营商企业，而且为很多行业和企业客户提供所需要的服务，同时也面向广大终端消费者。其中，面向终端的业务单元主要包括以手机等产品消费者为服务对象的业务部门。同时向这三个业务单元转型具有极大的挑战性，因为这三个业务单元的客户属性、彼此的关注点以及整个供应链流程的差异都很大。直至目前，在全球范围内没有任何一家公司能够同时面向这三个业务板块、三类不同类型的客户群提供服务。虽然这一次战略创新十分不易，但最终也大获成功。

华为的战略创新是一个充满艰辛、充满挑战的过程，同时也是一个赢得胜利、创造辉煌的过程。如果没有任正非这样极具战略眼光的掌门人，没有华为人创造性的共同奋斗，完成如此艰巨的战略任务是很难想象的。

四、实施企业战略创新的基本要素

与一般创新不同，战略创新是基于与管理有关的最基本的要素，针对企业未来可能出现的重大趋向进行的全面筹划。因此，搞好战略创新的前提是必须善于识别企业的基本要素，必须能够对企业未来发展的可能性具有一定程度的认识。只有这样，才能找准企业的定位，找到适合企业的发展空间。为此，可以从实施战略创新的基本要素出发，提出和解决以下几个问题。

（一）能否重新确定企业的商业定义

这个问题揭示的是战略创新最基本的要素。在战略创新中，居于核心地位的问题就是能否对企业的商业定义重新予以确定。为此，可以遵循传统的做法，按照所销售产品的属性来确定企业的商业定义；美国著名营销学家莱维特主张，应该根据本企业所能满足的顾客需要来确定其商业定义；美国学者汉墨尔等人认为，企业应根据自身的核心能力来确定其商业定义。

上述方法各有利弊，管理层可通过以下具体步骤，来确定哪一种定义有助于企业更好地利用其独特的资源和能力形成和保持企业的竞争优势：首先，列出所有可供选择的定义。例如，奔驰公司是轿车公司、名牌轿车生产公司、交通运输公司、令顾客实现自我满足的公司、汽车驾驶公司等。其次，采用一系列标准对每一个定义做出评估。管理人员对于每个已经列出的定义都要做出适当的分析：谁是本企业的目标客户？这些客户的实际需求是什么？谁是企业的主要竞争对手？哪些因素是本行业取得成功的关键？本企业已经具备了哪些因素？进行这些分析的目的在于识别出最为有利的企业商业定义。再次，通过优中选优，选出一种最佳定义。这是企业定义过程中最重要的一步，其结果将会给企业的一系列后续决策造成影响。最后，深入分析竞争对手可能做出的商业定义。如果竞争对手重新做出商业定义，可能采取什么战略？本企业应该怎样加以应对？

企业的商业定义一旦搞偏了，将会给企业发展造成严重危害。美国铁路公司之所以失去了往日的辉煌，并非是由客运量和货运需求下降导致的。事实上，美国国内客户对铁路运输的需求一直在增长。造成铁路公司收益下滑的原因在于公司没能坚持以客户为中心，而是以产品为导向——管理者将企业定义为"铁路运输业"，而不是"交通运输业"，这家公司只将其他铁路公司当成竞争者，而低估了航空公司、长途汽车公司等这些新兴竞争者的实力。可见，企业的商业定义绝不能发生严重错误。

（二）能否重新确定企业的目标顾客

在进行战略创新时，需要对"谁是我们的目标顾客"重新做出考虑，这样做的目的在于发现行业新的细分市场，或对现有市场重新进行划分。许多管理者认为，顾客有了新的需求以后才会有新的细分市场，但有些时候，顾客的实际需求并未发生什么变化，而产品的属性已出现变化。管理者通过深入了解顾客重视的产品新属性，就有可能发现一个新的细分市场。如果企业采取有效对策，积极满足新的细分市场的需求，就能够得到客户的认可。企业可以根据战略创新的需要，对现有市场进行新的划分，也可将几个较小的不同细分市场合并为一个统一的新市场。

美国雷神公司的技术人员取得了这样一项技术革新，他们将用于军用雷达的脉冲式微波磁电管改造成为连续供电的微波磁电管。谁会使用这项技术成果呢？接下来就需要回答"我们的顾客是谁"的问题。为此，这家公司花费了 7 年时间来寻找答案，最终将家庭主妇作为这一产品的主要客户。家庭主妇需要能够提高生活品质、操作方便、卫生省电的厨房电器，为了满足这种需要，雷神公司发明了微波炉，为公司创造了很高的收益。

（三）能否重新确定企业的产品或服务

在进行战略创新的过程中，"我们应向顾客销售什么产品或服务"也会成为一个需要重新考虑的问题。企业通过提供产品或服务来满足客户需求并实现盈利，因此，必须注重跟踪研究顾客的需求变化，深入了解其实际偏好的走向，通过创造性的思考，认真分析顾客的需求结构，并形成开发新产品、提供新服务的具体构思。既然开始重新确定产品和服务，也就意味着企业已进入战略转型阶段，必须审慎行动。企业不仅要确保新产品、新服务不会与市场脱节，还必须保证新产品、新服务的高质量，努力创造良好的消费体验，最大限度地满足不同顾客群体的消费偏好。应该加大市场营销的力度，不断提高顾客的忠诚度。注重通过员工、供应商和竞争对手等渠道获取信息，及时分析市场变化，不断对产品和服务做出必要的改进。

19 世纪 80 年代，星巴克公司重新定义了自己的产品和服务。星巴克认为，自己运营的不是普通的咖啡业务，而是为客户创造新体验、新价值的业务，咖啡只是完成这一业务的道具而已。客户到星巴克连锁店消费，不仅仅是为了喝咖啡，而是为了体验"温馨浪漫、戏剧性效果和社区亲密感觉"的咖啡之旅。星巴克通过重新定义自己的产品和服务，大大增加了咖啡豆的价值，取得了辉煌的业绩。

（四）能否重新确定企业提供产品或服务的方法

在进行战略创新的过程中，"我们提供产品或服务的方法是什么"也是一个需要重新加以思考和解决的问题。企业应该充分利用所掌控的现有资源和能力，尤其是企业拥有的核心能力，只有增强这一能力，才能使现有各种资源整合后的效力得到充分发挥，进而为新产品、新服务提供新的方法。战略创新者都会尽力识别和运用本企业的核心能力来促进企业战略的实施，只有这样做，才能更好地划分细分市场，为改进提供产品和服务的方法寻找最优化的解决方案。企业应该充分运用核心能力来不断强化竞争优势，以更加高效的方法为目标客户提供竞争对手无法提供的产品和服务。中小企业更应注重利用现有资源形成的核心能力，来推动新产品、新服务的开发进程。产品创新战略一旦确定，就应以尽量快的速度、尽量低的成本来组织生产，以此来抢占市场的有利地位。

长期以来，美国的电视网一直以相同的模式播报新闻类节目，即所有电视台都在同一时段播出相似的新闻节目，都遵循同一方式进行竞争，即通过对事件分析、播报新闻的专业水准及主播受欢迎程度来吸引受众。19世纪 80 年代，CNN 开始进行的每日 24 小时全球实时新闻直播完全改变了提供新闻节目的方法。这一新的方式在世界范围内创造了新的需求。CNN 不是用与其他电视台同样的方法开展竞争，而是以价值创新者的形象出现在屏幕上。这一创新战略成功将 CNN 推向了世界。

第十章

战略与组织的相互协调

　　彼得定律和帕金森定律从互为因果的两个角度分别描述了大公司容易患上的一种病症。彼得定律说的是，由于员工因表现好不断得到提升，最终导致每一个职位都由不称职者占据。在此基础上，帕金森定律继续予以扩展，当某个管理者觉得力不从心时，会倾向于招聘一个或几个能力低于自己的人当助手。长此以往，组织机构就会越来越臃肿，工作效率也会越来越低，员工的积极性也会受到影响。

战略与组织从来都是相互依存、相互作用的，二者的关系始终是战略思维体系中的一个重要课题。只有深入研究这一问题，才能准确把握战略与组织的关系，才能更好地实现二者的协调，从而使战略的制定和实施得以顺利进行。

一、组织——协调人的活动和力量的系统

组织起来的个人才会更有力量，才能更加有效地从事各种经济活动。任何企业都是作为经济实体而存在的社会组织，都是通过人的群体活动来达成目的的。不同的学科对企业的组织性质给出了不同的定义。经济学认为，企业是运用最低的成本来谋取最高的收入，进而实现经济增长的组织。社会学将企业视为融入社会体系的开放系统，着重研究企业与外在环境之间的相互影响、相互作用。心理学从人性的内在逻辑出发，着重研究企业组织的决策行为。

那么，究竟什么是组织呢？美国系统管理理论创始人切斯特·巴纳德认为，组织是一种有意识地对人的活动或力量进行协调的关系，是两个以上的人自觉协作的活动或力量所组成的一个体系。美国学者马奇和西蒙认为，组织是偏好、信息、利益和知识相异的个体或群体相互之间协调行动的系统。组织过程和信息渠道决定组织参与者的目标和对组织的忠诚。虽然上述说法的角度各不相同，但都在试图揭示组织的本质。综合起来看，可将组织视为协调人与人关系的系统。有了这样的系统，才可能进行各种战略性的活动。

现代组织理论大都来源于德国著名思想家马克斯·韦伯的科层结构理

论。该理论从分工和等级的角度分析组织的边界及结构形式。这里所说的结构，指的是组织的各个部门在运行中形成的相互关系，体现出组织各个要素之间的相互关系，是企业履行管理职能所依靠的体制。设计合理、运行高效的组织结构能够更好地服务于企业战略，降低企业管理成本，保证组织战略目标的顺利实现。组织结构是为了协调组织成员的各种行为而构建的一个框架。对于一个企业来说，就是对其内部单位的组织层次所做的整体设计，是对上至总公司的各职能部门如何设置，下至分公司、车间、班组等构成要素如何确立、如何高效运转所做出的规范。

德鲁克曾对组织结构做出独到而具体的论述。他认为，管理者必须明白组织结构承担的压力、任务，以及该结构应该取得的绩效。在他看来，组织结构应该达到以下三个方面的要求：从管理目的出发，组织结构必须为实现企业的绩效而设置；从管理效率出发，任何组织结构都应该减少中间管理层次，形成尽可能短的指挥链；从管理发展出发，组织形式要有利于培训和考察未来的高层管理者。可见，搞好企业的组织管理，不可简单、笼统地行事，而是需要从不同的角度出发，深入思考和解决深层次的问题，有针对性地做好相关工作。如果能够从这些方面入手积极优化组织体系的功能，组织的作用就会不断得到强化。只有各个环节的工作都做到位了，组织系统的整体绩效才会得到充分显现。

钱德勒曾投入很大的力量对杜邦公司、通用汽车公司、新泽西标准石油公司和西尔斯—罗巴克公司进行深入研究，将这些公司的发展历程划分为4个不同的阶段，即数量扩大战略阶段、地区扩散战略阶段、纵向一体化战略阶段、多角经营战略阶段。与这些公司的战略相适应，其组织结构也有4种不同形式，正是因为战略与组织的协调演进，才推动企业不断跨上新的台阶。

在此基础上，钱德勒对现代企业的基本组织结构变迁做出专门论述。

他指出，虽然人们在组织结构的类型方面，又发展出许多变种，而且在近几年里，偶尔也有一些变种混合而成的模型形式，但是在大型工业企业的管理上只有两种基本的组织结构，这就是所谓的 U 型和 M 型组织结构。

所谓 U 型结构，多用于单一单位的企业，是一种直线型职能式的结构，它是现代企业在初创时期为了整合产品制造与营销各个环节而设置的垂直一体化结构。这是一种高度集权式组织结构，有利于在较大规模的生产和销售活动中高效利用资源，提高企业的管理效率。但这种结构会明显增加企业高层管理者的工作负荷，使其陷入日常繁杂事务，无法集中精力去思考那些有关企业发展的战略性问题。正因为这样，那些经营活动简单一些的企业会采用 U 型结构。

另一种是 M 型结构。这种结构多用于事业部制，或被称作多单位企业。M 型结构与 U 型结构比起来具有不少优点：它能够使公司高层管理者摆脱繁忙的日常事务的束缚，集中主要精力去思考和解决有关战略方面的重大问题；同时，这一组织结构有利于调动企业各事业部负责人的积极性。随着企业经营规模的不断扩大，业务量的不断增加，企业组织大都由 U 型结构向 M 型结构转变。

随着实践的发展，M 型结构也显现出其局限性，比如，加剧部门之间的竞争，容易形成内耗；各部门的规模不断膨胀，由此造成企业中层管理者过多、管理成本增加等问题。此外，随着市场竞争的强度不断增大，行业间和企业间的竞争也会不断加剧，要求企业必须具有快速反应能力，M 型结构在这方面有所欠缺。

20 世纪 80 年代，随着企业经营内容的变化以及技术变革引起的不同产品关联性的变化，企业对原有组织结构进行分拆和合并，以此来促使资源与能力更加有效地发挥作用，由此形成了 S 型结构。这种结构将企业划分为若干个经营单元，并在此基础上再划分出子单元，形成了一个高度分权的组织结构。这些经营单元与 M 型结构中作为执行机构的事业部有着很大的不同，它们拥有较大的战略决策权，因而能够更加自主地开展经营活动。在这种组织结构中，企业经过内部分割后产生的各个经营单元规模变小，整个企业的中层结构得到压缩，从而消除了机构膨胀的根源。这一做法被许多著名企业采用。像 IBM、AT&T 和 NEC 这样的大企业在进入 20 世纪 90 年代后，相继完成了由 M 型结构向 S 型结构的转化，促进了企业组织功能的完善。

从 U 型、M 型、S 型的结构变迁中，可以清楚地了解现代企业组织成长的基本形态：这是一个不断向下分权的过程，但企业并未因此越分越小，反而通过这样的演变实现了企业的扩张和发展，大大提高了企业管理的灵活性和有效性。

对于企业来说，确立什么样的组织结构具有举足轻重的重大意义。采取什么样的组织结构，不能凭想象、随大流，而是应以企业组织理论为指导，分清企业处于什么发展阶段，考虑清楚何种结构能够更好地服务于企业战略。

中国的企业管理者应该深入研究我军在几十年战火中独创的组织管理体系和机制，从中找出适合企业管理的理念和做法。如果一个企业不仅吸收了现代企业组织管理的做法，还能引入适用于企业的我军的组织管理经验，必然会如虎添翼，更加势不可当。

许多人只看到了阿里巴巴取得的辉煌成就，却不知道这家公司能够迅速崛起，与其积极借鉴我军组织管理的体系与机制有着直接的关系。

经过最初几年的奋斗，阿里巴巴逐步完成了对产品定位和商业模式的探索。2003 年至 2005 年期间，阿里巴巴的发展突飞猛进，不仅 B2B 业务实现了快速增长，淘宝网在与 eBay 的 C2C 的竞争中也全面胜出，阿里巴巴作为一个巨型电商企业的雏形已经形成。

随着公司多项业务的快速扩张，不同背景、不同经历、不同价值观的人纷纷加入公司，公司的规模迅速扩大。在这种情况下，公司的凝聚力和战斗力开始下降，多年形成的粗放式管理越来越难以适应公司发展的需要。

众所周知，我军实行的政委制以及与之配套的相关制度，是有利于增强组织凝聚力、战斗力的高效能管理模式。通过这一组织架构和机制，中国共产党实现了对我军的绝对领导。

在企业组织内部，为了贯彻企业的愿景、使命和价值观，更好地实现企业的战略目标，最重要的事情莫过于搞好以人为中心的资源整合，这就有赖于一名称职的"政委"来发挥作用。企业实行"政委"制度，不仅强化了团队效能，而且将分权与制衡机制引入企业组织，从而避免了各个层级出现权力过分集中的问题。正是由于实行了这套"政委"制度，快速扩张的阿里巴巴少走了许多弯路。

但企业毕竟不是军队，企业在借鉴我军一些军事化管理举措时，应该体现学习与创造相结合的原则。阿里巴巴在引进"政委"制度时，并未完全照搬军队的做法，而是结合自身特点，制订了具有自身特色的体系架构和配套机制。

阿里巴巴的各级"政委"原则上均由具有一线实战经验、懂得业务运作的人来担任。"政委"是各个单元业务主管的合作伙伴，是企业派驻各单位、各部门的重要管理者，由总部垂直指挥，不隶属各级业务主管。"政委"与负责业务的经理人员相互配合开展工作。"政委"的职责主要是把关定向、带好团队、传承企业价值观、管好员工队伍；同时，对于业务主管做出的重要决策发挥制衡作用；对于辖区内的组织、用人、企业文化等有关问题，"政委"享有一票否决权。

阿里巴巴的"政委"制度大概在 2005 年底至 2006 年初初步形成，

2015 年，针对新的形势，公司对"政委"的职责和权力等都做出了更加明确的规定，要求政委在懂业务、促人才、推文化、提效能方面发挥更大的作用。

按照阿里巴巴前副总裁邓康明的说法，依据阿里巴巴公司"政委"制度的管理规则，"政委"应站在"反对派"的立场上思考问题，与业务主管的关系不能一团和气。业务负责人主要关注的是所管理事务的短期目标和业绩导向；"政委"则较多地关注有关事务的长期目标、文化传承和干部培养等工作，两位负责人既相互补台又相互监督。现在，阿里巴巴的"政委"制度已经成为公司核心竞争力的一个重要来源，我军的这一组织方式已经完全融入这家公司的管理体系。

当今社会上不少企事业单位都采取了与我军政委制相类似的做法。虽然这一做法值得肯定，但也应注意不断完善有关举措。无论是企业还是事业单位，在实行政委制的过程中，绝不能全盘照搬军队的做法，而应紧密结合行业特点和单位实际，形成一套严密的与本单位管理相适应的体系与机制。特别要注重协调"政委"与业务主管的关系，划清二者各自权力与责任的边界，尽力避免出现"角色冲突"，只有这样，才能更好地发挥政委制在组织管理中的作用。

二、结构跟随战略

钱德勒提出了一个很有名的观点：结构跟随战略。也就是说，企业确立了什么样的战略，就需要有与其相适应的组织结构为该战略服务。在管理活动中，企业战略与组织结构始终是密切相连、高度相关的，二者在企业的运营过程中相互依存、互为条件。随着时代的发展，企业面临的政治、经济以及行业等外在环境不断发生变化，这就要求企业必须对现行的战略做出相应的调整，甚至重新制定，以使企业内部的各种因素能够与外部环境的变化相匹配。企业做出的这种战略上的改变，要求组织必须对其结构进行必要的调整，必要时甚至需要对组织进行根本性的变革。只有这样，组织结构才能适应战略的需要。显而易见，环境、战略及结构三者之间存在着密切的互动关系。

德鲁克认为，所谓战略就是依据组织所拥有的资源勾画出组织的未来发展方向。他在研究通用汽车和西尔斯—罗巴克公司时发现，这两家公司都用了长达数年的时间来建立和健全符合战略要求的有效的组织结构。通过对二者关系的研究，形成了以下几点一般性的结论：管理者的战略选择规范着组织结构的形式；只有使战略和组织结构适当保持一致，才能成功地实现组织的目标；如果一个组织在结构上没有发生重大改变，则很少能从实质上改变当前的战略；没有一个体系健全的组织结构，企业所选定的战略就不可能得以有效实施。鉴于组织与战略如此密切的关系，各个企业在做出重大的战略转变时都会对原有的结构做出改变，以适应战略的变化并保持二者的协调性。

具体来说，企业战略与组织结构的关系体现在以下几个方面。

（一）战略的前导性与组织结构的滞后性

钱德勒指出，组织的新战略要求一个新的或者至少是经过重新定型的结构与之相适应。如果已经得以扩大的组织依然能够有效运转，就需要建立一套新的结构，以此来解决由于新领域、新职能、新产品的出现引发的管理方面的问题。否则，企业制定的新战略不大可能顺利实现。

钱德勒在《战略和结构：美国工业企业史中的组成部分》一书中指出，战略先于结构而出现，公司应首先建立一套战略，然后再摸索创建适应战略的结构。通过对美国工业企业发展历史的研究，他进一步揭示了二者之间的关系，即战略的前导性和结构的滞后性。

所谓战略前导性，说的是战略所发生的变化总是先于组织结构的变化。也就是说，一旦企业管理层意识到内部与外部因素的变化会导致出现新的机会或风险时，首先会在战略上做出适当反应，以此来达到趋利避害的目的。当管理者意识到企业内部和外部因素的变化带来了新的机遇时，便会迅速采取战略行动，以新的作为来实现企业的扩张以及经济效益的增长；当企业内部发生困难或遭遇外部风险时，便会采取收缩战略来加以应对，及时对企业现有的产品和服务做出调整，以适应企业内部和外部条件变化的需要。有的西方学者将这一做法称作"适应循环"。这两种企业战略变化发生后都要求组织结构做出相应的改变，从而使组织能够更加高效地为实现战略目标服务。

所谓结构滞后性，说的是组织结构的变化在战略发生变化以后才会发生，前者的变化慢于后者的变化。这是因为组织结构的调整及其正常运转需要一定的条件和时间。这种战略的前导性与组织结构的滞后性的矛盾，必然会在实践中给新战略的形成和实施造成不同程度的影响。

（二）战略的权变性与组织结构的相对稳定性

虽然企业战略具有相对稳定性，但这种稳定是相对的，其在本质上有着动态性、权变性的特点。一旦战略所依赖的内部条件和外部环境发生了较大变化，企业战略必须立即做出相应的调整，以此来应对可能出现的机遇或风险。在现代市场经济条件下，国际国内的不可测因素明显增多，不同国家和地区之间的界限已被完全打破，这种情况必然会对企业战略造成极大的影响。因此，战略必然随着所依赖的客观环境的变化而变化。

而在一段时期内，组织结构却具有相对稳定性。当一个企业的组织结构确立以后，一般不会在短期内做出重大改变。因为组织结构的变革不是可以轻易做出的，是需要付出一定成本的，如消耗企业的资源，给组织的效率带来不利的影响。形成一种能够与战略相互适应的组织结构是很不容易的，需要认识和克服许多矛盾，确立以后又需要有关人员进行一番磨合，以实现组织功能的相互衔接。因此，一个设计合理、运行高效的组织结构一旦运行起来，会产生很大的惯性。持续时间越长的组织结构，其稳定性就会越强。这也是战略创新较难出现的一个深层次原因。

（三）战略追求的整体利益与组织结构带来的个人利益

新的企业战略产生后，必然会对现有的组织结构进行必要的调整和改革，甚至某种程度的否定，必然会给部分既得利益者造成一定的损失，因而，会遭遇来自多方面的或大或小的阻力。如果经营管理取得较大成效，企业得到较快的发展，由此产生的战略升级会带来组织结构的扩张，因而机构扩大和员工晋升的机会会增加。正如日本一位大饭店经理向管理学家小野丰广讲述其成功经验时所说的那样，扩大饭店最重要的刺激是增加了雇员晋升的职位数目。这是调动其积极性的一个重要方法。所以，当企业发展处于良好势头时，组织内部的矛盾不会很突出，而当企业发展进入徘徊期或出现规模萎缩时，其战略改变引起的结构调整就会带来许多新的变数，战略所追求的整体利益与组织结构变化带来的个人利益损失的矛盾就会十分突出，管理者必须认真解决由此引起的各种问题。

三、高效团队是组织的顶梁柱

现如今，团队战略已在企业界得到普遍采用。建立什么样的团队，团队的作用发挥得如何，直接影响着组织管理的成效。

组织行为学家斯蒂芬·罗宾斯认为，团队是指一种为了实现某一目标而由相互协作的个体所组成的群体。从根本上来说，团队的建立及其作用的发挥是组织管理发展的战略需要，是企业搞好内部协调与外部适应的需要。为了更好地发挥组织的作用，增强其应变能力，组织通过简化层级和运作程序，将处于不同层级中履行相同职责的管理者，或将服务于同一客户群的不同部门人员组合起来，从而在组织内部建立了多种类型的跨部门团队。应该看到，从传统的按照等级制度形成的组织结构转变为以团队为基础的组织结构，是组织管理领域发生的一次重要进步，体现了企业管理发展的必然趋势。团队战略的兴起是对传统官僚体系及其权力运作方式的扬弃。英国学者尼克·海伊斯曾对团队战略给予了很高的评价："在一个已经应用团队战略的组织中，人们的工作更有效率，组织的内部运转更加顺畅，组织也变得更加有竞争力。"[①]

斯蒂芬·罗宾斯将团队分为三种类型：一是问题解决型团队。在这样的团队中，团队成员经常对如何改进工作方法等问题交流看法，并就如何提高产品质量、生产效率等问题提出各自的建议。这种团队在调动员工参与决策的积极性方面存在一些不足。二是自我管理型团队。这是一种真正具有独立意义的团队。这一团队中的成员不仅积极探讨有关组织发展的重要问题，提出有关的方案，而且还要负责执行这些方案，并对有关工作承担全部责任。三是跨功能型团队。这种团队是由来自企业不同业务领域同一层级的员工组成的，他们能够将员工的不同思想在团队内部或团队之间进行广泛交流，由此激发出更多的能够解决新问题的新创意和新对策，协调一致地去实施企业的发展战略。

在企业运营中，应该根据实际需要来决定建立什么样的团队。企业的人员构成、规模大小、所处的行业和环境等，都是团队建设需要考虑的重

---

① 〔英〕尼克·海伊斯著，李靖坤译：《协作制胜：成功的团队管理》，东北财经大学出版社1998年版，第26页。

要因素，在条件许可的范围内，应该优先组建自我管理型或跨功能型团队，这样的团队更加有利于激发大家的积极性和创造力。特别是中小企业，更应注重通过建立这样的团队来增强组织的作用。

在团队战略的发展过程中，曾经形成了两种风格迥然不同的团队战略模式。

一是日本式的依附型团队战略。1962年，日本科学家及工程师协会注册了一个质量小组。由于这是历史上第一个企业小组，人们便以此为标志，确认日本为世界上最早的在企业组织中引入团队工作模式的国家。日本的团队战略注重自下而上的决策过程或共识型的决策，比较重视责任、和谐与权限的范围。团队成员被安置在某一位置上不仅是为了完成某一项特定任务，还是为了完成整个组织的任务。因此，尽管每个员工承担责任的范围有限，但其着眼的是整个组织系统，团队成员会像CEO那样关心组织的整体运行状况。通力协作是日本管理组织的本质。日本的组织与团队之间的关系深受日本传统文化的影响。虽然每个团队也有较强的自主性，但日本的团队却自愿终身依附于上级组织，而上级组织也很愿意将其视为自己保护和照顾的对象，因此，团队和组织之间存在着类似"亲子"的关系。因长期利益所形成的"亲子"团队，同样会自愿依附于更大的外围组织，并逐渐成为这种组织的一部分。

二是美国式的自由型团队战略。美国开始实行团队战略的时间比日本晚，但发展速度却明显快于日本。在30多年的时间里，团队已经成为美国组织管理的主要运作方式。美国《培训》杂志的调查表明，在美国，70%以上的组织都采用了团队战略，其中45%的组织拥有自己的管理团队。美国的团队战略与个人主义价值观紧密相连，但二者的矛盾并非不可调和。团队战略必然强调集体合作，而美国式的团队合作并不要求个人无条件地融入所属的集体中，也不要求团队成员完全放弃个人利益去服从集体利益，相反，这种集体合作突出的仍然是个人的作用。个人通过协调合作的方式来达到团队的目的，体现自身的价值。如果一个人无法在一个团队中实现自己的目标，他便会离开这一团队，加入另外一个有助于实现其目标的团队。美国的组织对所属团队的控制较弱，多数组织都给予团队较充分的自主权。

上述两种团队战略的模式是日美两个国家企业经营状况的反映，中国的企业不应完全照搬。中国企业应该着眼中国的实际情况和文化传统，打造有助于中国企业发展的团队战略。多年来，许多企业采取了高效的团队战略，创造了令人瞩目的业绩。但也有不少企业采取的团队战略让人无法给予肯定，这是因为它们采取的战略实质上是"唯利型"团队战略，把钱看得高于一切，所奉行的是"有钱能使鬼推磨"。这样的做法太缺乏文化底蕴、精神韵味了，着实令人担忧。实际上，团队战略最核心的不是钱，而是文化和精神。团队管理确实离不开谈钱谈利，但这不等于仅仅是为了图钱图利。"以利相交，历尽则散。"只有超越钱和利的束缚，才可能打造出一流的团队，才可能达到行稳致远的目的。

好的团队战略应该具有以下构成要素。

（一）团队精神，凝聚人心的强大力量

斯蒂芬·罗宾斯认为："现代组织没有独行侠，个人必须学会与他人进行公开、坦诚的合作，必须学会面对个体间的差异，必须学会把个人的目标升华为团队的利益。"[①] 在当今的商务活动中，团队的作用日益凸显，个人的目标只有转化为团队目标，才能够更好地得到实现。而要建立一个优秀的团队，就需要打造出具有强大凝聚力的团队精神。

---

① 〔美〕斯蒂芬·罗宾斯等著，孙健敏等译：《组织行为学》，中国人民大学出版社 1997 年版，第 278 页。

团队精神是团队全体成员一致认同的集体意识，是团队成员共性心理状态的集中体现，它由团队成员的共同价值和信念凝结而成，是促进团队发展的强大精神力量。在团队精神的感召下，团队成员能够形成强大的向心力，产生强烈的认同感和归属感。

强大的凝聚力是团队精神的直接体现。一个团队之所以能够产生这种凝聚力，是由以下因素形成的：团队中的成员有很强的相似性；团队给成员带来了尊严和自豪感；团队能帮助个人实现其无法单独实现的目标；团队的优势远超过其他团队。强大的凝聚力是一个团队得以存在和发展的必要条件，凝聚力的强弱决定着团队战略的成败。

强大的团队凝聚力来自团队内部良好的人际关系质量，它包括成员对优秀组织文化的一致认同和成员间的浓厚情感，以及由团队目标内化而成的个人的自觉意识。这些因素是获得较强团队凝聚力的源泉，而组织文化是其中最核心的要素。只有当团队成员都能够接受优秀的组织文化，并能自觉付出行动时，团队的凝聚力才会不断得到增强，团队的业绩才能不断提高。

美国著名管理心理学家沙赫特认为，当团队处在优秀组织文化氛围中时，无论是凝聚力强的团队，还是凝聚力弱的团队，绩效都会得到提高，特别是前者提高的幅度会更大。如果团队处于劣质的组织文化之中，无论团队的凝聚力是强是弱，其绩效均会呈下降趋势，而且凝聚力强的团队绩效下降幅度会更大。因此，任何团队都应注重搞好组织文化建设。

（二）建立具有激励导向的利益结构

对于一个团队来说，精神因素确实很重要，但也绝不能忽视人们的利益诉求。马克思指出："人们奋斗所争取的一切，都同他们的利益有关。"[①]

---

① 《马克思恩格斯全集》第1卷，人民出版社1956年版，第82页。

正是基于这一原因，建立合理的利益分享机制是商业团队运行的物质基础。特别是对于一个创业团队来说，更应在责任共担的同时做到利益共享，只有这样，才会使团队成员的积极性和创造力得到充分发挥。

美国著名管理学家切斯特·巴纳德认为，组织是一个有意识地对其成员的活动或力量进行协调的体系。组织能否得以存续取决于"牺牲"与"诱因"两个因素的平衡。这里所说的"牺牲"，指的是人们加入一个组织需要付出的代价；这里所说的"诱因"，指的是组织对成员产生吸引力的资源。只有当"诱因"大于"牺牲"时，才可使人们产生加入组织的愿望；只有当"牺牲"大于"诱因"时，才能够使组织的资源得到积累，从而使组织获得不断壮大的动力。维持"牺牲"和"诱因"之间的平衡是团队管理的主要任务。一个好团队，应该对成员具有足够大的"诱因"，以此来满足成员的利益需求。在特定条件下，团队可以在一定时期和一定范围内要求成员做出较大的"牺牲"，但长此以往，必然会给组织的正常发展造成危害。

在当今的社会经济环境中，体现组织利益关系的有效方式就是实行股权激励机制。就是说，凡是具备相应条件的企业，都应该通过股权激励的方式使每个团队成员的利益得到合理的实现。在设计团队的股权结构时，不仅应该做到合法合规，而且应该体现相互平等的原则，尽量坚持同股同权。不少人对任正非以0.88%的股权控制公司津津乐道，但这种做法是在当时特定的条件下形成的，并不具有普遍性。一些创业者在刚刚起步时就开始在同股不同权方面动脑筋，总想以较少的股权得到更多的权力，获取更多的利益，这无疑是一种"自杀"行为。这种不平等的操作能够换来他人的真诚相助吗？对于创业者来说，最重要的是如何把事业干起来。只要"蛋糕"能够做大，即使自己所占的股份很少，其绝对量依然会大大增加。如果连"画出来的饼"都不舍得分给别人，还有什么格局可言？还能够吸引到更多的合作者吗？同股不同权的做法在某些时候能够取得所期望的成效，但从根本上来说，平等地对待团队中的每个成员才是最可靠的成功之道。试想，当一个人置身于一种不被公平对待的氛围之中，还能够心情舒畅地工作吗？

还应看到，法律上是肯定"股权多数决"原则的，不仅要求上市公司必须做到同股同权，而且对有限责任公司同股不同权的认可是有严格限制的，即必须在全体股东一致约定的情况下才允许公司的分红权或表决权与持股比例相分离。在一个股东较多的公司里，是很难做到这一点的。不少公司在经营过程中内讧不断，甚至分崩离析与此有着直接的关系。

当然，倡导团队成员之间平等相待，并非提倡"吃大锅饭"。那种不与个人贡献挂钩的平均主义做法，同样是不公平的表现。在设计股权激励机制时，应该将其与个人的业绩和实际贡献挂钩，体现效率优先、多劳多得的原则，这样的做法更加有利于增强团队运行的活力。

（三）确立具有强大感召力的战略目标

团队的战略目标是全体成员一切行为的最终目的。一个高效的团队必须将个体行为统一于共同的目标之下。团队有了明确的奋斗目标，才能整合不同的个体目标，形成强大的合力；反之，团队就很难形成统一的步调，甚至会离心离德，削弱整体效能。

团队目标会对个体产生强烈的激励和鞭策作用。个体能否对团队目标做出积极响应，取决于其目标是否符合大家的意愿，是否具有挑战性，是否具有感召力。只有团队目标符合这些要求，才能够激发成员的积极性、创造性，才能使大家按照实现目标的需要进行自我控制，从而提高团队的整体运作效率。

应该注意的是，团队目标与成员的个体目标并不总是一致的。从团队的角度来说，一个人加入了团队，就应扮演好自己的"角色"。当个人利益与团队目标发生矛盾时，应主动放弃某些个人利益，而不是将个人目标置于团队之上。

（四）形成牢固的信任和情感基础

英国学者尼克·海伊斯认为："从中央集权式结构到一种完全以团队为导向的结构过程，是非常重要的转变。不仅是在尊重方面，在信任方面也是如此。它涉及这样一种观念的转变：从人们需要被严密的监视和控制，并且会滥用任何被赋予的自由到如果人们被赋予责任和自主权，他们将在事业中不断进步。如果对他们信任，他们就会变得更加值得信任。"[①] 维持群体内的相互信任，是实施团队战略的重要因素。在团队的内部，不仅每个成员之间应该建立起高度信任的关系，团队的领导者与团队成员之间也应建立充分的信任。这种信任应该表现为决策的公正性、团队成员广泛参与管理以及各层级人员能力的不断提高等。

合理、稳定的情感沟通是促进团队内部优化、实现团队管理目标的内在驱动力。管理学大师哈洛德·季宁在阐述他的团队动力学理论时，将情感沟通看成提高团队绩效的一个关键性因素。他认为："在所有优秀的团队管理中，最基本、最关键的因素就是对待情感沟通的态度。"[②] 团队成员之间有了较深的情感关系，才能更加协调地开展合作，主动减少或消除工作中产生的矛盾。著名的霍桑实验的结果表明："一个人是否全心全意地为一个组织服务，在很大程度上取决于他对自己的工作、自己的同事和上级的感觉如何。"[③] 一个优秀团队的成员之间必然有着很深的情感，大家共

---

① 〔英〕尼克·海伊斯著，李靖坤译：《协作制胜：成功的团队管理》，东北财经大学出版社 1998 年版，第 26 页。

② 〔美〕哈洛德·季宁著，黄孝如等译：《G 理论》，台湾荣泰出版社 1986 年版，第 297 页。

③ 〔美〕威廉·大内著，孙耀君、王祖融译：《Z 理论：美国企业界怎样迎接日本的挑战》，中国社会科学出版社 1984 年版，第 182 页。

事的过程能够使彼此的情感需要得到满足，并会产生某种相互依赖的关系。这是增强团队整体效能的一个重要途径。

（五）坚持有效的管理和科学的评估

美国组织学家利克特把团队管理的风格划分四类：一是将剥削式独裁权力集于一身的管理，管理者处于权力金字塔的顶峰，一手遮天；二是慈善式的独裁管理，权力控制在最高一级，但授予中下层部分权力；三是协商式管理，权力控制在最高一层，授权中下属部分权力，有时在一些次要问题上，下级有决定权；四是集体参与式管理，让下属参与管理，上下级处于平等的地位，遇到问题时双方进行民主商讨，由最高领导做出最后决策。这四类团队管理风格差异很大，产生的效果也大不相同。

从根本上说，团队管理主要应采取协商式管理和集体参与式管理的方式，其中的关键在于委托与授权。一个优秀团队的管理者需要经常在控权与放权之间做出理性的抉择，那种认为团队管理应该彻底放弃控制的观点是不正确的。团队管理者应该着重发挥以强替弱、拾遗补阙的作用。如果团队缺少足够的活力，管理者就应注重激发活力；如果团队缺少必要的控制，管理者就应加强控制，并由此对组织内权力的运用方式做出必要的优化。

为了确保团队的高效运转，管理层必须制定有利于团队战略实施的评估体系。进行这种评估的目的是考核团队成员作出的贡献，促进团队不断提升业绩，进一步明确个人的职责，努力为客户创造更大的价值。同时可以鞭策团队成员不断提高自身素质，强化成员之间的合作关系，避免工作中的失误，不断增强大家的主人翁意识。

四、精心打造组织社群力

在战略管理活动中，不仅要积极发挥正式组织的作用，还要注重解决非正式组织引起的相关问题，只有把二者融合起来，才会使组织管理的效能得到全面、高效的提高。那种只知道管好正式组织，而忽视非正式组织作用的做法，很难使组织管理达到企业战略所期望的目标。

1924 年至 1932 年，在长达 8 年的时间里，哈佛大学教授 G. E. 梅奥等一批学者在美国芝加哥西方电气公司下属的霍桑工厂开展了一系列管理方面的实验活动。这就是产生了很大影响的霍桑实验。通过这一实验，梅奥得出结论——企业中存在着非正式组织。他认为，在企业的员工队伍中，除了存在着由企业管理层明确规定各成员相互关系和职责范围的正式组织外，还存在着员工自发形成的非正式组织。正式组织以提高效率为目的，往往忽略员工的情感因素，因此容易引起一些矛盾。这些矛盾不利于劳动生产率的提高，不利于企业战略目标的实现。而非正式组织以员工的情感为纽带，发挥着维护员工共同利益的作用，从而使其避免因受企业内部人员的忽视和外部人员的干预所遭受的损失。这些非正式组织都会有大家公认的核心人物，有大家共同遵循的观念和行为准则等。管理者应该非常重视这些非正式组织的作用，注重搞好正式组织的效率逻辑与非正式组织的情感逻辑之间的平衡，进而实现管理者与员工之间较密切的协作。

近代管理理论奠基人巴纳德提出了与霍桑实验相一致的看法。他认为，应该把正式组织与非正式组织融合起来。除了交流信息以外，非正式组织在组织的价值观念、忠诚心理、风气时尚、习惯养成等方面都可发挥重要作用。他认为，正式组织必然创造非正式组织，非正式组织里个体间的信任感有助于纠正正式信息渠道只报喜、不报忧的不良倾向，使各种必要的妥协成为可能，从而使那些容易产生分歧的问题不易引起较大的矛盾。更为重要的是，这类信息交流是基于情感基础进行的，更容易得到信息接收者的重视。在实际工作中，各级管理者确实容易接受这些通过非正式渠道得到的消息，大多数管理者在组织内部都会有依托自己的"亲信"

而形成的私人信息网，并且会注重依托这一信息网去了解情况、发现问题，做出一些正式组织难以完成的控制行为。特别是当这些"小道消息"成为事实后，管理者就会更加信赖这个非正式的组织系统。

鉴于非正式组织这种不可忽视的地位和作用，明茨伯格对此进行了深入的研究，并首次提出了"社群力"这一概念。对于管理者而言，社群力就是把组织打造成社群的能力。在这样的社群中，组织成员会产生强烈的集体归属感，同事之间会形成较亲密的关系，大家在工作中彼此关爱，相互信任，维护共同的组织利益，而不是一切都为了谋取个人的私利。明茨伯格认为，解决组织失衡、社会失衡问题的关键，是采用投入型管理来取代英雄式领导，发展并发挥社群力，把企业当作社群来重建。这一见解是极为精辟的。这种由各种社群形成的组织，已经成为未被企业列入正式组织体系的正式组织，这种组织所履行的职能，是那些由企业管理层正式任命的科层组织无法完成的。那些不重视非正式组织作用的管理者，应该从中得到应有的启示。

如何才能将一个企业变成由富有活力的个人构成的社群？明茨伯格总结出如下经验：在一个组织里打造社群，要先从一小部分有承诺、有担当的经理人开始，以他们的行为来证明，这种小群体的作用要比伟大的领导力或者单独的培训更加有效。在组织内分享小社群中经理们的经验，让社群集体感在组织中扎根。通过对社群实践的反思产生新的洞见，从组织中的社群发起的小项目中学习公司战略。当这些最初的小群体开始推动变革时，就会成为其他群体的榜样。当组织成员以负责任的、互利共赢的方式积极活跃于比公司更加广大的社会社群中时，就表明社群力已经在这家公司得以固化。为此，企业更需要的不是浮在表面的英雄式领导，而是扎根于组织土壤中的"投入型管理"。明茨伯格呼吁企业界：是时候把管理与领导力一起带回，回归于脚踏实地了。

明茨伯格对存在于许多企业的英雄式领导行为提出了尖锐的批评。他认为，英雄式领导享受攻坚克难那瞬间带来的成就感，远离并漂浮在棘手的但又至关重要的日常管理工作和流程之上。这些英雄式领导者习惯于制定宏大的战略，做艰难的决策，完成庞大的并购，同时毫无顾忌地进行大规模裁员。

英雄式领导之所以不值得提倡，主要原因在于多年以来理论界和实务界区分、放大了领导者或领导与管理者或管理的差异。哈佛商学院终身教授约翰·科特将领导和管理看成两个相互对立的概念和两种不同种类的工作。他认为，管理旨在通过例行规划、组织和协调确保效率；领导的目的是创造改变，通过设想更美好的未来，找到能够实现这种未来的人，启发他们去实现。

"领导力之父"和组织发展理论先驱沃伦·本尼斯在他负有盛名的著作《领导者》和《成为领导者》中，更加充分地将领导与管理做了区分。在《领导者》中，本尼斯对领导和管理的功能做出了这样的评判：管理者经营，领导者创新；管理者是复制者，领导者是原创者；管理者维持，领导者发展；管理者接受现实，领导者考察现实；管理者依赖控制，领导者鼓励信任；管理者短视，领导者高瞻远瞩；管理者询问"如何""何时"，领导者询问"什么""为什么"；管理者总是将眼睛盯在底线上，领导者总是将眼睛落在地平线上……显而易见，这种说法已经将管理与领导的区别当作一种区分低劣与优秀、卑贱与高贵、普通与卓越的方式。通过这种人为的划分，领导者和管理者成为差别极大的两种人。对此，沃伦·本尼斯毫不掩饰，他认为，管理者只是副本，领导者才是正本。如此看来，管理者完全变成了一个负面角色，而领导者则是一个无所不能的"高大全"的形象。"管理"或"管理者"似乎已经成为一个贬义词。

当然，也有人质疑这种区分。这些人认为，这样的区分既没有必要，更无益处，并且不符合组织管理的实践。明茨伯格就明确反对这样的区分。他曾实地观察了加拿大最大的银行——加拿大皇家银行 CEO 约翰·克莱格霍恩一天的工作。他发现，优秀的战略管理者不仅低调、身体力行，而且注重与下属搞好互动，与公司的日常工作融为一体。因此，明茨伯格明确反对把管理者与领导者的角色分开，认为这种划分会使人误以为那些被称作领导者的人可以置身于组织之外，而真正的领导者绝不能离开组织，绝不能凌驾于组织之上。对领导和管理做如此切割，会让越来越多的人认为，领导在一定程度上是脱离并优于管理的，领导者也自信拥有优越的特权。这种观点只会孤立处于领导岗位的人，因而破坏组织内部的社群集体感，各种组织中的小社群也会因此而失去平衡。

当今企业界的实际状况是领导太多，管理太少。针对美国 2008 年的次贷危机，明茨伯格敏锐地指出，金融危机的根源不是金融的或者经济的，而是管理的。他认为，太多公司的"领导人"为了获得速成的业绩成果把自己的企业变成垃圾，而不是管理它们以获得持续发展。所谓的金融危机实际上是一场管理危机。

现如今，许多人都在极力强调领导力的重要作用。领导力真的是越强越好吗？凡事皆应有度。领导与群众、领导力与社群力是两个相互联系的方面，彼此之间应该实现合理的匹配，不能只强调一个方面，而忽视另一个方面。

对于企业来说，领导力源于决策者、团队、研发、销售及各层级员工的协调一致的行动，任何一个方面的过度或不足，都会造成企业管理的失衡。适度的领导力的产生离不开明茨伯格所倡导的"投入型管理"，离不开社群力的营造。那种将领导与管理加以区分的看法，只是那些脱离实际的研究者所做的一种概念化的分析，对于管理实践毫无益处。

领导不是个人行为，而是组织行为。领导力不是一个人或极少数人能够形成的，它是一个金字塔结构，是一种由整个组织系统发挥作用而产生的合力，离不开自下而上的共同进行的管理活动。真正意义上的管理绝不是让管理者去当英雄，去演独角戏，而是要学会通过激发员工的创造力去完成工作。一个企业的成功肯定少不了企业家的重要作用，但从根本上来说应该将其归功于各层次员工的共同奋斗。离开了全体员工的智慧和贡献，仅靠英雄式领导无法达成企业的战略目标。一部人类文明史总是过高地估计了英雄个人的作用，而低估了人民群众的作用，从事商业活动的人需要坚持历史唯物主义立场，只有这样，才能始终走在正确的道路上。

韩都衣舍就是一家靠打造社群力起家的公司。这家公司依靠较少的领导力不断增强组织的社群力，从而使企业快速发展起来。自 2008 年创立，韩都衣舍多年名列全网销售量第一名。2020 年，当许多商家因受新冠肺炎疫情的冲击陷入困境时，韩都衣舍依然取得骄人的业绩。现在，它已成为天猫女装类粉丝数量第一的品牌，赢得了超过 5000 万年轻女性的关注。

韩都衣舍为什么能够取得这样的成就？动力源就是其花数年时间摸索出的以小组制为核心的单品全程运营体系。正是这一体系打造出来的社群力成为这家公司的核心竞争力。

具体来说，韩都衣舍的做法与许多商家完全不同。这家公司共代理了 200 多家服装品牌。这么多品牌怎么销售？它采取了令人意想不到的办法——招聘有创业意愿的在校大学生，然后按照专业将一名美工、一名商务、一名客服组成一个三人社群小组。一个这样的小组就可以开设一个网店。公司给每个小组投入 10 万元启动资金用于从公司服装品牌库选购适销对路的服装，并按照每个小组的销售收入与其合理分成。这一做法大大调动了各个社群小组的积极性和创造性。

这一体系形成后，公司取消了大部分传统服装企业设立的设计部门、视觉部门、采购部门、销售部门等管理架构，其中的产品设计、导购页面制作与货品管理等职能全都交由社群小组负责，供应链、IT、仓储、客服等标准化的工作则由公司统一负责；另外，这一体系实现了运营组织的扁平化，并在此基础上形成了合理的责、权、利关系：对于"责"的界定，主要是根据每个小组从公司获得的资源，对其提出明确的销售额、毛利以及库存周转率等指标；对于"权"也做了明确界定，开发哪些款式、每一款几个码、怎样定价、库存深度多少、是否参加打折等都由每个小组自行决定，每个小组几乎拥有一个老板的所有权力；对于"利"的界定更加细致，公司用销售额减去相关费用，再乘以毛利率、提成系数与库存周转系数，就可确定小组的提成和奖金。

在此之前，公司的"发动机"只在老板一个人身上；实行小组制后，公司就相当于在企业内部安装了无数台"发动机"。公司每天都要发布小组销售额排行榜，并通过倡导人员自由组合，实现组织的新陈代谢，由此形成了你追我赶、蒸蒸日上的局面，大大激发了企业的创新能力。目前，韩都衣舍内部的小组已经达到260多个，公司已由起初的野蛮生长转向正规经营。按照市场运营的需要，公司将三至五个小组编成一个大组，再将三至五个大组编成一个产品部，使得各个小组在充分竞争的同时，又能够更好地顾及公司的整体利益，从而形成了梯次合理的领导力。像韩都衣舍这样具有很强社群力的公司，只需要老板和高管们做好他们应该做的事情，并不需要更多的领导力。

五、大企业病，每个组织都需要加强防治

彼得·德鲁克曾经预言：未来的企业组织将不再是一种金字塔式的等级制结构，而会逐步向扁平式结构演化。组织结构从"垂直式"向"扁平式"转化，是众多成功企业走出大而不强困局的有效途径之一。

任何企业做大了，做久了，都容易患上大企业病。所谓"大企业病"，也被人们称为"组织麻痹病"和"官场病"，英国历史学家诺斯古德·帕金森对此进行了多年的研究，总结出了"帕金森定律"。

帕金森定律是这样描述的：一个无法胜任本职工作的领导者可能面临三个选择：第一个选择是申请让贤，主动引退，把自己的位子让给比自己更能干的人；第二个选择是选取一位比自己能力强的人来协助自己工作；第三个选择是任用两个或更多比自己水平低的人当助手。第一个选择是必须放弃的，因为那样做了，就会丧失自己现有的地位和权力；第二个选择也不可取，因为那个比自己能干的人会成为自己的竞争对手，甚至会取代自己；看来只有第三个选择最合适，于是，为了确保自己的地位和权力不会受到威胁，便招募两个或更多平庸的助手分担了本来应由一人完成的工作。上行下效的助手们也为自己找了一个或几个更加无能的人当助手。如此下去，就会发生"逆淘汰"现象，一个机构臃肿、效率极低的领导体系就这样产生了。

与帕金森定律相联系的是彼得定律。彼得定律是由美国管理学家劳伦斯·彼得提出来的。彼得认为，在一个具有较多等级的制度中，每个员工由于在原有职位上工作表现很出色，就会被提升到更高一级的位置上。如果还是胜任，将会继续得到提升，直至达到他不能胜任的职位为止。彼得由此得出推论，组织的每个职位最终都将被不称职者所占据，每个员工最终都将被提升到"彼得高地"，在此高地上，他得到提升的可能性为零。快速提升至这个高地有两种办法：一个是来自上方的拉动，即依靠熟人、朋友和裙带关系等获得上升的动力；其二是自我推动，即通过自己的努力和进步来获得提升的机会。在这两种办法中，前者是普遍采用的方式。置身于政治、军事、教育、商业等各界的人们，都与层级组织有着密切的关系，都无法摆脱彼得定律的控制。

需要指出的是，不可片面理解彼得定律。首先，彼得定律的假设条件有两个：一个是时间足够长，另一个是组织中有足够多的阶层。如果是一个较小的层级很少的组织，在短时间内，彼得定律的影响不会很明显。其次，彼得定律揭示出，企业的每个职位最终都将被无法胜任该职位的员工占据，这里的关键词是"最终"。既然这样，只要管理层用人得法，就不会使所有人同时到达"彼得高地"，就不会同时出现所有人都不称职的情况。这也是企业应该避免同时大面积调整人员的一个重要的理论原因。

彼得定律与帕金森定律从互为因果的两个角度分别描述了大公司容易患上的一种病症。彼得定律说的是，由于员工因表现好不断得到提升，最终导致每一个职位都由不称职者占据。在此基础上，帕金森定律继续予以扩展，当某个管理者觉得力不从心时，会倾向于招募一个或几个能力低于自己的人当助手。长此以往，组织机构就会越来越臃肿，工作效率也会越来越低，员工的积极性也会受到影响。因此，一个人面临升职时，不能只知道高兴而贸然上任，而是要评估一下自己能否胜任新的职位；作为领导，在提拔他人的时候，需要考虑这种提升是否会造成被提升者的不称职，从而导致因过多不称职者的产生而致使管理层整体遭遇风险。

通用电气为了克服大企业病，经历了一个艰难的过程。1980 年时，这家公司内部设立了很多管理层级，从 CEO 办公室到生产车间之间多达 12 个层次；与管理层级众多相对应，管理人员也是数量惊人，其总人数达到 25000 余人，平均每人只负责 7 个方面的事务；公司拥有副总裁以上头衔的管理人员多达 130 多人，公司在全美设立了 8 个地区副总裁，但他们却都不对产品营销负直接责任。杰克·韦尔奇上任后，着手推行"零管理层变革"，对公司的官僚组织体系进行了大刀阔斧的改革。到韦尔奇卸任前，公司增加了大约 25% 的副总裁，经理人员总数还有所减少，每个管理人员直接负责的事务平均增至 15 项；从 CEO 办公室到生产车间之间的管理层级也降至 6 个。这种变革取得的成效如何呢？公司的规模比当初扩大了 6 倍之多，总资产也从当初的 250 亿美元增至上千亿美元，企业排名由全美第十名上升至全美前三名。在长达十几年的人气榜排名中，通用电气一直名列前茅。作为国际行业巨头，通用电气庞大的身躯并未阻碍企业的发展，而是像小公司那样长期保持着很强的灵活性。这是十分难能可贵的。正如韦尔奇在其自传中所说的那样，组织的层级是公司规模过大所带来的一个大问题。对此，他曾用人穿过多的毛衣来做类比。毛衣就像组织的层级，它们都是隔离层。当你外出穿了四件毛衣的时候，就很难感受到外面的天气到底有多寒冷了。这一形象的表述给予人们很大的启示。

六、组织的设计，需要不断完成的任务

企业战略与组织结构之间存在着辩证统一的关系，企业战略的实现是以合理的组织结构为基础的，而组织结构的设计又是依据企业战略完成的。组织设计的根本目的在于增强组织的有效性。德鲁克认为，有效的组织必须符合有利于实现组织目标的目标原则，必须符合"能够完成工作任务的最简单的结构就是最优结构"的简化原则。这里强调的组织简化，是针对组织结构中的重叠和臃肿而言的，并不是对成长企业应有的组织复杂化趋势的否定。实际上，随着企业的成长，其组织必然会呈现"更为复杂的简单"。此外，企业组织还应根据自身发展和外部环境的变化不断优化结构，使其有效性能够得到较充分的保证。

对组织的架构进行设计是组织管理的一项极为重要的任务。在当今这样一个信息发达的时代，只有做到及时掌握和充分利用信息，才能搞好组织架构的设计。实际情况是，那些在企业发展中掌握重要信息的人未必能够获取所需要的权力，那些能够有效利用信息的人们也未必能够得到应有

的激励，因而，在组织设计时，应该充分发挥那些能够掌握和利用重要信息的员工的作用。

一般来说，企业的组织架构设计主要包括三个方面的内容，即决策权分配系统、奖励系统及业绩评估系统。高效企业会将决策权与制定决策有关的重要信息联系起来，并据此对决策权进行必要的分解。在分解决策权的同时，管理者应该注重发挥奖励系统和业绩评估系统的作用，并为各级决策者提供合理的奖惩。对于那些高层管理者能够及时掌握决策所需信息的企业，应该更多地采取集中决策为宜；而对于那些下级管理者掌握较多信息的企业，决策权就应加以分散。在这种情况下，必须开发卓有成效的奖惩和业绩评估系统，以达到有效控制、确保决策质量的目的。

组织机构必须具有相应的职能才能发挥应有的效用。这种组织职能需要通过合理的权力和任务结构来加以体现，因此，需要对各个部门的业务分工进行新的设计，以将组织的总任务分解为多个层次的不同任务，同时授权称职的负责人员分别管辖这些部门，进而形成一个统一的管理体系。功能设计主要包括硬件设计和软件设计两个方面。所谓硬件设计，指的是对组织结构具体框架所做的安排。在此过程中，应按照企业战略的要求和特定任务的需要，设计出与企业内在条件相适应的组织结构系统，同时要明确划分不同部门应有的权力和职责，选拔和授权相关人员搞好经营管理，努力实现企业既定的战略目标。所谓软件设计，指的是制定组织的运行规则。企业必须健全自己的法规制度体系，并以此来规范组织的内部关系和各类人员的行为，从而确保组织能够高效运转。组织的职能是以实现企业的战略目标为目的的，因此，必须随着战略的调整不断调整。

联想集团之所以能够成为在国际市场上具有较强竞争力的企业，与其不断按照战略发展需要进行组织结构方面的设计和优化是分不开的。联想集团的组织结构是随着企业的战略调整不断进行的。初创时期，联想集团的企业经营规模非常小，其目标仅是开发出一种有市场前景的产品或服务，能够使企业生存下去。这个时候的组织设计就不应贪大求全，而应力求做到快速决策，并具有很强的灵活性。为此，就只能采用非正规化的简单结构，由总经理直接指挥各项经营活动，权力完全集中于总经理一人手中。随着企业的快速发展，需要高层管理者处理的事务越来越多，于是采取了"集中指挥，分工协作"的直线型职能管理机制。这一组织设计较好地适应了那个时期市场需求多样化的要求，也符合公司当时进军海外市场的需要。

20 世纪 90 年代初期，联想集团开始生产 PC 机后，直线型职能的组织结构已经难以适应企业规模、业务和经营区域扩大等方面的要求。为了更加有效地推行新的发展战略，联想集团又对组织机构进行了新的设计。公司将原有的经营部门按照产品的不同划分为 14 个事业部，实行了多中心事业部制的组织架构。这一组织变革取得了很好的成效，成为联想集团走向成熟的一个重要标志。到了 20 世纪 90 年代中后期，世界存储器市场出现剧烈动荡，为了解决在北京、香港等重要城市没有统一的指挥机构等问题，公司再次对组织结构进行了一系列调整，进一步优化了公司总部与各事业部的集权、分权体系，建立了新的地区平台，将原有公司机关整合成六大业务部门，形成了由产品事业部和地区平台为基础的新的"舰队结构"。

2004 年，联想集团为了寻求服务上的突破，进一步对企业战略做出了调整。公司将技术、服务、国际化作为战略目标，明确提出先做好两元化、再发展多元化的经营方针。为了更好地服务于战略变化，公司统一了中央市场部，将 7 个销售大区细分为 18 个分区，并将六大业务群组合并为三大业务群组，从而减少了管理层次，实现了组织结构的扁平化。经过这样的调整，公司形成了新的组织结构：在 CEO 领导下，建立市场系统、运作系统、研发系统、运营系统；信息产品业务群、移动通信业务群、IT服务业务群、国际业务、其他业务；中央企划系统、中央职能系统、管理平台。经过这次组织机构的调整，联想集团的战略与组织结构的运作更加协调，管理效率得到进一步提高。

由此可见，组织结构虽然需要服从企业战略，但也会对战略产生反作用，离开了组织的支撑，再好的战略也难以实现。因而，企业的组织设计不能仅仅满足于跟随战略，必要时，应该具有较大的提前量，即按照企业未来战略的发展来对组织进行超前设计。20 世纪 90 年代初期，施乐公司CEO 保罗·阿莱尔任命了一个负有特殊使命的小组。这个小组由 6 名年轻中层经理人组成，主要任务是依据企业的发展战略，全面评估公司的组织结构及其存在的不足，并提出相应的改进建议，在此基础上设计一种具有超前性的新的组织结构，使公司在未来的发展中能够取得更大的成功。这个小组被形象地称为"未来构造团队"：他们的设计工作涉及公司各个部门中 75 名经理人员的去留。在长达 15 个月的时间里，他们进行了广泛深入的调研和精心的设计，最终形成了 4 种设计方案，并将其提交公司管理层。经过一番激烈的讨论后，公司高层决定实施方案四。阿莱尔随即任命了一个由"未来构造团队"成员与几名高层经理人员共同组成的委员会，由这些人共同制订这一方案的实施细节。这一做法为施乐公司的未来发展奠定了可靠的基础。只有像保罗·阿莱尔这样具备战略家头脑的人，才会具有这样的先知先觉；只有在过着好日子的时候舍得为组织的未来投入资源、采取行动的人，才可能成为一名伟大的企业家。

第十一章

战略的本质是企业文化

企业文化就像一只看不见的手，推动着战略的制定和实现，无时无刻不在发挥着作用。企业文化是企业的DNA，深深植根于企业员工共同的心智模式中。企业执行战略的能力，在很大程度上取决于公司的组织文化。

战略与企业文化及其相互关系问题是战略思维必然涉及的重要课题。在这方面进行深入的研究，不仅有助于人们从更深的层次把握战略与文化的有关问题，也有助于人们全面提高战略管理能力。

一、什么是企业文化

"企业文化"这一概念是由一些美国管理学家在总结日本企业的管理经验时首次提出的。最早提出这个概念的人是美国日裔学者威廉·大内，他认为，日本企业取得成功的关键因素是它们具有独特的企业文化。这一观点引起国际管理学界的广泛重视，吸引更多的学者加入企业文化的研究行列。1981年，威廉·大内出版了《Z理论：美国企业界怎样迎接日本的挑战》一书。在这本书中，作者分析日本之所以能在较短的时间迅速崛起成为世界第二经济大国，主要得益于日本的企业文化。

同年，美国管理学家理查德·帕斯卡尔和安东尼·阿索斯在其出版的《日本的管理艺术》一书中，详尽描述了日本企业如何重视"软性的"管理技能，并从中总结出管理中的七个要素。这些要素既包含了企业管理涉及的硬件要素，即战略、结构、制度，又包括了相关的软件要素，即人员、管理作风、技能、价值观。这一理论以共同的价值观念为中心，将相关要素融合起来，形成了较宽泛的企业文化概念。很明显，这里所讲的企业文化外延比较大，应该视之为广义上的企业文化。

企业文化还有狭义上的解释。在企业管理领域，一般是从以价值观为核心的意识形态这一特定角度来使用"企业文化"这一概念的。所谓企业文化，通常被定义为企业在长期的实践活动中形成的并且为员工普遍认可和遵循的具有本企业特色的价值观念、团体意识、工作作风、行为规范和思维方式的总和。[①]

罗宾斯也有与此相似的看法。他认为，企业文化是组织成员共有的价值和信念体系，它使组织独具特色，区别于其他组织。具体地讲，企业文化是企业全体员工在长期的实践中形成并共同遵守的基本信念、价值标准和行为规范，在很大程度上决定了组织成员的实际行动。美国学者迪尔和肯尼迪把企业文化的理论系统概括为 5 个要素，即企业环境、价值观、英雄人物、文化仪式和文化网络。也有一些学者和企业家将使命、愿景、价值观等作为企业文化的主要内容。从中可以看出，尽管学界、企业家围绕着"企业文化"这一概念存在一些不同的观点，但对其基本含义的看法是十分相似的。

在当今的企业管理领域，文化战略管理已经上升到主流地位。然而，从管理理论的发展轨迹来看，企业文化理论达至现今的水平经历了一个较长的发展过程。从 18 世纪 60 年代算起，管理理论的发展可划分为三个阶段：从 1771 年第一家现代企业在英国诞生，到 1911 年科学管理理论形成前的 140 余年时间里，企业管理被称为经验管理阶段。从 1911 年泰勒提出科学管理原理后的 70 年时间，企业管理一直处于科学管理阶段。1981 年，以理查德·帕斯卡尔和安东尼·阿索斯出版《日本的管理艺术》一书为标志，企业管理翻开了新的篇章，文化管理阶段从此开始。20 世纪 90 年代末以来，许多学者把文化战略划入战略管理系统，文化战略管理逐步演化成主流趋势，并达至当今企业管理的最高层次。

美国哈佛大学教授特伦斯·迪尔和艾伦·肯尼迪在《企业文化：企业生活中的礼仪和仪式》一书中，用丰富的例证阐明了一个事实：凡是取得

---

① 周三多等：《管理学：原理与方法》，复旦大学出版社 2018 年版，第 271 页。

成功的企业都有优秀的企业文化。正是企业文化这一非技术、非经济的因素，直接影响着企业战略、人事任免、经营决策乃至全体员工的行为。两个其他条件极为相近的公司，由于企业文化的优劣之别，二者的发展会出现完全不同的状况。

企业文化就像一只看不见的手，推动着战略的制定和实现，无时无刻不在发挥着作用。企业文化是企业的 DNA，深深植根于全体员工共同的心智模式中。企业执行战略的能力，在很大程度上取决于公司的组织文化。

彼得·德鲁克为了强调企业文化的重要性，曾说过一句很容易引起歧义的狠话："在文化面前，战略不值一提。"这是在说战略不重要还是说文化太重要了？其实，这位管理大师始终认为战略和文化都十分重要，只是在讲到文化的时候，为了强调其特殊的重要性才会说出这样的惊人之语。

美国 IBM 老板汤姆斯·华生认为，企业文化就是企业的生产力、竞争力。企业文化之于企业，就像空气之于人，看不见，摸不着，但是离开它企业绝对无法存活。企业文化就是木桶的桶箍和木板间的粘逢剂，没有好的企业文化，企业就是一盘散沙。这些话说得非常中肯。多年来，人们见到了太多活不下去的企业，看到了太多一盘散沙的企业，归根结底就在于这些企业未能创立和坚持优秀的企业文化。

一个公司战略活动能力的强弱，在很大程度上取决于公司的组织文化。无论公司的资源品质怎样，价值定位对目标消费者有多大的吸引力，文化这只看不见的手都不会"甘于寂寞"，它既可促进系统内各个组成部分协调运行，也可使其陷入混乱之中。为此，无论什么样的公司，都必须在企业文化建设上多下功夫。这项工作看上去具有务虚的性质，但收到的效果却是实实在在的。

同仁堂创立于 1669 年（清康熙八年），是我国中医药行业闻名中外的老字号。在漫长的历史岁月中，历代同仁堂人始终以"炮制虽繁必不敢省人工，品味虽贵必不敢减物力"为守则，一直信守着"修合无人见，存心有天知"的古训，故其产品以配方独特、选料上乘、加工精湛、疗效显著而享誉海内外。在 350 余年的历史长河中，朝代变了，经营环境变了，员工变了，但同仁堂人重诚信、讲质量，真心实意为顾客服务的文化理念始终未变。正因为如此，这家老字号才能战胜来自不同时代的各种挑战，才能保持基业长盛不衰。在当今的中国企业界，应该大力倡导同仁堂这种通过信守文化传统、实现基业长青的做法。只有当更多的从商者能够将企业文化摆上战略位置的时候，才会有更多的中国企业步入成功的殿堂。

一讲到企业文化，不少人就会嗤之以鼻，甚至十分反感。他们心中想的似乎有理："我们踏入商界，是奔着钱来的，文化值多少钱?"许多商界人士都急切地想从成功企业家的创业故事中寻求赚钱的捷径，有人为此向乔布斯发问。乔布斯明确地告诉人们，自己创办苹果公司是为了实现自己的梦想，而不是单纯为了赚钱。这就涉及人的价值观，涉及企业文化了。到底是为了赚钱而创业，还是为了实现梦想而创业，二者的初心是完全不同的，其路径和结果也会大不一样。文化与赚钱未必有什么矛盾，但谁在前谁在后很重要。

一个人只要步入商界，当然要努力赚钱，赚多少钱常常会成为人们衡量一个从商者是否成功的直接标准。但企业的存在价值却不只是赚钱。正如近代管理理论奠基人巴纳德所说的，企业不是利润工具。追求利润不是企业的目的，而只是股东的目的。在巴纳德看来，企业组织与政府、学校、医院等组织一样，具有相同的要素和性质，也遵循着相同的发展逻辑：学校通过教学活动完成知识的传承和人才的培养；医院向社会提供医疗和健康服务；政府向社会提供秩序和福利；企业则通过生产经营活动向社会提供物品和服务。不同的社会组织除了所提供的物品和服务存在差异以外，其本质是相同的，它们都是社会整体的组成部分，都承担着社会所赋予的角色，都是推动社会进步的力量。不应将股东们追求的目标视为企业发展的最终目的。

赚钱只是企业经营过程中的一个环节和一个结果，并不是最终的目的。钱可成为企业实现战略目标的工具，成为实现个人理想的媒介。比较起来，企业文化就显得更加重要。如果一个公司未能形成优秀的企业文化，就很难产生长久发展的动力。实践已经证明，坚持文化战略的公司未必都能获得成功，但忽视文化战略的公司很难做强做大。

二、价值观是企业文化的核心

虽然学界、企业界对企业文化有着许多不一致的看法，但对于价值观是企业文化的核心是没有异议的。越来越多的学者和从商者开始意识到价值观在战略管理中的极端重要性，并在这方面进行了许多研究，做了许多卓有成效的工作。

应该看到，在当今这样一个多元化的社会环境中，员工的价值观正确了，才会形成优秀的企业文化，企业的精神力量才会被激发出来、凝聚起来。价值观的作用犹如摩天大楼的地基。地基的建造费用不低，却不能居住，看上去没什么用处，但是，如果没有地基，房子建得越高就会越危险，甚至有坍塌的一天。

为什么以价值观为核心的企业文化能够深刻影响员工的行为？这是因为价值观会影响人的心智模式，进而带来其行为的改变。

"心智模式"这个词是由苏格兰心理学家 Kenneth Craik 在 1940 年首先提出的，此后逐渐成为心理学、管理学等学科的常用名词。什么是心智模式？从心理学的角度来说，心智模式指的是一种被植入人们内心深处的心理定势，所展现的是一种人们的行为如何受到支配的心理活动过程。

　　心智模式可被看成由认知、情感和意志三种基本机能构成的心理活动。这三种基本机能相对独立，又相互影响。以价值观为核心的企业文化正是通过对这三个方面产生作用，最终使人们的行为发生相应的改变。当人们肯定某种价值观，或者会将其作为认识的结论加以接受，并做出与此相关的评价；或者会引起相应的情绪体验，产生相同的愿望和态度。而当价值观进入意志层面，就会回答"应该怎么办"或"应该采取什么行为"的问题，人们就会产生采取相关行动的冲动。当认知、情感、意志达成一致性的结果，并融合成相互支持的心智模式时，就会产生强大的行动力。可见，以价值观为核心的企业文化的作用是一个心理层面的内化过程。先进的价值观、优良的企业文化所产生的必然是正向的效能，而不良的企业文化必然会产生负面的效用。因此，好企业都会在企业文化建设上做出不懈的努力。

　　IBM公司前CEO小托马斯·沃森以其切身的感受做出这样的论述：我坚定地认为任何组织为了生存和取得成功，必须有一套合理完整的信念，在此信念之上建立组织的各种方针、政策和行为，这些信念必须先于各项方针、政策及目标，如果后者违背了基本信念，那它们必须被重新选择。他所说的"信念"指的就是价值观。历史已经证明，凡是取得重大成就的组织，都是确立并坚持了以这种信念为主要内容的价值观。

　　万通董事长冯仑也说，人生最重要的还是应当在价值观的培养上下功夫。在价值观上的投资，相当于给人生装上了一个GPS，有了它，在人生的任何时候都能找到方向，找到了方向，一个人就有了生存能力。一个人是这样，一个企业也是这样。应该肯定的是，越来越多的企业家开始认识到培育价值观的极端重要性，这是中国企业家队伍走向成熟的一个标志。为了确立正确的价值观，企业应该积极做好以下几个方面工作：

　　第一，确立有助于企业成长的经济价值取向。企业是一个经济实体，是通过从事创造经济价值的活动来取得利润的组织，并以此获得生存和发展，因而必须坚持正确的经济价值取向。为此，就需要强化有利于实现企业成长的价值理念，以此来规范员工的经营行为。在这种理念的指导下，员工能够自觉按照经济规律行事，主动适应市场变化，积极开展生产和销售活动，不断提供受顾客欢迎的产品和服务。通过提高管理效率，不断扩大再生产，实现资本的增值，努力战胜竞争对手，从而使企业能够获取较高的经济效益。

第二，确立有助于造福社会的社会价值取向。企业是社会的基本单元之一，它的各项活动都是在相关的社会关系中进行的，因此需要正确看待企业与社会的关系。企业不仅仅需要为自己谋取利益，还要为促进社会发展发挥积极作用，因此，企业应该积极解决生产、经营活动所引起的相关问题，更多地为社会造福。在此过程中，不仅要为企业的发展着想，还应积极为社会公益事业作出贡献，特别是在促进就业、保护环境等方面，企业应该形成明确的规范，并做出更大的努力。

第三，确立有助于形成良好道德风尚的伦理价值取向。在企业的发展过程中，需要积极协调人与人、人与自然、人与社会等各方面的关系，确立与此相关的道理准则，并以此来约束员工的行为。为了搞好各项经营活动，必须处理好企业与员工、消费者和合作者之间的关系问题，及时解决其中发生的大量矛盾。为此，企业应形成并遵守相关的伦理道德观念与规范，通过守规矩、讲诚信的企业行为，与各个方面建立起良好的关系。只有这样，才能在企业内外建立起富有正能量的和谐的人际关系，才能减少企业发展的阻力，实现企业的稳步发展。

第四，确立有助于贯彻以人为本的人文价值取向。所谓人文价值取向，就是要将"以人为本"作为价值理念，自觉做到尊重人、关心人、爱护人，切实将这一理念贯彻到企业管理的各个环节中去。企业应是一个以人为中心的组织，只有围绕着人来想问题、办事情，才能解决好与钱和物有关的各种问题，为此，应该积极满足员工的需要，不仅要关心员工的物质利益，还应积极满足他们的各种精神需要，努力为他们创造全面发展的机会。同时，也要给予顾客、供应商和其他合作方人员更多的关心，努力增进与他们的情感，主动照顾他们的利益，不断扩大企业的影响力。

企业存在的价值是什么？这是每个企业家都无法回避的问题。《基业长青》的作者吉姆·柯林斯说，公司领导应该反复问自己："如果世界上没有我们这家公司，人们会觉得缺少什么？"追问的过程，就是寻找核心价值的过程。如果人们丝毫不觉得缺少了什么，就说明你的公司没有核心价值，你的公司存在的理由也许只对你和你周围的少数人有一点意义。这一论述直指企业管理的要害——创造利他价值。创造利他的价值是企业存在的理由，纵观那些能够持久经营企业的掌门人，都是这种能够领悟到企业利他价值的人。不仅如此，他们还能够将这种价值观传递给企业的全体员工，使每名员工都能怀有一颗利他之心，从而实现上下同欲，勠力同心，让企业获得源源不断的发展动能。

关于"利他"，《道德经》里有着更加精辟的阐述："天地所以能长且久者，以其不自生，故能长生。是以圣人后其身而身先；外其身而身存。非以其无私邪？故能成其私。"可见，从我们的老祖宗开始，就已经搞懂了通过利他实现利己的道理。天地万物，唯有不自私，才可能获得长久的生存。

"自来水哲学"是日本著名企业家松下幸之助对企业价值观的一种形象的说法。对这一价值观简洁而明确的表述就是消除贫困，使人类能够享有繁荣和富裕的生活。这是一个多么崇高的价值取向！松下幸之助说，经营的最终目的不是利益，而只是将寄托在我们肩上的大众的希望通过数字表现出来，完成我们对社会的义务。在他看来，企业的责任是把大众需要的东西变得像自来水一样便宜，像自来水一样源源不断地提供给顾客，经营的第一理想应该是贡献社会。能够使顾客受益，企业才能获益。由此奠定了松下公司经营管理的基本方针：质量必须优先，价格必须低廉，服务必须周到。一个企业能够像松下公司这样，将为人类造福作为宗旨是很了不起的，这样的企业不仅会得到消费者的支持，还会使竞争者产生敬畏之心，是社会进步不可缺少的力量。

企业的服务行为从来都不是单向的，接受服务者也从来都不是被动的。企业的利他价值越大，利己的作用也会越强，二者是无法割裂的。当企业的服务领域和服务对象不断扩大的时候，后者必然会对企业的发展产生很强的作用力，企业会成为消费者无法离开并给予回报的对象。其实，那些取得重大成就的企业都是遵循了这个逻辑：低头干的都是与钱有关的事情，但心中想的却是"诗和远方"。如果到一些公司去讲松下的企业文化，很可能会招来"说空话""说大话""唱高调"甚至更加难听的指责，可是，人家都这样干了上百年，并已取得了举世公认的成就，还有什么可质疑的理由？

三、战略的本质是企业文化

如何看待战略与文化的关系是战略研究中经常涉及的一个问题。1812年6月，拿破仑与他的各位将领围在地图旁，一起讨论如何向俄国发起进攻，他们所研究的就是战略；而如何让数十万大军心甘情愿地向莫斯科进军，战胜俄军的抵抗，这里需要的就是文化。可见，文化与战略的地位与作用是不同的。

人们常常会碰到这样的问题：是企业战略决定企业文化还是企业文化决定企业战略？是先有企业战略还是先有企业文化？对于这样一个谁决定谁、谁先谁后的问题，有两种完全对立的看法：一种看法认为是文化先于战略，文化决定战略；另一种看法则认为战略先于文化，战略决定文化。然而，只要从根本上认清文化与战略的关系后就不难看出，显然是前者更加站得住脚。不管是什么样的战略都是由人制定或实施的，无论是制定还是实施战略，都必然会受到人们已经形成的文化理念和价值取向的影响。文化会影响战略的形成，也会制约战略的执行。

研究表明，那些有着强大企业文化的公司，其绩效往往远高于那些缺少文化战略的公司。通用电气公司前董事长和 CEO 杰克·韦尔奇认为，促使企业成功的最重要的因素就是企业文化。他十分明确地指出，企业的根本是战略，而战略的本质就是企业文化。这是对企业文化和企业战略相互关系做出的最科学的界定。

具体来说，企业文化与战略是怎样的关系呢？

第一，战略的制定需要企业文化发挥导航作用。任何一项战略都不会凭空产生，它的制定离不开基本理念和价值观的指引，这就需要企业文化为战略的形成提供必不可少的思想指导。优秀的企业文化能够指导企业形成具有优势地位的战略，并成为企业实现战略的强大驱动力。在企业进行战略谋划的过程中，需要企业文化来增强员工的民主意识，努力将各方面的聪明才智激发出来。企业文化能够引导员工将个人的价值取向与企业的价值观统一起来，使企业的战略目标得到全体员工的高度认可。同时，企业在选择战略路径时，还应充分考虑企业文化对未来战略产生的影响，应该尽可能利用现有的企业文化优势制定出有利于企业未来发展的战略。只有这样，企业战略和企业文化才能更好地相互适应，才能使企业获得长久发展的动力。

海尔集团以"海尔文化激活休克鱼"这一文化理念为指导制定了企业兼并战略，先后兼并了青岛红星电器等 15 家亏损企业。通过实施这一新战略，海尔集团共盘活企业资产近 20 亿元，并使这些企业全部实现扭亏为盈。可见，有了优秀企业文化的引领，才能形成有竞争力的企业战略，才能实现企业的可持续发展。

第二，企业文化是战略实施的可靠保证。每个企业都应着力构建一套有利于战略实施的文化。企业文化不仅决定着战略的内容，也能够促进战略的实施。企业文化在指导企业管理者制定战略的同时，也能够统一员工的思想和行为，调动员工实施战略的积极性和创造性。在企业经营过程中，只有充分发挥企业文化的作用，才能把人心凝聚起来，才能把企业的品牌打造出来，最终实现战胜竞争对手的目的。因此，企业战略形成之后，促进新战略的实施应该成为企业文化的重要任务。

在企业经营活动中，达成对企业新的发展战略的共识，并能够加以实施，不是一件很容易做到的事情。美国学者马奇和西蒙在《组织：无华章经典·管理》一书中，根据科学管理学派、人际关系学派的研究文献及对人性的假设，归纳出组织行为的命题，其中的一个内容是，组织成员天生是消极被动的，他们能够按照指令去完成工作，但缺少主动行动和发挥影响的积极性。这种状况显然不利于企业战略的实施。充分发挥企业文化的导向作用是改变这一状况最可靠的办法。优秀的企业文化能够通过反复提炼概括而形成的语言符号系统描述公司既定的战略目标，指明企业未来的发展方向，在此基础上进行不间断地培训和规范，努力将企业文化转化为全体员工共同的心智模式，从而使企业的价值观变成员工共同的价值追求，变成大家的自觉行动。从中可以看出，优秀的企业文化会产生巨大的感召力，并成为员工搞好战略实施的动因。因此，通过构建先进的企业文化来消除人性假设中的消极成分，是企业文化建设必须完成的任务，只有这样，才能将全体员工的行为引导到贯彻企业战略的轨道上来。

宜家集团自 1943 年创建起，就确立了"为大多数人创造更加美好的日常生活""为尽可能多的顾客提供他们能够负担、设计精良、功能齐全、价格低廉的家居用品"的企业文化；同时，这家公司善于通过讲故事来宣传公司形象，通过多种手段将公司的品牌形象与瑞典的国家印象捆在一起，强化公司的瑞典国家属性。这一企业文化成为其实施公司全球化战略的有力保证。至 2020 年，宜家集团早已跃居全球家居用品商家首位，营收达到 396 亿欧元。

第三，企业文化的激励功能能够促进企业战略的实施。从企业管理的实际情况来看，不少公司未能将激励与企业的发展战略联系起来。美国哈佛大学教授罗伯特·卡普兰等对美国公司所做的调查问卷显示：74%的高层管理者认为，他们的薪酬只与企业的年度目标挂钩；只有不到 1/3 的人认为，他们的奖金与企业的长期战略目标相衔接；只有不到 10%的中层管理者和基层员工认为，他们的奖金与企业的长期战略目标相连接。[①] 马奇和西蒙在《组织：无华章经典·管理》一书中还提出了这样的命题，即组织成员的态度、价值观和目标影响组织，只有受到激励或诱导，他们才会参与组织行为系统。马奇和西蒙认为，个人是否有协作意愿决定于贡献和诱因的平衡，这里的诱因是组织为满足个人的目的和动机提供的激励，贡献是有助于实现组织目的的个人活动。[②] 也就是说，在通常情况下，个人的协作意愿是需要激励，需要加以诱导的，只有通过有效的激励才能使个人作出组织所需要的贡献。企业的文化管理恰好能够满足这样的需求。那些企业文化建设搞得好的企业，善于通过物质奖励与精神激励相结合的方式来达到这样的目的。这样的做法不仅能够适度满足人们对财富的渴望，更重要的是能够满足人们在非财富最大化方面的追求。可见，在战略实施过程中，企业文化发挥着不可替代的作用。

第四，企业文化能够对战略的实施发挥良好的约束功能。以科斯为代

---

① 李相银、张焱：《企业战略执行的障碍及对策》，《改革与战略》2010 年第 10 期。
② 〔美〕詹姆斯·G. 马奇、赫伯特·西蒙、哈罗德·格兹考著，邵冲译：《组织：无华章经典·管理》，机械工业出版社 2013 年版，第 73—74 页。

表的新制度经济学派认为，一般来说，人都具有为自己谋取最大利益的机会主义行为倾向，当个人与组织之间产生利益冲突时，人们通常会倾向于维护个人利益，而忽视企业和社会的利益，因此，相应的约束机制是不可缺少的。企业文化是决定人们行为的"总开关"，是一种软约束，也是最深层次的管理行为。当员工的行为超出了企业规范的界限，心理上会感到内疚，并会受到集体意识的压力和公共舆论的谴责，促使其自动纠正错误行为，因此，如果企业建立了被员工普遍接受的优秀企业文化体系，就会形成有利于员工进行自我控制的风气，也会在员工之间形成非正式监督和无形的组织准则约束，这会使企业的战略管理取得更好的成效。

随着社会环境的不断演变，作为软约束的企业文化发挥着越来越重要的作用。被美国《财富》杂志评为"美国最佳雇主公司"之一的金士顿公司秉持忠诚、尊重、弹性和诚信的原则，构筑了一种充满人文情怀的企业文化。金士顿投入8亿美元给员工购买住房，员工去外地出差可以赠送旅游，4500多名员工上下班从不打卡，从未搞过绩效考评，没人知道KPI是什么意思……但是凭着企业文化的这种软约束，金士顿早已达成了战略目标，并顺利进入世界500强。

第五，企业文化必须实现与战略的相互协调。企业文化形成以后，会具有一定的稳定性和持续性，并且会在企业的成长过程中逐步得以强化，给变革带来较大的难度。同时也应看到，企业文化与企业战略是不可分离的，企业文化对战略实施的影响是双向的，优秀的企业文化能够促进战略的实施，而劣质的企业文化也会阻碍企业战略的实施。当企业制定了新的战略以后，就会要求企业文化与之进行匹配，原有的企业文化就需要加入新的战略实施的要素，特别是要及时剔除原有文化中与新战略相悖的内容，尽力从企业文化方面消除对新战略的实施造成的阻力。因此，在战略管理过程中，企业新旧文化的协调与更替是企业战略得以成功实施的重要保证。

近些年来，在世界范围内进行跨国并购的企业并不少见，但不少企业以失败收场，其中的一个主要原因就在于两种完全不同的企业文化难以兼容。有的专业人士在对跨国并购进行研究后提出了"七七定律"，即70%的企业并购未能达到预期的商业目标，而其中70%的原因是并购后的企业无法完成文化融合。但也有一些企业的兼并取得了成功。吉利集团在完成并购沃尔沃之初，就成立了全球型企业文化研究中心，努力推动多种文化的交流与融合，建立起一种以相互尊重、相互包容为核心的企业文化，从而使吉利的企业并购战略得到较好的实施。

四、像阿里巴巴那样去打造优秀的企业文化

所谓创业，实际上是一个无中生有的开创性过程，是一个将人的因素、物的因素高效整合起来，进行新的价值创造的过程，其中的难度和风险是可想而知的。在此过程中，需要精神的依托、智慧的启迪、奋斗的力量……而生成这一切的基础是优秀的企业文化。从某种意义上说，每一个优秀企业都是由优秀的企业文化孕育出来的。

从本质上来说，企业文化是一种意识形态，只有通过转化、外化才能作用于企业发展的客观进程，才能将其变成生产力、竞争力。打造企业文化是每个企业都会遇到的现实问题，而要完成这一任务并不是一件很容易的事。衡量企业文化优劣的标准在于其是否符合所属企业的实际，是否有助于企业形成竞争优势，是否符合企业的战略需要，只有在企业的经营实践中实现了这样的目的，才可被视为优秀的企业文化。

为了打造优秀的企业文化，阿里巴巴经历过艰辛的探索。2001年年初的阿里巴巴，名气已经不小了，但公司的运营却陷入困境：多地团队的配合出现混乱，公司缺乏清晰的管理架构，银行账面仅剩1000万美元……如

果效益不能快速增长，公司只能再撑五六个月。更加需要正视的是，入职人员不仅越来越多，而且成分愈加复杂，公司管理面临许多新课题。此刻的阿里巴巴必须做出新的改变。

新年伊始，阿里巴巴就围绕愿景、使命、价值观开始了热烈的讨论。

阿里巴巴的愿景和使命早就装在高层的脑子里，将其打造成一家能够存续102年的百年老店就是阿里巴巴的愿景，让天下没有难做的生意就是公司的使命。但谈到价值观时，大家却卡壳了。经过6个人长达7小时的讨论，终于确定了公司价值观的基本内容，即激情、创新、教学相长、开放、简易、群策群力、专注、质量、服务与尊重，被称为"独孤九剑"。

就这样，阿里巴巴的愿景、使命、价值观正式落地了，阿里人商业思想的核心内容由此诞生。此后，尽管其贯彻执行经历了曲折的过程，但最终还是得到大家的认同，并成为阿里人奋力前行的精神源泉。随着公司的快速发展，这一价值观也在逐步升级，后来精练为"六脉神剑"。阿里巴巴曾表示，阿里历史上所有重大的决定，都跟钱无关，都跟价值观有关。对于这一说法，不少商界人士没能听懂，在他们看来，思想、价值观，能变现吗？商人想的做的事情怎么会离得开钱呢？实际情况是，阿里在诸多时刻的取舍和抉择，其深层次的根源均是其价值观。

后来，阿里巴巴根据形势的变化，对企业价值观进行了新的升级。据悉，阿里巴巴的"新六脉神剑"历经14个月的反复推敲才得以完成，为此，公司召集467名不同层级的组织部门成员共开展了9场专题讨论；对位于世界各地的各事业群进行了广泛调研，听取了不同层级、岗位和年龄员工提出的意见，收到了近2000条建议反馈；然后由专门人员逐字逐句予以推敲，前后共修改了20多稿。可见，阿里巴巴对这项工作有多么重视！

被称作"新六脉神剑"的价值观由阿里人十分熟悉的六句话组成——客户第一，员工第二，股东第三；因为信任，所以简单；唯一不变的是变化；今天最好的表现是明天最低的要求；此时此刻，非我莫属；认真生活，快乐工作。这六句看似寻常的话语蕴含着极大的能量，已成为激励阿里人履行使命、实现愿景的原动力。

在当今这个以结果论英雄的社会环境中，人们往往只看到阿里巴巴卓越的经营业绩，却不关注其在打造企业文化方面所付出的如此巨大的努力，实际上这是一种本末倒置的看法。正是因为阿里巴巴在企业文化建设上取得了成功，才使其获得了强大的发展动力，并形成了巨大的竞争优势。

实践证明，仅有搞好企业文化建设的决心和热情是不够的，还应努力将企业抽象的文化理念外化成具象化的存在，将其变成能够让员工看得见、摸得着、可操作的东西。为此，阿里巴巴进行了深入的探索，投入了很大的力量，创造了非常实用的工具。

"文化道具"是阿里巴巴打造企业文化的有效工具之一。这一工具的主要作用是以"物"的形式实现"心"的连通，从而达到"管心"的目的。其中的一个简易的方式就是在适当的办公场所设置一些能够体现企业文化意涵的符号、器具或设施，以此作为文化的载体，实现文化理念的输出与外化，从而取得一种潜移默化的效果。例如，淘宝公司内有一面倒立墙，每当新员工入职时，人力资源经理就会组织他们去倒立墙前练倒立，以此来帮助新员工了解和体验公司的传统，让淘宝员工学会用上下交替的视角来观察世界。在此过程中，也促进了员工之间的交流，拉近了彼此的距离。淘宝的这种"倒立文化"在员工中产生了很好的反响。设置"文化道具"的价值在于管理者可以借助企业文化载体的作用，通过日常工作来完成企业文化的传递，让企业内外的人们都能受到企业文化的影响。

"虚拟组织"是阿里巴巴打造企业文化的又一个工具。虚拟组织指的是在企业正式组织系统之外自发形成的较松散的群体，寻求的是一种与正式组织不同的互信关系，比如企业员工以不同爱好为纽带形成的团体就具有这种性质。在阿里巴巴，最大的虚拟组织就是"阿里十派"，员工可以根据自己的爱好和特长，分别加入 10 个不同的"帮派"——电影派、英语派、摄影派、宠物派等。阿里官方对"阿里十派"给予了充分肯定，将其看成"文化传播机""快乐制造者"。阿里巴巴的虚拟组织在企业文化建设中发挥了正式组织无法起到的作用。

"价值呈现"也是阿里巴巴打造企业文化的工具之一。企业文化建设必须坚持把价值观的培育作为核心内容，只有抓紧做好这方面的工作，才能将企业文化的全面建设带动起来。因此，必须采取领导讲话、员工培训、配合活动等多种方式搞好价值观的宣传和灌输，以使其深入人心，并转化为全体员工的自觉行动。在此基础上，还要注重增强员工对企业使命、愿景的认同感。应该注意的是，价值传递不能变成主管部门的独角戏，绝不能游离于业务工作之外，只有让全体员工切实感受到企业文化对于公司发展所发挥的实际作用，相关工作的开展才会得到应有的支持和肯定。

"传承布道"是阿里巴巴打造企业文化的又一个工具。所谓"传承布道"，就是在企业内部建立一个专门进行文化传播的网络，以此来更好地实现企业文化的传承。这个网络通常由高管、老员工、标杆人物、一线管理人员共同组成，这些人员在企业内部都具有一定的影响力，他们带头搞好文化传承必然会产生辐射效应，必然会激发全体员工践行企业文化的自觉性。应该针对年轻员工的特点，积极开展团建等多样化的活动，不断加大"传承布道"的力度，切实把企业文化工作做得更加丰富多彩。[①]

企业文化是相对稳定的，但打造它的工具却不是一成不变的，应该根据企业的实际需要，及时对工具予以更新或优化，努力打造优秀的企业文化。只要能够坚持这样做下去，企业文化建设水平就会不断得到提高。

---

① 欧德张：《铁军团队》，中信出版集团 2020 年版，第 3 页。

第十二章

战略执行，将战略变成现实

战略执行力是企业运用自身的各种资源和管理机制实现战略目标的综合性能力，由共识、协同和控制三大要素构成。这三大要素并不是彼此独立的，它们共同决定着企业战略执行力的强弱，而战略执行力的强弱必然对战略执行的成效产生直接的影响。

企业能否将已经形成的战略加以有效实施，取决于其战略执行力的强弱。战略执行力是企业运用自身的各种资源和管理机制实现战略目标的综合性能力，由共识、协同和控制三大要素构成。这三大要素并不是彼此独立的，它们共同决定着企业战略执行力的强弱，而战略执行力的强弱必然对战略执行的成效产生直接影响。

一、战略执行，战略管理的重中之重

战略制定和战略执行相互依存、相辅相成，共同构成战略管理的整体系统。战略制定是战略执行得以完成的前提和基础，战略执行则是战略制定的延续和目的。对于企业而言，战略执行就是将已经形成的战略逐步加以落实的过程。

美国学者拉里·博西迪和拉姆·查兰认为，战略执行是一套系统化的流程，包括对方法和目标的严密讨论、质疑，坚持不懈地跟进以及责任的具体落实，包括对商业环境做出假设，对组织能力进行评估，对战略、运营及实施战略的相关人员进行安排，对相关人员及其所在部门进行协调，对奖励与产出进行安排，包括一些随环境变化不断变革的前提假设和提高公司执行力以适应战略挑战的机制。英国学者格里·约翰逊和凯万·斯科尔斯认为，战略执行表现为一个组织的日常运作流程，通常存在于各职能部门的不同资源领域，这些都需要根据组织的既定战略进行有效的管理。中国学者陈国庆、兰宝英认为，战略执行就是根据企业制定的总体战略制订具体的可实施的计划，进行相应的资源分配，并对计划实施中管理者和普通雇员做出的决策和行为进行控制的过程。[①]

上述中外学者从不同角度对战略执行的内涵做出了概括，从中可以看出，战略执行既是为了贯彻企业战略而展开的一套系统化的流程，也是为了战胜企业面临的挑战而进行的战略控制。在此过程中，通过充分发挥战略执行力的作用，运用各种资源和机制不断推进企业战略的实施，或者对既定战略予以必要的调整以及制定新战略。

一个制定了正确战略的企业未必能够取得成功，只有同时拥有超越竞争对手的战略执行力的企业，才可能将战略蓝图变成现实。一般来说，依靠企业战略管理者及员工的经验和智慧，借助适当的战略管理工具和外部咨询机构的协助，战略制定总是能够完成的。战略执行就不同了，它会经历比战略制定更加复杂的过程，而且容易受到来自多方面不可控因素的影响。2015 年的《CEO 调查》显示，72% 的 CEO 认为执行战略比制定一个好的战略更难。由此可见，只有找到一种使其真正"落地"的途径，战略才能体现真正价值。

从理论上说，战略执行力是指通过一套有效的系统、体系、组织、文化和工作流程及方法等把战略决策转化为预期结果的能力。着眼不同的角度，可以对战略执行力做出不同的理解。IBM 前总裁郭士纳认为，执行力就是把战略目标转化为行动计划，并对其结果进行测量的能力。通用电气前 CEO 杰克·韦尔奇认为，执行力就是务实运作的细节。戴尔公司总裁迈克尔·戴尔认为，执行力就是员工在每一个阶段都一丝不苟地切实执行。可以看出，这些叱咤风云的商界人物都对战略执行力做过深入的思考，正是因为这样，才使他们成为具有一流战略执行力的企业家，才使他们管理的公司取得了举世瞩目的成就。如果一个企业缺乏强大的执行力，

---

① 李亚龙：《战略执行研究述评与展望》，《经济问题探索》2013 年第 2 期。

再卓越的战略、再巧妙的策略、再严密的制度最终都会成为结不出果实的花朵。因此，每一个企业都应该积极打造强大的战略执行力。

美国《财富》杂志披露：在所调查的美国企业中，得到有效执行的战略还不到 10%，而大约 70% 的美国企业失败于其战略未能得到有效执行。① 许多投资者已将战略执行作为判断企业价值最重要的非财务因素。美国管理学家拉里·博西迪和拉姆·查兰在《执行：如何完成任务的学问》一书中指出，大多数情况下，一家公司和其竞争对手之间的差别就在于双方的执行能力。企业经营失败往往不是因为采取了错误的战略，而是由于好的战略能够被准确地执行，执行不力才是企业经营失败的真正原因。他们指出，仅 2000 年一年，《财富》500 强的前 200 名公司中就有 40 家的 CEO 被解雇或被迫辞职，其原因并不在于其所制定的战略本身，而在于战略没能被有效执行。他们把这种不受人关注而又十分重要的战略执行过程称为"不为人知的鸿沟"。②

无论是理论还是数据，都足以证明战略执行不仅是战略管理十分重要的组成部分，而且最终会对企业发展产生决定性的影响。对于企业来说，完成了战略制定，只是完成了战略管理的上篇文章，只有继续完成战略执行这一下篇文章，才可能取得预期的战略成果，因此，绝不能把战略管理看成开开会、拍拍脑袋、写写文件就能做到的事情。只有那些高度重视战略执行，并能够将其纳入战略管理过程并始终抓住不放的管理者，才能逾越"不为人知的鸿沟"，才能最终取得战略上的成功。

华为作为企业战略管理的典范，有着极为强大的战略执行力。为了建立国际一流的流程管理，华为高价聘请 150 名 IBM 专家担任顾问，指导相

---

① Ram Charan, Geoffrey Colvin, "Why CEOs Fail," *Fortune*, Vol. 6, 1999, pp. 68—78.
② 〔美〕拉里·博西迪、拉姆·查兰著，刘祥亚等译：《执行：如何完成任务的学问》，机械工业出版社 2008 年版，第 5—6 页。

关部门一步一步进行 IPD（集成产品开发）的研发流程改造。这一举措遭到一些员工的抵制和反对，对此，华为的管理团队展现出非凡的执行力。1999 年 11 月 16 日，在公司阶段工作总结汇报会上，任正非斩钉截铁地表明态度："在改进管理和学习西方先进管理方面，我们的方针是'削足适履'，先僵化，后优化，再固化。""37 码就 37 码，脚大了把脚砍掉一些也得穿，不愿砍脚的人，你就……靠边站。""推行流程的态度要坚决：不适应的人下岗，抵触的人撤职。要一层层往下面落实，搞不起来我就要拿你们开刀，这是毫不含糊的!"正是凭借这种超常的战略定力，华为才在这次脱胎换骨的改革中一跃成为国内科技行业的领跑者。这一过程再次说明，能够制定一个好战略的企业是很了不起的，而能够使一个好战略得到执行则更加了不起。

企业战略是由多个层次构成的体系，其中不止有规划公司全面发展的总体战略，还包括与其相匹配的事业部战略和职能层战略。在事业部和职能层分别形成与公司总体战略相衔接的战略，既是对总体战略的分解和贯彻，也是对总体战略进行完善与深化的过程，理应被视为战略制定过程的延续。如果企业不同层次战略之间未能实现内在的契合，或者总体战略未能与事业部战略和职能层战略实现有效匹配，战略执行很难取得成功。一旦出现了这样的情况，仅靠提升战略执行力是无法从根本上解决问题的。可见，战略执行是有前提的，那就是只有当战略制定不发生错误时，战略执行才可能产生良好的成效。

值得注意的是，有的企业明明是因战略管理者决策失误造成的困境，却不愿正视、不愿承认，反而将责任推给战略执行者，这是本末倒置的做法。

比较常见的情况是，企业在战略执行过程中，由于环境的变化与事先的预期出现较大差异，需要对企业战略进行相应的补充或调整。在这种情况下，战略执行就不能按照原有的方案继续下去了，应该把精力集中到如何进一步完善现有战略上来。如果看不到这一点，非要继续做下去，肯定不会有好的结果。到那时，就不能将战略执行力不强作为战略无法实现的借口了。

二、战略共识，战略执行的基点

战略共识是企业员工和外部利益相关者在形成和实施战略的过程中对公司战略形成的认同感和责任心。战略共识是战略执行的基础，它不仅使大家知道战略是什么，更重要的是使大家能够发自内心地去执行。员工在战略共识方面达成的程度越高，战略执行的成效就会越大，公司也越容易形成较强的合力；反之亦然。

战略共识由战略理解、战略认同和战略承诺三个方面构成。战略理解指的是企业各级员工对企业战略的内容、逻辑和实施路径的认识，反映的是战略共识的认知特性，是达成战略共识的前提条件。只有管理者对企业战略有了共同的理解，才可能接受战略的内容，形成统一的思想，进而使员工的行为具有较高的协调性。战略认同则反映了人在情感上对战略的接受程度，加强这一过程能够加大战略共识的深度。战略承诺则进入意志层面，已经成为人们行动的启动阶段。在实践过程中，只有企业的各层级员工深刻理解、普遍认同企业的战略，并且通过心理上和口头上的承诺展现出行动的决心，积极投身战略的实施过程，企业的战略执行力才会真正得到全面提升。这个阶段之所以重要，是因为企业战略的有效执行不仅要求企业各层级管理者的服从，更需要他们的积极参与和有效配合。

达成战略共识是一件不容易做到的事情。据一家大型技术公司的调查显示，相当大比例的公司高管不仅搞不清楚公司的战略重点是什么，而且也搞不清楚个人的工作对实现公司战略的意义所在。在这一调查中，能答对公司五项战略重点内容中三项的人只有 1/4；更加令人意外的是，负责战略实施的团队成员中竟有 1/3 的人一项都答不上来。试问这样的管理者何来战略执行力？

实际上，存在这种情况的远不止这一家公司。据研究机构对 124 家公司做的调查分析显示，在负责落实公司战略的高管及中层管理人员中，只有 28% 的人能够把公司的战略重点写对三项。在这些战略共识程度较低的公司里，战略执行的效果会大打折扣。因此，战略共识是一项需要不断强化的工作。[①]

想要达成战略共识，必须对公司不同层级的管理者采取不同的对策和方式。研究表明，在战略沟通过程中，企业各层级管理者的关注点是不同的，许多中低层的管理者常常只注重眼下的日常事务，并不把公司战略当回事，因而不能主动配合高层管理者做出战略方面的部署。不同层级的管理者不仅在战略的认知上存在一定的差异，在战略执行过程中也力度不同。不少企业正是因无法在各个层级形成充分的战略共识，才削弱了企业的战略执行力。针对这些情况，企业应分别采取有效对策，加大与各个层级人员思想沟通的力度，切实将增强战略共识的工作落到实处。

首先，公司内部应取得战略共识。努力使公司高层取得战略共识，尽力消除高管在战略认识上存在的分歧。公司高层必须带头认可公司战略，带头在公司战略的认识和行动上达成一致，而绝不能各行其是。现实中，不少高管往往以各司其职为满足，仅仅关注各自负责的具体事项，习惯于从所管辖的部门视角来思考问题，而把公司战略抛在一边。要改变这种现状，仅靠召开全员大会是不够的，高层管理者首先应将公司战略学懂弄

---

① 〔美〕唐纳德·萨尔等：《高管就清楚公司战略吗》，《商业评论》2018 年 11 月 12 日。

通，只有自己理解了，认同了，才能内化于心。同时，高层管理者应抓好自己的直接下属，引导他们加深对公司总体战略的理解，让他们明白自己的职责在企业总体战略中所起的作用。每位高管都应经常强调所管业务的具体目标对于整个公司战略有什么意义，引导大家认清在公司战略中各个部门、各类人员所担负的责任。各级主管都应通过层层传递公司战略，熟知所分管的团队工作的意义，引导大家搞清楚自己开展的业务对团队意味着什么，对整个公司发展有何价值。每个公司都应使各层级管理者能够主动从整个公司战略的高度来理解团队的工作目标。

其次，有效的战略执行还需要与企业各利益相关方努力达成战略共识，以便更好地与他们合作，从而形成有利于企业发展的利益共同体。如果企业无法与外部利益相关方达成战略上的一致，一些影响战略执行的重要外部要素就可能出现缺失，致使企业内部战略执行的努力受到不利的影响。

"颠覆式创新"的首倡者克里斯坦森曾分别为柯达和英特尔两家公司做过战略咨询，但二者的结局却截然不同：英特尔续写了辉煌，柯达却走向了末路。出现这种情况的原因是多方面的，最主要的是由管理层无法达成战略共识导致的。

柯达公司曾经是世界上最大的影像产品及相关服务的生产和供应商，业务曾遍及世界150多个国家和地区，雇员在鼎盛时期超过14.5万人。在影像拍摄、输出和显示等领域，柯达长期处于世界领先地位，但在与数码技术企业的商战中，柯达最终败下阵来。2012年1月19日，公司申请破产保护，拥有131年历史的百年老店就这样灰飞烟灭了。

许多人不知道的是，数码相机是由柯达公司在1975年率先发明，并将其应用到航天领域的。早在1998年，民用数码相机就已在柯达投产，但管理层却无法就公司的转型达成战略共识，未曾认识到数码技术产生的创造性破坏力。2002 年底，柯达高层终于认清了影像行业已从"胶卷时代"进入"数字时代"的趋势，但这一共识达成的太晚了！已经无法挽回公司被淘汰的命运。

与柯达的没落相比，英特尔 CEO 格鲁夫听了哈佛教授克里斯坦森关于"颠覆式创新"的授课后，在此后的一年时间相继送 18 个团队共 2000 多人到哈佛商学院学习。即使现在，英特尔每年都要举办为期 2 至 3 天由管理人员参加的战略长期规划会议。在每次的战略长期规划会议上，格鲁夫都会用两个小时甚至更长的时间阐述英特尔最新的战略构想，这样做的目的只有一个——把公司的战略变成大家共同的思想和行动。格鲁夫说，这一举措让整个公司都用同一套语言和思维框架来讨论问题，所以达成了一个"反常规"的共识。这一决策成为英特尔走出窘境、步入辉煌的最重要的支点。

从中可以看出，战略执行是否成功，关键在于能否使战略从个别人的理解变成组织的共识。在战略制胜已成趋势的今天，越来越多的行业领先者采取了与格鲁夫相同的做法，用集体学习的方式来提高管理团队的战略共识度，从而实现全体员工思想上的同频共振。

三、战略协同：战略执行的强大推动力

"协同"这一概念最早出现在系统科学的协同学理论之中。协同学创始人哈肯认为，协同或称"协作"，指的是在复杂大系统内各子系统的协同行为产生的超越各要素自身的单独作用，从而形成整个系统的统一作用和联合作用。这一理论告诉人们，协同作用是一种复杂系统所固有的自组织能力，是促进组织协调运行的内在作用力。

随着管理科学的发展，战略管理研究逐渐接受了协同的观点。在企业

战略的指导下，企业内部各个运营单元通过自我调节和相互协作，从较低级的平衡逐步走向较高级的平衡，这种平衡的转化过程就是协同过程。

在管理理论中，对于"协同"有多种不同的表述。战略管理的鼻祖伊戈尔·安索夫在《公司战略》一书中首次提出了"企业协同性"的概念。他认为，协同理念指导下的战略可将公司多元化的业务联系起来，从而使公司能够更充分地利用现有优势去开拓新的发展空间。在协同理念的指导下，公司整体的价值大于公司各独立组成部分价值的简单总和。安索夫把协同效应通过"1＋1＞2"这一简练的公式表达出来。①

20 世纪 80 年代，著名的战略问题权威迈克尔·波特也阐明了他的战略协同思想。他指出，对公司各下属企业之间的相互关系进行管理是公司战略的本质内容。他建议管理者仔细分析各下属企业的价值链，识别出其中相似的业务行为以及它们之间的相互关系，并据此构造公司的竞争优势。

查可若瓦泽和洛伦茨把战略过程应当适应组织环境看作是一项重要的管理任务，这一任务包括培育战略思维和鼓励跨公司的合作。根据他们的思想，协同是指如何通过合作实体之间的共享能力来巩固合作者彼此之间的竞争地位。② 日本经营管理学者伊丹敬之把企业资源分为实体资产（生产要素、厂房、技术或技能等）和隐形资产（商标、技术专长和管理技巧等）。他认为协同是由隐形资产实现的，所谓协同就是"搭便车"，即从公司某一部分发展出来的隐形资产可以同时被用于其他领域，且不会被损耗掉。③ 哈佛大学教授、公司创新与变革专家罗莎贝斯·莫斯·坎特也指出，

---

① AnsoffHI, *Corporate Strategy: An Analytic Approach to Business Policy f or Growth and Expansion*, Mc Graw-Hill, 1965.

② Chakravarthy BS, LorangeP. Managing the Strategy Process: A Framework or a Multi business Firm, Prentice—Hall, Englewood Cliffs, NJ, 1991.

③ 〔英〕安德鲁·坎贝尔著，任海通、尤大伟译：《战略协同》，机械工业出版社 2000 年版，第 21—22 页。

多元化公司存在的唯一理由就是获取协同效应。

从上述学者的诸多论述中可以看出，战略协同是战略管理中的一个重要概念，企业将所掌握的资源和能力通过交流和协调的方式形成核心竞争力，并使其能够在各业务单位之间进行合理的转移和共享，从而使公司的战略执行力得以增强。只有把这方面的工作做好了，才能使企业的人员和资源按照战略发展的需要加以整合，从而形成强大的战略执行力。

实现战略协同，最重要的是要搞好人的协同。企业作为一个创造价值的组织，必须将众多个体整合成一个高效的整体，虽然在经营活动中每个员工所处的位置不同，从事的专业不同，但大家的奋斗目标却是相同的，那就是围绕企业发展的战略需要开展各自的经营活动。只有这样，才能高效利用企业的各种资源能力，生产和提供顾客需要的产品和服务，从而使企业在市场竞争中获取优势地位。此外，企业还应搞好与外部各合作方的协同。企业只是行业价值链中的一环，企业成长离不开所依赖的生态系统，只有积极搞好与供应商、客户以及其他合作方的协同，才能使企业的生存和发展得以保证。

企业靠什么去搞好整合？首要的是用好利益杠杆。企业不仅要使自己活得好，也要让别人活得好，如果把别人的利益都拿走了，合作之路也就被堵死了。因此，每个企业都应积极为合作方着想，高度重视合作伙伴合理的利益关切。尽管企业与各合作方之间会产生利益之争，但应设法找到"最大公约数"，从而实现合作共赢。

华为的"铁三角"协同模式对于促进公司的战略执行发挥了十分重要的作用。这一协同模式是在华为公司的苏丹代表处最早出现的。2006年8月，苏丹代表处在投标一个移动通信网络项目时失败而归。在总结失利原因时，大家一致认为，这次失败主要是由内部协同不够造成的，主要表现为不同的部门各自为政，相互之间缺乏沟通，信息无法共享，各部门对客户做出的承诺也不一致。

针对这一问题，华为苏丹代表处开始组建以客户经理、解决方案专家和经理、交付专家和经理为核心的项目管理团队，形成以项目为中心的直接面向客户的一线作战单元，从以前点对点被动响应客户变成面对面主动对接客户，从而达到了全面理解客户需求的目的。苏丹代表处形象地将这种项目核心管理模式称为"'铁三角'协同模式"。

"铁三角"协同模式很快取得了成效。2007年，苏丹代表处通过这一模式在苏丹电信塞内加尔移动通信网络项目的竞标中取得了成功。鉴于这一模式产生的良好成效，华为在全公司对其进行了推广，大大提高了公司战略协同的成效。

2009年，华为以LTC（线索至回款）流程变革为契机，进一步完善了"铁三角"协同模式，构建起立体化的"铁三角"运作体系。这一协同模式的全面实施，大大降低了内耗，增强了公司各级组织的合力，有效增强了企业战略的执行力。

四、有了战略控制，战略执行才不会脱离正轨

战略控制是指在企业的战略执行过程中，适时检查相关活动的进展情况以及战略实施后的经营绩效，将其与企业的战略要求进行对照并做出全面评价。在此过程中，需从中找出战略实施过程中存在的缺失，分析其产生的原因并切实加以纠正，从而使战略执行更加符合企业当前所处的内外环境。战略控制能够对战略执行进程进行有效追踪和调整，确保企业运营不会偏离企业战略确定的正确方向。

对战略执行进行控制与评价既有区别又有联系。要对战略执行进行合理的控制，就离不开科学的评价，只有依据科学的评价才能保证战略控制

的质量。战略控制的质量提高了，战略执行才能取得更大的成效。无论评价方面的工作做得多好，都只是手段而不是目的，及时发现和解决战略执行过程中出现的偏差，实现更加有效的战略控制才是目的所在。战略控制主要针对战略执行的过程，而战略评价则侧重于针对战略执行的结果。

搞好战略控制必须完成对战略执行进程中的信息及战略执行行为的控制。

战略执行有赖于高效的战略信息控制系统。离开了这个系统，就可能陷入战略进程偏离正轨而不自知的窘境，也会因未能及时对战略做出必要的调整而造成严重失误，最终导致战略执行难以取得预期的成效。在战略管理活动中，既定的战略只是一个可能引导企业到达目的地的预定途径，企业在战略执行过程中会遭遇许多意想不到的机遇或风险，因而无法始终朝着预定的方向前行。在这种情况下，如果失去了战略信息控制系统的辅助，就容易对企业战略的发展态势做出误判，就会因继续实施已经不合适的战略而给企业的发展带来风险。

战略控制的另一重要做法是行为控制。在此过程中，应该将员工的业绩考核和奖罚制度与战略执行进行有效的对接，促使大家能够按照预定的战略、策略从事各项经营活动。为了避免战略执行脱离正轨，要设法将员工的自身利益与公司所期望的战略结果衔接起来。业绩考核和奖惩制度与员工战略执行的表现挂钩，能够促使员工在追求自身利益的同时积极贯彻企业战略。

在企业经营实践中，战略控制涉及公司层、事业层、产品层三个层面。公司层的战略控制主要解决的是公司所涉及的业务领域内的问题。企业通过充分发挥协同效应，能够不断提升产品销量，降低生产成本，不断提高产品利润率。事业层所涉及的问题包括竞争策略的选择以及企业的绩效考核。竞争策略包括成本领先战略和差异化战略，企业必须根据实际需要在两个竞争策略中选择一个。除竞争策略外，企业不同业务的绩效考核也属于事业层战略控制的一部分，常用的考核方法是基于价值的衡量指标，例如经济附加值（EVA）、现金流投资回报（CFROI）、现金增加值（CVA）等。EVA 和 CVA 基于股东价值理念，计算时考虑资本成本，这一点优于传统的考核指标。产品层需要决定销售产品的类型、产品价格、产品在其总生命周期的成本、对产品销量的预测等。另外，企业还需考虑新产品上市后产生的协同效应或对已上市产品销量的影响。对此，企业应对产品进行产品经济性分析与评价，通过成本企划以及生命周期成本核算来确定产品成本。

2021 年 1 月 29 日，多家新闻媒体发布消息：海航集团申请破产重组！这个消息令人大为吃惊。当年的海航多么辉煌啊！资料显示，海航集团于 1993 年成立，经历 27 年的发展，从单一的地方航空运输企业发展成为跨国企业集团。海航集团旗下参控股航空公司 14 家，参与管理机场 13 家，机队规模近 900 架；开通国内外航线约 2000 条，通航城市 200 余个，年旅客运输量逾 1.2 亿人次；旗下海南航空连续 10 年获评 SKYTRAX 全球五星航空公司；旗下海口美兰国际机场为全球第 8 家、国内首家（除港澳台地区）SKYTRAX 五星级机场。谁能想到，海航也会轰然倒下？那它为什么会撑不下去了呢？根本原因就在于公司的战略控制机制失效。

多年来，海航始终坚持以环境为基点的战略思维模式，公司业务超出了企业自身的承受能力。据报道，事实上，海航的资金链所存在的问题早已浮出水面。从 2015 年开始，海航集团就开启了快速扩张战略，面向全球推出了"买买买"模式。在此期间，企业资产快速上升，仅两年就突破了万亿美元大关，旗下汇集了航空、物流、金融、房地产等七大产业，拥有 11 家上市公司。仅两年时间，海航就"烧"掉 5600 亿元。如此快速的扩张绝不能靠"拍脑袋"来完成，必须依靠公司决策者和有关部门对战略执行过程进行严密的跟踪和评价，及时进行必要的纠偏。不幸的是，这种正常的经营逻辑并未在海航出现。"买买买"后，随之发生的是其投资项目资金回笼速度远低于"烧钱"的速度。在这一恶性循环中，海航的负债已不堪重负。截至 2018 年年底，海航的债务总额已高达 7500 亿元。

无奈之下，在财务危机爆发之初，海航管理层不得不大力推销资产，公司又开启"卖卖卖"模式，海航集团旗下 300 多家公司 3000 多亿元资产被出售。其中当初被海航集团以 47 亿元收购的"文思海辉"，仅以 5 亿元价格被售出，其遭受的损失可见一斑。民营企业的资产也是中国人的财富，海航的巨大损失真是让人心痛不已。

海航的失败告诉人们，战略控制是企业发展不可缺少的能力。一家公司无论多么成功，只要失去了这种能力，就可能积重难返，得而复失，最终踏上不归路。

五、战略执行需要有效的工具

企业增强战略执行力仅靠一般要求很难实施，必须转化为可操作的方法，必须变成大家的实际行动，为此，就需要有效的管理工具。目前，得到国内外商界普遍认可的战略执行工具就是平衡计分卡。

20 世纪 90 年代初期，美国学者戴维·诺顿和罗伯特·卡普兰对 12 家业绩处于领先地位的公司做了为期一年的研究后，提出了平衡计分卡考评体系。这一考评体系旨在转变传统的以财务指标为核心的绩效评价体系，而将非财务因素引入企业管理机制。平衡计分卡从财务、客户、内部运营、学习与成长四个角度来评价企业的业绩，并将企业的当前业绩与未来发展相联系，运用能够体现企业整体状况的绩效指标来促进战略执行。

平衡计分卡的财务因素指的是企业根据财务数据来评价战略成果，即企业当期绩效损益。需要衡量的主要参数有：公司营业收入的增长与结构、降低成本与提高生产率、资产的利用与投资战略。常用的财务指标主要包括资本报酬率、速动比率、销售净利率等。

所谓客户因素，指的是以满足目标客户为中心，通过较详细的市场调查确定企业的目标群体与产品市场，通过提供具有差异化的产品和服务来提高顾客忠诚度，从而为企业创造更多的价值。客户角度的指标主要有：新客户获得率、老客户挽留率、市场份额、顾客满意度等。

内部营运流程一般是在财务和客户目标明确以后确立的，不仅注重改善企业短期内部机制，也会着眼未来产品与服务的革新，目的是实现股东和消费者的利益最大化，一般包括创新、经营、售后三个流程。创新流程通过研发新产品、提供新服务来满足客户不断变化的需要；经营流程需进一步完善现有产品并提供给当前客户；售后流程通过提高售后服务的质量来增加客户的满意度。

所谓学习与成长因素，是一般考核体系不曾采用的内容。这一内容是前三个方面能够达成既定目标的保证。当今的企业面临的竞争十分激烈，技术服务需要不断更新改进，员工需要不断成长。只有这样，企业战略的实现才有可能。这一因素所坚持的核心思想涉及员工、信息系统、组织运作程序三个方面，常用的评价指标有劳动生产效率、信息获取率、员工满意度等。

在平衡计分卡的基础上，卡普兰和诺顿还创造了"战略地图"这一工具。他们在运用平衡计分卡开展服务的实践中发现，有些管理者在列出平衡计分卡四个层面的目标时，会用箭头将不同的目标连接起来。通过这一做法，管理人员可更清楚地阐述他们的战略，即怎样改进某些新技术岗位上员工的技能，从而使关键业务流程得到改善。经过改善以后的流程使传递给客户的价值主张得以强化，由此带来客户业务的持续增长和营业收入的增加，也使股东的价值得到提高。这些积极成果的出现，引起了卡普兰和诺顿两位学者的重视，他们着手指导各管理团队成员通过明确平衡计分卡四个层面目标之间的因果关系来阐述企业战略，由此将这张图称为"战略地图"。这张战略地图能够帮助员工搞清楚企业的战略目标是如何一步步实现的，员工个人的贡献对企业战略的实现起到了怎样的作用，帮助员工明白公司的行动纲领和个人的努力方向，较好地消除了战略管理实践中常见的在理解与沟通方面存在的障碍。

《财富》杂志所做的调查表明，世界前 1000 家公司中已有超过 70% 的公司运用了平衡计分卡，这一系统被《哈佛商业评论》评为 75 年以来最具影响力的战略管理工具。近年来，平衡计分卡也受到中国学界和商界的广泛关注和认可。各界普遍认为，平衡计分卡体系的运用会引起中国企业的业绩评价乃至整个企业管理发生重大变化。平衡计分卡在中国航空技术进出口公司、青岛啤酒股份有限公司和光大银行等多家企业的成功实施，为中国企业运用平衡计分卡搞好战略执行提供了有益经验。

附 录

作者媒体载文（部分）

强化战略思维　努力化危为机

——致因疫情而焦虑的从商者*

2019 年底，突如其来的新冠肺炎疫情，一下子打乱了中国企业的经营秩序，许多企业遭受严重冲击。面对原材料涨价、物流不畅、工厂停工、招工困难、市场萎缩等问题，企业的经营成本大幅度上升，一旦出现供应链、资金链、产业链断裂，不少企业会难以生存下去。

在疫情还未结束的形势下，企业应该做些什么？这是一个极为重要的问题。从实操方面来说，每个企业如何化解眼前的危机也许是不难想清楚的，但仅仅"头痛医头，脚痛医脚"，似乎太短视了。因此，如何对待危机，就成了企业必须具备的能力。

危机会使人们陷入困境，但也会带来机遇。看到危中有机、能够化危为机才是强者所为。企业家不应仅能在顺境中打胜仗，不应打了胜仗后就自我陶醉，不去考虑可能遭遇的失败，不去为如何应对失败做准备。如果是这样，就很难实现长久的可持续发展。

企业的经营之路充满风险，与风险博弈是企业家无法回避的课题，适度的风险偏好是企业家不可缺少的素质。美国经济学家马歇尔从对企业家活动的分析中，总结出企业家的一个重要身份，即风险承担者。马歇尔强调，企业家要积极主动地承担风险，利润就是对企业家承担风险的补偿。

---

*　本文发布于中闳教育网，原标题为"化疫为机，逆势布局：致当下焦虑的从商者"，引用日期：2020 年 2 月 16 日，https://www.zhongtraining.com/content−6−200.html，本文有改动。

理查德·坎蒂隆和奈特两位西方经济学家也将企业家精神与风险和不确定性联系在一起。他们认为，没有甘冒风险和承担风险的魄力，就不可能成为企业家。企业创新的风险只能对冲不能交易，要么成功，要么失败，没有别的第三条道路，因此，企业家要么想方设法地化险为夷，要么被风险吞没。由此可见，怀有创业雄心的人都应该对应对风险做好充分准备。

美国社会心理学家费斯汀格根据自己的研究提出费斯汀格法则：生活中的10%是由发生在你身上的事情组成，而另外的90%则由你对所发生的事情如何反应所决定。前者的10%是人们无法掌控的，后者的90%则是人们可以决定的。正确理解费斯汀格法则对于人们如何防控风险是十分有益的。

企业在发展过程中会遇到大大小小的困难与风险，在一般情况下，这些仅仅是企业管理需要面对的10%而已，最重要的是企业能否针对这些不利因素做出恰当的反应，采取正确的对策，这才是企业管理的90%。人们通常说，一些失败的企业是被风险吞噬的，其实，准确的说法应该是由于这些企业对风险应对不当才导致的。只要能够及时采取正确的战略与策略，即使是处于困境中的企业也可以化险为夷。为什么面临同样的风险或灾难，有的企业能够继续生存和发展，而有的企业却败下阵来？其根源皆在于此，因此，不应将企业经营的好坏过分归结为外在的客观的因素，而应多从企业的经营管理上找找原因。显而易见，企业能否及时有效地防范各种风险的袭击，有赖于企业管理层是否具有相应的管理能力。每个企业都应针对不同条件下可能出现的10%的风险因素，做好另外90%的工作。具有这种能力的企业家才可能始终走在正确的道路上。

华为就是这样做的。面对美国的打压，华为立即宣布公司进入战时状态，公司上下同仇敌忾，士气高昂。同时，公司的战略方针与组织结构都进行了调整，各个部门面向目标主战，去除多余的非主战的结构与程序。

任正非说，研发不要讲故事，要预算，已经几年不能称雄的产品线要关闭，做齐产品线的思想是错的，应是做优产品线，不优的部分，可以引进别人的来组合。他强调，要聚焦成功的一点，不要因把面铺得太开分散了力量，华为没有时间了，要和时间赛跑，力量太分散了跑不赢。正是因为应对得当，华为不仅没有倒下，而且在 2019 年仍然实现了 18% 的增长。

祸兮福所倚。面对新冠肺炎疫情，商界人士应以敏锐的眼光去寻找新的机会，捕捉新的机遇。疫情的袭扰会使一些行业重新"洗牌"，本已固化的竞争态势会被打破，许多泡沫也会消散，只有真正的强者才能依然挺立潮头。正如股神巴菲特所说："只有当潮水退去的时候，才知道是谁在裸泳。"经过这样一场洗礼，一些资源品的价格会出现下降，一些投机者和经营不善者会被淘汰出局，本已饱和的市场会腾出一定的交易空间。当下，正是明智的从商者进入市场或进行机构性调整的机会。一些有先见之明的企业家已经看到了这一点，阿里巴巴现任总裁张勇在最近的一次演讲中就表达了这一看法："就像 17 年前所经历的，SARS 以后，电子商务获得巨大发展。每次重大灾难发生的同时，总孕育着新的历史机会。这次我们也看到，在疫情面前，越来越多的消费者选择并习惯了数字化的生活方式和工作方式。"针对疫情给市场带来的变化，不少企业家都在寻求新的发展机遇。

对于企业管理来说，只有能够经得起无法预测的灾难、风险、危机的考验，才能实现基业长青。据统计，在日本目前注册的 260 余万家公司里，其中百年老店有 25321 家。百年老店中超过 200 年的企业有 3939 家，300年以上的有 1938 家，500 年以上的有 147 家。更加令人吃惊的是，其中有 21 家百年老店的经营时间竟然超过了 1000 年。看到这些均居世界首位的数据，许多人觉得难以想象：在千百年的岁月中，日本这么多长命企业会遭遇多少风雨？多少灾难？它们是怎么存活下来的？

一个企业要实现基业长青，必须有严格的风险管控机制。日本的长青企业很忌讳把利润过多分配给股东，而是十分注重持续积累，以备不时之需。据说，稻盛和夫的京瓷公司现金结余曾经高到人们难以想象的程度，即便企业毫无收入，也能支付全体员工 28 年的工资。从概率上说，每过 25 年，企业就会遭遇至少一次生死存亡的考验。要成就百年基业，没有渡过灾难所需的充裕资金怎么行？因此，防患于未然的措施是企业防控灾变最可靠的保险。

搞好战略管理，企业才会有未来 *

在帮助企业搞培训、做咨询的过程中，我经常会有这样一种感觉：当今的企业不是缺少管理，而是缺少战略管理。许多企业的领导整天忙得满头大汗、焦头烂额，实际上大都忙的是一些事务性的工作，都是一些下属该干的事情。

许多管理者的头脑中缺少战略管理的概念，他们喜欢管与人、财、物有关的具体事，理由是要抓住实权，不能大权旁落，他们觉得战略管理都是虚的，无关紧要，要么让别人去管，要么没有人管。这是非常短浅的行为，有人称此举是在用战术上的勤奋掩盖战略上的懒惰。实践已经证明，这种做法会导致企业失去战略方向，甚至造成"过把瘾就死"的结局。搞不好战略管理，企业是不会有未来的。正像经营西尔斯公司的伍德将军所说的，如果出现战略误判、战略失误，则是从还没有开始就已经失败了。

什么是战略管理？战略管理是从全局和长远的角度，研究和解决企业在竞争环境下生存与发展重大问题的过程。战略管理在现代企业管理中处于核心地位，是决定企业成败的关键要素。在战略管理过程中，企业通过对整体战略的谋划、实施和控制，将各类重要资源优先配置到具有最大潜在投资回报的细分市场中去，从而达到优化管理、提高经济效益的目的。

---

* 本文发布于昆仑策网，引用日期：2021 年 7 月 21 日，http：//www.kunlunce.com/qycm/fl11111/2021－07－21/153717.html，本文有改动。

在一次课堂提问时，有一个学员提出了一个问题："我们听了一天课，很受启发，但有点消化不了。请你用一句话告诉我们，搞好战略管理应该怎样做？"我说："你可把我难住了！战略管理博大精深，怎么能够用一句话讲清楚？不过我可以尝试一下。如果非要用一句话来回答这个问题，我看三个字就够了：倒推法。"然后，我对此做出了解释：

我们天天早晨醒来就会问自己：今天应该做什么？其实，这个问题没问到点子上。应该首先问：明天应该做什么？得出答案后再采取倒推法，向回推导，以此来确定今天应该做的事情。这就叫战略管理。如果问今年应该做什么，首先要搞清楚明年应该做什么，甚至要搞清楚三年、五年，甚至十年后应该做什么，然后倒推出今年的任务。只有这样，今天的行动才会有方向性，今天的行为才是可持续的；只有坚持这样做，企业才会健康成长。正如德鲁克所说的那样，战略家的任务不在于看清企业目前是什么样子，而在于看清企业将来会是什么样子。战略规划不是规划未来做什么，而是规划当前必须做什么才能应对不确定的未来，规划今天应该做什么才能解决明天的问题。

管理企业必须有战略头脑，不能搞短期行为，不能只想着一夜暴富、"一把一利索"。这与赌博有多大区别？如果这样的话，还不如不干。如果非要干，只会有一个结果，就是输了是输了，赢了还是输了，说不定还会搞到"地平线"以下去。这是何苦呢？

许多人主张摸着石头过河，走一步，看一步。如果这样的话，还有什么战略可言？大家都知道，一个人过河时，如果能够摸到石头，肯定在浅水区。到了深水区，还能摸到石头吗？非要去摸可能会被淹死。毛泽东在《中国革命战争的战略问题》一文中明确提出："反对走一步，看一步。"①

---

① 《毛泽东文集》第1卷，人民出版社1993年版，第381页。

我们现在还这样说、这样做，太落后了吧?

战略始于战争，在这种血与火的斗争中抽象出来的智慧，从来都是取胜之法的最高体现。现如今，"商场如战场"已成为当今社会无可非议的共识，战争和军事可以为在商界打拼的人们提供一个新的视角。从战争的角度看竞争，从军事的角度看管理，有助于人们形成高人一筹的有效战略，有利于形成更加强大的竞争优势。

近代以来的大企业管理是怎样形成的? 它并非源于自身的创造，而是从军队学来的。管理学大师彼得·德鲁克说，一百多年前，当大型企业首次出现时，他们能够模仿的唯一组织就是军队，现代企业管理中面临的诸多问题，如制度建设、员工忠诚等都可以从军队管理中得到启发。这就告诉人们，组织管理方面的工作，军队不仅比企业做得早，而且比企业做得好。企业向军队学习管理是理所当然的事情。

在企业培训活动中，许多学员对军事化管理这个课题很感兴趣。有的学员提出这样的问题:"世界上的军队很多，为什么要以学习我军的管理为主呢?"这个问题不难回答。事实胜于雄辩。近代以来，世界上任何一支军队都未曾有过我军这样艰苦卓绝的战斗历程。在中国共产党的领导下，我军与全国人民一道打败了日军和国民党军队，建立了中华人民共和国;又在朝鲜战场上将不可一世的美军从鸭绿江边打回了三八线，取得了抗美援朝战争的伟大胜利。能够战胜号称"世界头号军事强国"的美军取决于诸多因素，但一流的军队管理肯定是战斗力不可缺少的重要因素。还应看到，我军是在中国土地上成长起来的人民军队，我军的管理最符合中国国情。因此，中国企业理应在广泛吸取世界各国军队管理经验的基础上，将我军的管理作为学习借鉴的首选对象。

对于企业来说，搞好战略决策是战略管理的重中之重。德鲁克在《卓有成效的管理者》一书中指出，决策是管理者最重要的课题，决策的有效性关系着一个公司的生死。很显然，这里所说的"决策"指的就是战略决策。美国著名管理学家赫伯特·西蒙对决策理论进行了深入的研究，他认为，决策是管理的心脏，管理是由一系列决策组成的，管理就是决策。在西蒙看来，企业组织的重要职能就是决策，组织就是作为决策者个人构成的系统。管理是由一系列决策构成并通过决策的制定、执行和反馈，最终实现管理目的的全过程。决策是为了实现某一目的而从若干个可行方案中，选择一个满意方案的综合判断过程。世界上没有什么有百利而无一害的万全之策，决策者所能做到的只能是两利相权取其大，两害相权取其小。从中可以看出，决策是管理者识别并解决问题以及利用机会的过程。

战略管理者应该尽其所能地提高决策质量，这是管好企业必须具备的基本功。为此，就要努力提高各项决策正确率，避免出现比较严重的决策失误。特别是在一些重大事项的决策上，绝不能发生重大失误。在这方面，无论下多大的功夫都不过分。

在企业培训中可以看出，大家对企业创新问题是极为重视的。从根本上来说，战略创新是一种自我否定，是一个创造性的毁灭过程，它是企业针对环境中的不确定因素，对以往的战略做出的部分的或完全的变革。战略创新是企业的创新机制在战略层面的展开，是企业能否在市场竞争中战胜对手的关键性谋略，也是企业核心竞争力的根本来源。企业决策者大都十分关注管理方面的创新，而忽视战略创新实则是企业管理创新的制高点。有效的战略创新是企业管理创新最重要也是最高层次的要求。战略创新与其他方面的创新不同，它所带来的往往不是简单的、局部的改变，而是与企业发展前途与命运相关的根本性、全面性的进步。

无论是在授课时，还是在我写的书籍中，强调最多的是战略执行。这个问题太重要了！只要领导重视、下足功夫，企业战略总是会有的，但战略执行就不同了，即使领导重视，即使投入了很大的力量，也未必能够把战略执行搞好。在现实生活中，我们经常看到一些本已确立了好战略的企业仍然败下阵来，主要是因企业缺少战略执行力造成的。这一过程再次告诉人们，能够制定一个好战略的企业是很了不起的，而能够使一个好战略得到执行则更加了不起。只有具备强大战略执行力的企业，才能穿越战略管理的旷野，迎来辉煌的时刻。

坚持战略思维，实现基业长青[*]

    战略思维处于人类思维活动的最高层次，是一种被成功者广泛应用的大智慧。战略思维有助于人们增强驾驭全局、开创未来的能力，从而使一幅幅战略蓝图变成美好的现实。当今的世界正经历百年未有之大变局，许多事物都在快速迭代，人们的思维只有积极适应这种变化，才能跟上时代发展的脚步。坚持战略思维，正是达此目的的必然选择。

    坚持战略思维，才可能全面系统地认识客观事物的内在矛盾，深刻把握不同领域的发展规律。凡是成就大事业者，都不会将目光仅限于一城一地。如果只贪图局部之利，而无视大局得失，就容易舍本逐末、因小失大，做出不利于强化战略优势的抉择。在当今这个充满不确定性的世界，离开了战略思维，将无法恰当应对此起彼伏的危机。一些组织之所以难以获得较大的发展，关键在于其领导者缺少应有的战略运筹能力，因而常常错失稍纵即逝的战略机遇。只有始终采取与其战略目标相一致的行动，才能在通向胜利的道路上不断前进，从而使其布下的每个棋子都可能成为大棋盘上制胜的一着。

    毛泽东作为我军的最高统帅，始终注重从战略全局出发来指挥部队的作战行动。辽沈战役结束后，蒋介石和傅作义都以为东北野战军必然会休

---

[*] 本文发布于中闳教育网，引用日期：2022 年 2 月 18 日，https：//www. zhongtraining. com/content－6－738. html，本文有改动。

261

整很长时间，不会在短期内入关作战。此时，在淮海战场上，我军正与敌军激烈交战。毛泽东的战略意图是将傅作义集团围困在华北地区并加以全歼。为了实现这一战略目标，毛泽东电令东北野战军结束休整提前秘密入关。1948年12月3日，东北野战军先遣兵团第11纵队前卫第31师秘密开往平绥线。在经过密云时，该部指挥员发现城内只有一个保安团兵力，决定消灭这股敌人。经过两日激战，我军全歼密云之敌。从局部看，攻占密云打通了西进平绥线的道路，解除了东野大军西进的后顾之忧，是有必要的。但这次行动却受到了毛泽东的严厉批评，其原因在于这次战斗违背了毛泽东"迅即超越密云、怀柔、顺义线上之敌"[①]的指示，暴露了东北野战军入关的战略意图，得不偿失。此战果然惊动了华北"剿总"司令傅作义。他急令坚守张家口的第35军迅速撤回北平，并收缩外围兵力，加强北平防御。这种局面的出现，对于我军的后续作战极其不利。此后，四野指挥员坚决执行毛泽东的战略决定，始终采取与总战略目标相一致的作战行动，从而取得了整个平津战役的胜利。

　　坚持战略思维，才会将事物的现实变化与其长期趋势联系起来，切实搞好长远布局和长期谋划。在商业竞争中，不应过分看重眼前的得失和一时的成败，而应深谋远虑，从长计议。只有坚持战略思维，才能穿越历史的风云，挣脱经济周期的约束，进而实现基业长青。在当今的社会条件下，兴办一个企业，并在短期内取得一些成就，已经不是一件多么难以做到的事情，而要创造经久不衰的非凡业绩就没那么容易了。优秀的企业家应该坚持长期主义，努力避免"其兴也勃焉，其亡也忽焉"这一现象不断出现。

　　在这方面，华为公司成为企业界当之无愧的榜样。从2002年起，华为

---

① 《毛泽东年谱（1893—1949）》，中央文献出版社2013年版，第405页。

就决心减少对美国芯片的依赖。2004 年，华为成立了专门研发芯片的海思公司。之后，华为坚持每年将 10% 以上的销售收入用于技术研发。数据显示，仅 2018 年，华为投入的研发经费就达到 1015 亿元人民币，占销售收入的 14.1%，同比增长 13.2%。近十年间，华为投入的研发费用累计达到 4850 亿元人民币。能够在科研方面进行如此巨大的投入，这在国内外企业界都是极为少见的。据 2022 年 2 月 10 日世界知识产权组织（WIPO）在日内瓦发布的数据显示，共有 13 家中国企业进入全球 PCT 国际专利申请人排行榜前 50 位，其中，华为以 6952 件申请连续五年位居榜首。这是一个多么了不起的成就啊！

那些年间，当一些人看到企业花巨资换来的成果没有派上用场时，很是不解。针对这种情况，任正非做出了明确的回答："中国研制了原子弹，但是原子弹从来没有用过，但能说原子弹没用吗？太有用了，研制原子弹的人功绩太伟大了，因为可以牵制其他国家不敢对中国动用核武器。华为研发芯片也是这样，虽然很长一段时间用不上，但是可以牵制美国不敢停止向华为供应芯片，不敢轻易掐断我们的脖子。"正是因为任正非的这一远见，使得华为赢得了战略主动权。当美国宣布封锁华为后，海思立即宣布多年前打造的"备胎"正式转正。

坚持战略思维，也是更好地实现创新发展的需要。习近平在与科学家座谈时指出："创新是引领发展的第一动力。抓创新就是抓发展，谋创新就是谋未来。"① 应该看到，战略思维是一种极具创造性的意识活动，创新是战略思维的本质特征。只有不断进行战略创新，才能更好地掌控全局，把握未来。因此，优秀的战略决策者必然是创新领域的开拓者。在面临新的挑战时，他们不会畏缩不前，墨守成规，而是迎难而上，百折不挠，积极

---

① 《习近平关于科技创新论述摘编》，中央文献出版社 2016 年版，第 7 页。

寻求破局之策。美国斯坦福大学教授保罗·瓦茨拉维克在《改变》一书中，将事物的变化分为两种：一种是"第一序改变"，这是一种发生在系统内部不会影响原有模式的改变，这种改变改变的是事物的状态，改变的是人们的体验。另一种是"第二序改变"，这种改变是升维，是从更高的逻辑维度改变了系统本身，从而改变了系统的本质。显而易见，"第一序改变"还是一种较低层次的变化，而当"第二序改变"发生时，"第一序改变"必然发生。在创新过程中，不应以"第一序改变"为满足，而是应该努力达成"第二序改变"。那些战略思维能力较强的人，更容易完成这样的改变。

多年来，小米公司一直致力于"第二序改变"，从而取得了巨大成功。

2021年8月25日，小米公司公布了当年第二季度业绩，其净利润达到63亿元，增长了87.4%，创造了新的历史纪录。根据全球调查机构的统计，在此期间，小米智能手机的市场占有份额达到17%，已超过美国的苹果公司，跃居世界第二。

小米能够如此快速地迈入世界级企业的行列，是因为其在战略创新方面做出了极大的努力。小米通过"参股+孵化"模式，构建出一条生生不息的"竹林式"生态链，小米生态链模式就是其取得成功的关键因素。小米将手机作为媒介，以此连通了更为广阔的消费品世界。

在选取生态链相关产品的过程中，小米依靠所拥有的过亿手机用户拓展手机周边产品，包括移动电源、耳机等，然后布局智能硬件领域，包括空气净化器、电饭煲等白色家电和平衡车等智能玩具，最后扩展到毛巾、行李箱等消费品。通过生活耗材领域的经营增加了客户的黏性，可以对冲科技行业的波动，有利于公司的稳健发展。

此外，小米在互联网版块进行了精心布局，开发了基于Android的MIUI系统，完善了以应用商店、游戏中心、云服务、影业等为代表的移动互联网服务生态体系。其中，MIUI 操作系统是小米生态的核心，是实现硬件与移动互联网连接的桥梁。

　　小米生态链所依赖的是其强大的科研实力。仅 2020 年，小米的研发投入就为 93 亿元，同比增加了 23.5%，且明显加大了对高端技术的投入。2020 年末，小米员工总数为 22074 人，其中研发人员 10401 人，研发员工占公司总数的 47.12%。如此强劲的创新势头，定会形成强大而长久的发展动力。

任正非，多么像一位军事家*

按照军事家的定义，任正非肯定不是军事家。但看看他说的话、做的事情，却非常像一位军事家。在几十年的时间里，他一直像一名军人一样，指挥华为这支用高科技武装起来的"军队"不惧艰险，英勇奋战，取得了举世瞩目的辉煌战果。

"宰相必起于州郡，猛将必发于卒伍。"任正非在我军基建工程兵某部服役时，就是一名创新型人才。1977年，该部队在承建辽阳化纤厂时，需要一种检验设备的仪器。当时的中国还制造不出这种仪器。一名曾在国外见过这种仪器的技术员给任正非描绘了大概的样子，没想到，任正非竟然用数学推导的方式，完成了这一仪器——空气压力天平的设计和制作。在今天看来，这只是一项小发明，但在"文化大革命"刚结束的那个百废待兴的年代，一点小成果也可以搞出大动静。任正非的技术发明被当时的媒体广泛报道，《文汇报》以《我国第一台空气压力天平》为题做出如下报道："解放军基建工程兵某部青年技术员任正非在仪表班战士的配合下，研制成功我国第一台高精度计量杯准仪器——空气压力天平，为我国仪表工业填补了一项空白……这种仪表是最近几年刚出现的，目前世界上只有几个工业发达的国家能制造。"在基建工程兵这一年年底召开的工作会议

---

* 本文发布于中闳教育网，引用日期：2020年1月2日，https://www.zhongtraining.com/content-6-156.html，本文有改动。

上，任正非与其他贡献突出的技术人员一起受到表彰，并得到当时国家最高领导层的接见。此后，34 岁的他又作为解放军科技人员代表，参加了1978 年 3 月召开的全国科学大会。随后，他又被选为军队代表，参加了1982 年党的十二大。可见，年轻时的任正非作为技术人才已经崭露头角了。当时的知识和技术积累以及相关经历，对后来的任正非投身科技创新行业起到了十分重要的作用。

任正非长期致力于学习研究军事经典。作为一名转业军人，他的基本思维结构主要是年轻时在部队的学习和工作中形成的。即便脱下军装，他仍然孜孜不倦地钻研军事理论。创建华为公司后，他注重运用军事理论指导经营实践。他不仅自己积极学习军事方面的知识，同时把军事书籍推荐给公司管理层阅读。他曾给高管推荐过 3 本二战时德国军事将领写的书。认为这 3 本书对德国二战战略有非常深入的思考。第一本是古德里安的《闪击英雄》，这本书对如何用新技术改变战争模式以及德国进攻苏联的战略，有细致的思考和讨论。第二本是《隆美尔战时文件》，看这本日记能够琢磨出如何在运动中集中兵力、在点上突破进而取得全局胜利，以及领会当将军的真谛。第三本是曼施泰因的《失去的胜利》，要领悟他决战欧洲大陆的战略是怎么构想出来的？马其诺防线是怎么被废掉的？他构想这个战略所依据的战略原则是什么？这几年，任正非曾向华为高管们推荐了许多军事书籍，并亲自写推荐语。可以看出，任正非对军事理论的学习和研究是下了真功夫的，并且是带着企业管理遇到的问题来看的，已经达到了较深的造诣。这也许是其他商界人士觉得任正非很难学的一个原因。

任正非热衷于将毛泽东军事思想用于企业决策。华为的各项重大决策几乎都是在毛泽东军事思想指导下形成的。任正非说："在当兵时，我就是毛泽东的铁杆粉丝。我当时是学习毛泽东思想积极分子。我很喜欢读《毛泽东选集》，一有闲工夫，我就开始琢磨怎么把毛泽东的兵法变成华为的战略。"华为运用毛泽东军事战略，采取了"农村包围城市"、游击队战术、"集中优势兵力各个击破"等战略战术，取得了"摧城拔寨"的卓著战绩。

比如，"各自为战"的游击队战术使得华为在发展早期具有很强的组织灵活性。这种灵活性为其提供了快速的市场响应速度，提升了企业竞争力，从而使华为能够披荆斩棘、突破困境，"杀"出一条通向成功的道路。华为在技术研发和市场竞争中采取的"压强原则"就是毛泽东"集中优势兵力各个击破"军事思想的体现。在早期市场争夺战中，作为当时电信设备巨头中唯一的民营企业，华为毫无优势可言。要想在这一高门槛的行业占有一席之地，就要瞄准一个领域或一个方向，集中力量攻坚克难，争取在某一阶段、某一方面领先对手。华为利用"压强原则"，由点及面，由小到大，逐渐扩大市场份额，并较快获得了强势地位。

美军在阿富汗战争中采取的一些新战术引起了任正非的注意。尽管他极力反对美国的对外侵略政策，但美军在这次战争中采用的新战法对改进企业管理是有启示的。为此，任正非亲赴阿富汗驻留了一个多月。他运用近距离掌握的第一手材料，借鉴美军特种部队在阿富汗战争中的做法，提出了"让一线呼唤炮火"的"蜂群战术"。这种借鉴作战部队小型化、轻型化的打法，能够快速满足客户需求，及时抢占市场竞争中的有利地位。这种战术取得超乎想象的成效，是那些按照一般管理套路行事的企业难以应对的。

任正非始终注重学习军队的精神与作风。2001 年前后，IT 泡沫破裂时，很多西方公司面临重大危机，华为同样陷入严重困境。在这个生死攸关的时刻，任正非并未去研究商学院的教材，而是注重从军事著作中寻求智慧和力量。任正非召开了由 400 余人参加的公司高级干部大会，学习德国军事理论家、近代军事战略学奠基人克劳塞维茨的《战争论》。《战争论》中的一段话极大地激励了大家：战争打到一塌糊涂的时候，将领的作用是什么？就是用自己发出的微光，带领队伍前进。学到这里，任正非充满激情地说道："让我们把心拿出来，照亮队伍前进，坚定队伍信心吧！就像古希腊神话中的丹柯那样，把心拿出来燃烧，照亮后人前进的道路。"

任正非提到的丹柯是一个神话人物。苏联著名作家高尔基根据这一题材创作了一篇题为《丹柯》的小说，其中的主人公丹柯是一位伟大的悲剧英雄。丹柯是古老部族中一名有着坚定信念的强壮青年，他和族人被敌人赶入大森林的深处，陷入灭族的绝境。在绝境前，丹柯坚决反对向敌人屈服去当奴隶，自告奋勇带领大家向前行进。族人进入黑暗的密林后迷失了方向，许多人开始埋怨、责怪丹柯。在这绝望的时刻，丹柯用手抓开自己的胸膛，掏出一颗燃烧的心，将其高高举过头顶，照亮族人前进的道路。直到族人跟着丹柯走出森林，来到阳光明媚的大草原上，丹柯才含笑死去。克劳塞维茨的论述与丹柯的形象坚定了华为高管们的信念，使他们与任正非一道，让自己的心燃烧起来，带领员工攻坚克难，齐心奋斗，终于走出了黑暗的大森林。

华为是中外企业界少有的倡导"一不怕苦、二不怕死"精神的企业。难能可贵的是，任正非带头践行这种精神。为了鼓舞士气，任正非亲自飞到非洲那些受战乱、传染病威胁的地区指导工作。利比亚开战前两天，他还在这个危险的国度奔忙着。阿富汗战乱时，任正非不惧风险前去看望员工。2008年9月20日夜，巴基斯坦首都伊斯兰堡发生大爆炸，任正非担心华为代表处员工的安危，准备动身赶过去探望。当时的片区总裁认为那里太危险了，强烈反对他去。任正非勃然大怒，立即给他发去这样一封邮件："兄弟们能去的地方，我为什么不能去？谁再阻挡我去，谁下课！——任正非。"任正非的震怒，体现的是他的事业心和生死观。他当然知道下属的阻拦是出于对他的关心，但在他的心中，对崇高事业的追求永远是至高无上的，即使面临死亡威胁，他也决不会退缩。这就是军人的本色！

企业领导者的人格、形象、威望也能形成生产力。企业领导者既说到了，也做到了，员工们的选择只能是钦佩和追随。

为什么有人认为华为很难学？*

任正非说，华为没有秘密，谁都可以学。但不少人的感觉却不是这样。笔者与商界的朋友谈论华为时，不少人觉得，华为确实了不起，但很难学。这种难主要体现在老板身上。任正非身上的许多东西确实不大容易学。

人们普遍认为，创业者最大的敌人是自己，只有战胜了自己，才可能战胜对手。任正非的家庭背景、从军经历和创业实践，使他得到了充分的人生锻炼，进而清楚地认识了自己，认识了主观与客观的关系，因而具备了一般人无法具有的高尚人格和精神境界。

在华为的企业文化中，"坚持自我批判"是一个重要内容。任正非说，自我批判是思想、品德、素质、技能创新的优良工具，华为一定要推行以自我批判为中心的组织改造和优化活动。自我批判，不是为批判而批判，也不是为全面否定而批判，而是为优化和建设而批判，总的目标是要提升公司整体核心竞争力。这一文化能够得以实行，首先是因为任正非勇于向自己"开刀"，发挥了带头作用。

任正非多次受到来自下级的"批判"。最突出的例子是华为"蓝军"发布的《华为蓝军批判任正非 10 宗罪》公开信。"蓝军"认为，在人力资

---

* 本文发布于中闳教育网，引用日期：2020 年 1 月 16 日，https://www.zhongtraining.com/content－6－168.html，本文有改动。

源具体政策的执行过程中，存在任正非过于强势、指导过深过细过急的问题；考核也非常机械化，海思的一些科学家因为比例问题必须打 C，结果这些人离开公司，就被人家抢着聘为 CTO，而且还做得不错；任正非一直导向做管理者，管理者做不好才去做专家，但专家哪有那么好做？华为现在不缺管理者，缺的是专家……面对员工的批评，任正非的态度是"我错了，我改。"

谁见过这样的事？但在华为，这样的现象不仅十分正常，而且还会受到鼓励。一个企业有了这样的机制和风气，员工的热情和才智才能被充分激发出来。企业管理不是老板个人的独角戏，而是必须有团队和员工积极参与的集体活动。只有把大家的智慧激发出来，企业才会有取之不尽的智力源泉。任正非闻过则喜的态度展现了他的大度与豁达，也营造出健康和谐的人际关系，极大强化了员工的主人翁意识，使员工都能积极参与企业管理。

任正非的自我批判不光是在嘴上说说，而是真对自己下"狠手"。2006 年，华为公司进行新厂区建设时，因设计方案出错，致使工程干了一半不得不推翻重来，造成了很大的损失。华为公司董事会启动追责程序，最后发现是相关决策出现了问题，于是公司对这项计划的决策人任正非做出罚款 4 万元的处分。任正非坦然认错，心甘情愿交了罚款。从此以后，任正非的每一次决策都更加慎重，再也没有发生过类似情况。

这样的事情数不胜数。2013 年，任正非赴日本出差时，因一时疏忽，将自己 100 多元的洗衣费计入旅差费报销，后来被公司财务审查发现。针对这件事，任正非认错自罚，不仅全额退还了已经报销的 100 多元费用，并写出悔过书发到公司内网上。在一次公司年会上，还对此公开做了自我批评。

2018 年 1 月，华为公司收到消费者反馈，一个产品出现明显的品控问题。这无疑触碰了华为"以客户为中心"的高压线。于是，董事会决定严查此事。在查明原因后，董事会不仅对所涉及的员工做出处罚，同时也对如下4人做出了处罚：任正非被罚款100万元，公司副董事长郭平、徐直军和人力资源部总裁李杰被罚款50万元。这一处理在公司上下引起强烈震动。从此以后，公司上下对产品质量的把关更加严格，公司再没有出现过类似的问题。

从上述案例可以看出，任正非在律己方面一直是十分较真、十分严格的。自我管理是一名优秀企业家的必备素质，也是其威信和权威的重要来源。只有能够做到自知、自律的人，自身的正能量才能得到聚焦和发挥，才可能得到众人的认可与追随。"身教胜于言教"。从自己做起、从自身严起是追求成功者必须迈出的第一步。

这些年，许多中国企业通过股权激励的办法有效激发了员工的积极性和创造性。早在20多年前，华为就已经这样做了。

20多年前，当许多中国企业还在斤斤计较员工薪酬时，华为开始实施"分享华为"的股权激励机制。1987年，任正非与5位合伙人共同投资成立深圳市华为技术有限公司（即华为公司前身），注册资本仅2万元。当时，6位股东均分股份。3年后，华为公司即实行了广泛的员工持股制度。几年后，5名股东纷纷将股份变现后退出公司，华为创始人只剩下任正非一个人了。

任正非说，做老板的人一定要把最基本的东西想明白：第一，财富越散越多；第二，权力、名声都是你的追随者赋予你的。如果哪一天，追随者抛弃你，权力、成就感、聚光灯下的那些形象，乃至于财富都会灰飞烟灭。正是因为任正非把人生的真义想明白了，才会挣脱名缰利锁的束缚，才会拥有杰出企业家的胸襟和情怀。

从2010年起，任正非只占有华为1.4%的股份，截至2019年年底，任正非个人持有的华为股票占总股数下降至 0.94%。任正非并不觉得自己持股很低，却认为这种情况很正常。他说："我知道乔布斯的持股比例是0.58%，说明我的股权数量继续下降应该是合理的。"任正非这样的财富观念，大大扩展了企业家的内心世界，强化了其在追随者心目中的地位和感召力。

了解了这些，人们不能不对任正非肃然起敬。能够坚持这种非凡理念的人，已将"小我"完全融于"大我"，已经完成了人生的修炼与人性的超越，已近实现极难达成的完美人格。在这样的人面前，那些利令智昏、为富不仁的商人应该感到羞愧。

企业家应该树立怎样的财富观、利益观？这是每个企业家都无法回避的问题，其答案会支配着企业家的全部行为。企业家奋斗的直接目标是管好企业，搞好经营，以此来创造财富，拥有财富。然而，这不是他们的终极目标。财富只是实现人生理想的载体和手段，无论企业家创造了多少财富，能够用于个人消费的部分都是十分有限的，最终都将回馈社会。企业家通过实现财富梦想，可以体现个人的价值，享受成功的快乐，可以造福他人和社会，为国家的进步贡献自己的力量。在这方面，任正非已经成为企业家的榜样。

这里再讲一个小故事。华为"心声社区"发布了任正非在 2019 年 5 月20 日接受德国媒体采访的纪要。在这次采访中，任正非透露了一个秘密：孟晚舟在加拿大被逮捕的第二天，通过丈夫带给父亲一张纸条，上面只有简短的一句话："爸爸，所有的矛头是对准你的，你要小心一点。"

孟晚舟在加拿大被捕时，任正非仍在中国，处境无忧。按计划，他将隔日去阿根廷参加一个重要会议。此时，去还是不去成了任正非家人与公司难以抉择的问题。任正非认为，阿根廷的这次会议事关重大，因此决定冒险前往。其实，按照原先计划，在阿根廷召开的这次会议是由任正非和孟晚舟一起参加的。孟晚舟的行程安排在加拿大转机，任正非因故晚两天出发，经别国转机。如果任正非也去加拿大转机，后果会怎样？

事后，有记者就这一问题向任正非提问。他从容地回答，如果他在加拿大被抓了，就会陪女儿聊聊天。如果被抓到了美国的监狱，他会认真学一下美国二百多年的历史，再写一本书，讲中国应该向美国学习什么，未来二百年应该如何崛起。

此情此景，让人泪目，让人感动，更让人振奋。任正非就像一名义无反顾的战士，敢于穿越雷区，敢于冲破敌人的封锁线，心中向往的只有胜利。当今中国太需要像任正非这样的企业家了！对企业家的历史评价不应仅仅看他的企业大小、赚钱多少，还要看他作出了多大的社会贡献和所体现的时代价值。在这方面，作为企业家的任正非是首屈一指的。

老子说："天地所以能长且久者，以其不自生，故能长生。是以圣人后其身而身先；外其身而身存。非以其无私邪，故能成其私。"任正非的所为是对老子上述论述最好的诠释。

任正非用笔杆子创造奇迹 *

　　历经 30 余载的非凡岁月，华为人无惧艰险、英勇奋战，终于将胜利的旗帜插上世界通信行业的最高峰。现如今，华为的员工总数已超过 20 万，遍及世界各地；产品和服务已经进入 140 多个国家和地区，覆盖全球 30 亿人口。关心华为的人们会产生一个疑问：任正非是怎样对一个如此巨大的"商业帝国"实施领导的？

　　按照华为的规定，任正非作为公司唯一创始人，对公司决策享有一票否决权。但对这一被人视为至高无上的权力，任正非并未当回事，甚至从未使用过。在任正非的心目中，一票否决权不是他最大的权力，他说："我在华为最大的权力是思想权。"

　　什么是思想权？似可将其理解为对企业的思想领导权。思想领导是每个组织全部领导工作的基础，放弃了思想领导就等于放弃了领导权。由此看来，确实没有比思想权更大的权力了。但这一权力不是谁都能用好的。只有那些自己有思想又能以此来有效影响他人的领导者，才能充分运用这一权力。任正非就是这样的人，他通过文件、文章以及基于这些文字发表的讲话成功地对华为进行了思想领导，实施了管理。华为的成功也可被视为任正非用笔杆子创造的奇迹。

---

* 本文发布于昆仑策网，引用日期：2021 年 9 月 7 日，http：//www. kunlunce. com/ssjj/guo-jipinglun/2021—09—07/154953. html，本文有改动。

曾有一名记者问任正非为什么很少上电视？任正非的回答令人意外：
"不上电视也没什么问题，我觉得文字的穿透力更强，通过我写的文件能
达到同样的效果。"这是任正非在管理企业过程中获得的真实感受。多年
来，任正非的文章在国内外产生了很大的影响力，很多人通过学习他的文
章大受裨益。

年轻时候的任正非就有较好的文字基础。开始创业后，他喜欢把自己
的所思所想写下来。随着华为的快速发展，他的这一习惯在公司管理中的
作用日渐凸显。他善于通过文字来统一华为人的思想与步调，引导大家围
绕共同的目标去奋斗。据不完全统计，在长期的管理实践中，任正非共写
下了数百篇不同体裁的文章，其中有他在不同会议上的讲话，有以公司名
义颁发的文件，也有文字优美的散文等。华为人经常会在总裁办电子邮件
和微信公众号"心声社区"看到任正非的作品，《一江春水向东流》《华为
的冬天》《最好的防御是进攻》《我的父亲和母亲》《冰岛游记》《从泥坑爬
起来的就是圣人》《不做昙花一现的英雄》《北国之春》等文章都令人印象
深刻。这些风格迥异的文字体现了任正非的心声，承载着华为的企业文
化，并成为华为人的行为指引。正是由于这一点，遍及世界各地的华为人
才能做到人散心不散、同心干事业。

有一次，太太问任正非："你爱什么？"任正非说："我爱文件。"在任
正非看来，文件里充满了哲学，充满了逻辑，充满了许多东西。显然，太
太对这个回答不太满意，继续问："你到底爱什么？"任正非说："爱改文
件。"这一答案显然不是太太想要的。"太着迷了！"这就是任正非对文字
的态度。

这两年，美国动用国家资源和力量对华为实行残酷"围剿"，公司到
了最危险的时候，许多员工忧心忡忡。在这个关键时刻，任正非利用手中
的笔杆子，连续发表了《致全体员工一封信》《钢铁是怎样炼成的》《我们

处在爆炸式创新的前夜》等一系列文章和内部讲话。这些文章和讲话阐明了公司面临的形势、任务、前景以及与此相应的战略策略，及时统一了员工的思想，坚定了华为人战胜严峻挑战的信心。他明确宣布："公司已进入了战时状态，战略方针与组织结构都作了调整。"他勉励员工："危亡关头，做好本职工作就是参战。"他豪迈发声："我们除了胜利，已无路可走！"这些文字重如千钧、掷地有声，句句说到大家的心坎上，又如战斗的号角，激励华为人同心协力迎战来自对手的打压。

为什么任正非的笔杆子能够具有如此重大的作用？这当然离不开文章之外的功夫。企业家的文章不是纯技术，而是与其高尚的人格和德行密切相关，正所谓"文如其人"。只有享有崇高威望的领导，员工们才会服他信他，其所写的文章才会产生极强的感召力。同时，这些文章必须有真知灼见，有丰富的智慧，能够使人从中受益。正是因为任正非做到了这些，他的文字才会产生巨大的影响力。

任正非很喜欢通过阅读《毛泽东选集》吸取管理智慧。自己动手写文章是毛泽东一直倡导的做法。在长期的革命斗争实践中，毛泽东始终坚持亲自撰写文章、电报、讲话提纲、新闻稿件等。毛泽东说过，我要用文房四宝打败国民党。[1] 抗日战争时期，毛泽东在简陋的陕北窑洞里连续 9 天废寝忘食、奋笔疾书，写出《论持久战》，有力地驳斥了"亡国论"和"速胜论"的错误观点，为全民族抗战指明了方向。解放战争时期，毛泽东的如椽之笔更是未曾停歇。仅在转战陕北的最后一站——米脂县杨家沟的 4 个月里，他就先后写下数十篇文章。1948 年 10 月，蒋介石、傅作义企图偷袭西柏坡党中央驻地，当时西柏坡的警卫部队很少，情况十分危急。毛泽东挥笔写下三则新华社消息和评论，阻止了蒋军的进攻，也为中

---

① 杨伟光：《大型电视纪录片〈毛泽东〉》，人民出版社 1995 年版，第 113 页。

国历史留下了"一支笔吓退十万兵"的传奇。新中国成立后，毛泽东对一些领导干部让秘书代写报告和讲话稿的做法提出批评："秘书只能找材料，如果一切都由秘书去办，那么部长、局长就可以取消，让秘书干。"① 历史告诉人们，只有同时掌握了枪杆子和笔杆子，才能得天下、治天下。

　　较高的语言表达能力是优秀企业家的必备素质之一。马克思曾说："语言是思想的直接现实。"② "观念不能离开语言而存在。"③ 这就告诉人们，语言是思想或观念的存在方式。反过来，语言水平的提高也会增强大脑的思维机能。企业家应该舍得在提高文字水平上多下功夫。一个人再能干，你能直接管多少人？你再能说，能够直接听到的人也十分有限。但若能把自己的思想变成文字，就突破了时间和空间的限制，就能够"笼天地于形内，挫万物于笔端"，进而实现"文以载道"、以文化人的目的。因此，有能力的企业家都善于用笔来表达思想，以此来指导和影响员工的头脑和行为。"铁肩担道义，妙手著文章"应该是成大事业者应有的追求。

　　任正非不仅自己写文章，而且十分注重培养华为高管的写作能力。2000 年春节后上班时，任正非发起突然"袭击"，要求华为领导班子成员在两个小时内写一篇文章，谈谈对"无为而治"的认识。很明显，这样的测试一举多得，既能从思想上引导管理层不能乱权，学会因势利导，也能促进他们深入思考，提高文字表达能力。任正非表示，要通过这样的测试来评定公司高级干部的领导水平和职业素养，不合格的干部就要往下走。哪个企业会这样做？当高管整天忙得要死，哪里有空写文章？许多高管也写不出来啊！可见华为的高管压力多大啊！但压力也能够变成前进的动力。在任正非这样高水平的领导手下工作，虽然压力很大，却能使个人的

---

① 《毛泽东年谱（1949—1976）》第 5 卷，中央文献出版社 2013 年版，第 333 页。
② 《马克思恩格斯全集》第 3 卷，人民出版社 1960 年版，第 525 页。
③ 《马克思恩格斯文集》第 8 卷，人民出版社 2009 年版，第 57 页。

思想和文字水平得到较快提高。

毛泽东说过："语言这东西，不是随便可以学好的，非下苦功不可。"①在逐利与浮躁之风盛行的社会环境中，"板凳甘坐十年冷"的人不会很多；另外，口语与书面语言不是一回事，二者之间存在着较大的距离，有好口才的人未必能够写出好文章，只有长期坚持学习和一直没有停笔的人才能成为"笔杆子"。

许多大企业都高薪聘请了"御用文人"。然而，即使这些人的笔杆子再硬，也无法与有写作能力的企业领导相比。与企业领导相比，高薪聘用的"笔杆子"只能被动地完成可预期情况下或较浅层次的工作，而企业始终面临复杂多变的情况，对此，置身事外的"笔杆子"往往是无能为力的。

时常听到有人埋怨本单位有的领导"说一套、做一套""说话不算数"，究其原因，是因为许多话虽然是他讲的，但讲话稿是"秀才"写的；有些话是例行公事，有些话是言不由衷，说完就忘了，没打算较真。如果是像任正非那样，所讲的话都是自己认真思考后写成的，当然就不容易忘记，更不会说话不算数了。

那么，任正非的妙笔生花是怎样练出来的？

读书破万卷，下笔如有神。丰富的知识是写作的基础。看过任正非文章的人都会感到他文中的信息量、知识量是很大的。只有博览群书、具有深厚文化底蕴的人，才能写出这样的东西。在长期的创业生涯中，任正非没有打过牌、跳过舞、唱过歌，他的最大爱好就是看书。即使乘坐两个半小时的飞机，也至少会看两个小时的书。他涉猎广泛，经济、政治、军事、历史等方面的书籍他都喜欢读。任正非曾被财富中文网评为"最爱读

---

① 《毛泽东选集》第3卷，人民出版社1991年版，第837页。

书的年度中国商人"。

另外，对生活实践的深刻体验、思考与研究是写好文章的又一重要条件。华为公司波澜壮阔的发展史，使任正非经历了得与失、成与败甚至生与死的严峻考验。任正非的文章都是他心血与智慧的结晶，是他几十年"江湖"沉浮的真实写照，因此，他的文章都是"干货"，没有"鸡汤"的味道，更没有空话套话，人们从中得到的是非凡的激励和启示。

最后，笔耕不辍是成为"笔杆子"的基本要求。据说，任正非每周都会写二至三篇文章。正因为这样，今天的人们才能看到任正非写下的大量文章。可见，任正非的"笔杆子"之所以很硬，是他长期坚持写作练出来的。正如巴金先生寄语年轻人所说的："写吧！只有写才能学会写。"如果当今的企业管理者也想成为"笔杆子"，就应从上述几个方面做出扎扎实实的努力。

企业文化是"看不见的手"[*]

在当今的商界，华为已经成为组织文化建设的典范。学界、企业界对华为的企业文化做过许多概括，比如"狼性文化""床垫文化""加班文化""军营加校园"的文化等等。这些说法都只是从一个侧面对华为的企业文化做出的形象性的描述。

华为公司对企业文化的具体内容有过官方的表述，这就是"以客户为中心，以奋斗者为本，长期艰苦奋斗，坚持自我批判"。这几句话的含义是极为丰富的，它是华为非凡发展历程的真实写照，也刻画了华为人崇高的内心世界。

任正非认为，他在华为没什么权力，只是公司的"文化教员"。为了履行这一职责，他花费了很多心血。有一次，一名记者向正在参加移动通信大会的任正非发问："在你心目中，华为的文化是什么样的文化?"任正非回答："华为的文化，某种意义上讲就是共产党的文化。以客户为中心就是为人民服务;为理想冲锋在前，享乐在后，就是奋斗者文化。共产党人长期艰苦奋斗，没有大起大落，豪华生活。"这些话充分体现了任正非非凡的胸襟和格局。只有最优秀的企业家，才会具有将世界上最先进政党的文化变成公司文化的能力。

---

* 本文发布于中闳教育网，原标题为"华为的企业文化就是中国共产党的文化"，引用日期：2019 年 12 月 28 日，https：//www.zhongtraining.com/content－6－144.html，本文有改动。

任正非认为，华为公司的价值取向不是为金钱服务，而是为中国人民和全人类服务。他说："我们牺牲了个人、家庭，牺牲了陪伴父母……这些都是为了一个理想——站到世界最高点。"这些话是对华为人崇高使命的真诚表达，也是对华为企业文化精神实质所做的深刻表述，道出了组织管理的最高境界。

使命是企业文化的集中体现，履行使命是组织管理的首要任务。德鲁克在《管理使命责任实务：使命篇》一书中说，管理就是界定企业的使命，并激励和组织人力资源去实现这个使命。界定使命是企业家的任务，而激励与组织人力资源是领导力的范畴，二者的结合就是管理。所谓使命就是组织存在的原因。有了关于使命假设的规定，组织才能确定什么是有意义的结果，组织对整个经济和社会应该作出何种贡献。如果一名管理者不知道如何界定使命、如何实现使命，那么，他肯定无法做到尽职尽责。那些深陷困境的管理者，那不断遭遇败绩的企业家，是不是应该从这方面入手好好找一找原因？使命、价值观确实是虚的、空的，看不见、摸不着的，但它们就像"看不见的手"，在冥冥之中掌控着企业的命运。那些成功的企业都在向人们阐明一个事实，它们之所以能够取得非凡的成就，都离不开强有力的企业文化。正是企业文化这一非技术、非经济的因素，直接影响着经营决策、人事任免乃至员工们的行为。那些至今仍然忽视企业文化地位和作用的管理者应该尽快做出改变。

一次，任正非在看电视新闻节目时，看到一名珠穆朗玛峰的攀登者在接近顶峰时因保障不足而丧命。他很受触动，觉得应该在珠峰建设一处基站，为这些勇敢的攀登者提供通信服务。任正非在董事会上一提出这一想法，就得到了与会者的反对。大家认为，在那么偏远的地方建设基站后还要进行管理和维护，不仅不会产生经济效益，还会浪费不少钱，企业不该做赔本的生意。一向从善如流的任正非这次却没有接受大家的意见，而是立即着手建设基站。在基站准备工作就绪后，任正非对自己的"固执行为"作出了解释，他说，正如大家所想的那样，在珠穆朗玛峰安装基站根本不可能赚到什么钱，却可能挽救登山者的性命！

"侠之大者，为国为民"。任正非就是这样一位"侠者"。在珠峰安装基站的行为看上去不符合商业法则，却符合华为的企业文化。华为人以实际行动努力实现自己的崇高使命。随着珠峰基站建设的完成和使用，华为人的躯体与精神都站上了世界最高点。

显而易见，中国共产党人为人民服务、为人类进步事业奋斗的精神，已经转化为华为人强大的精神动力。值得称道的是，华为不是简单地复制这些"红色基因"，而是注重结合时代特点、企业管理规律、员工切身利益对其进行创造性的"加工"，使其转化为企业管理体系和运行机制，从而使这种经过转化后形成的企业文化更加符合企业发展的需要。华为在企业管理过程中，既大力倡导奉献牺牲精神，又努力做到不让雷锋吃亏；既注重精神文明建设，又坚持"利益最大化激励"；既倡导艰苦奋斗，又积极改善工作生活条件；既讲公平，又反对平均主义；既坚持优良作风，又注重人文关怀……这些重实际、接地气的做法，取得了很好的成效。

作为核心竞争力，华为的企业文化不断为企业发展提供强大的动力。公司形成了一系列与之配套的激励政策，对各类员工及时进行这方面的培训。注重打造有利于陶冶情操的文化环境，积极开展丰富多彩的文化活动，努力形成和谐的人际关系和催人奋进的氛围。华为内刊《华为人报》《华为文摘》《管理优化》作为弘扬企业文化的载体，也发挥了积极作用。

华为辉煌的发展史给予人们的直观感觉是，公司的成就都是由人才、科技、销售等实务带来的，但深入探究起来就会发现，先进的企业文化发挥了无法替代的基础性作用。正是由于先进企业文化所产生的巨大凝聚力和创造力，华为人才能书写出令世人惊叹的美妙神话。

后　记

——感悟与感谢

　　为本书圈上最后一个句号，我情不自禁地奔向大海，我需要放松一下。在三年多的时间里，我几乎把全部的精力都投入了这本书的写作。虽未像唐代苦吟诗人那样"吟安一个字，捻断数茎须"，却也是尽心竭力、字斟句酌，不敢有丝毫的懈怠。恰如一个负重爬山的人，一步步攀登在通向顶峰的山路上，虽然脚步有些沉重，但因心中有愿景，便不会缺少向上的力量。如今，我终于攀上了山顶。此刻的我，身心有些疲惫，精神却很昂扬。这就是所谓的"心流"状态吧？

　　这里是祖国的南海之滨，映入眼帘的是高远清澈的蓝天白云，拂面而来的是和煦柔润的缕缕海风。无边的椰林环绕着蜿蜒的海岸，碧波万顷的大海波浪滚滚，涛声阵阵，成群的海鸥张开双翅在天海间自由地飞翔……我急不可待地投入大海的怀抱，蛙泳、自由泳、蝶泳、仰泳……自幼练就的好水性终于有了尽情发挥的机会。游啊，游啊，不知游了多久，不知游到了何处。我是谁？我在何处？我要去哪里？我已无我，我已完全与天海融合……

　　有人说，我们这个星球上的生命本来就是大海孕育出来的，几亿年前生长在大海中的蓝藻、三叶虫、麒麟鱼……是人类祖先的祖先。原始生命经过了亿万年的演变，逐步进化出了拥有大脑的人类。在此过程中，人有了思维，成为"万物之灵"。因为有了思维，人类走出了兽群；因为有了思维，人类改变了世界；因为有了思维，人类拥有了宇宙……不难看出，思维改变了一切。没有思维，地球上就不会有人类的故事。恩格斯曾将"思维着的精神"比喻成"物质的最高精华"，的确如此，正是因为有了思维，人类文明的脚步才能不断向前迈进。

游得太久了，该上岸了。我坐在金色的沙滩上，极目眺望着海天深处。哪里是天边？哪里是海的尽头？似已难以分清。人的目光总是向着远方，因为那里有希望，那里有未来。人们总是追寻着希望，总是憧憬着未来。当今的世界已进入百年未有之大变局，"知识经济""信息时代""互联网""大数据""人工智能"等描述当今世界的热词都在提醒人们，人类社会正处于剧烈变动的时期，不管是否情愿，人们都不得不面对客观世界的高度不确定性。在这种情势下，许许多多的人们都在焦虑地思考着未来。

未来学家雷·库兹韦尔造出了一个词叫"吓尿指数"，说的是一个人到达多久以后的未来会被吓出尿来。在人类社会发展的早期，曾经需要上千年的时间才能产生这样的效果，后来这一过程逐渐变短。到了近代，"吓尿指数"大概是200年。雷·库兹韦尔认为，人类在21世纪的进步将是20世纪的1000倍，下一个吓尿指数可能只需要几十年甚至更短。这就提醒今天的人们，如果不想因落伍而去看泌尿科，就应具备正确把握未来的能力。

澳大利亚著名学者彼得·伊利亚德说："如果今天我们不生

活在未来，那么未来我们将生活在过去。"任何人都向往着美好的明天，任何人都不想过没有未来的生活。一直迈着昨天的脚步，无法抵达成功的彼岸。在通往未来的道路上，从来没有什么可以预知吉凶的先知，我们只能通过坚持战略思维去把握未来。

战略思维所研究的是今天做什么事情才能赢得未来的学问，正如德鲁克所强调的那样，要通过做今天的工作去解决明天的问题。战略思维要求企业家不仅要活在当下，也要活在未来。成功者都遵循着相似的逻辑，他们都是"吃着碗里的，看着锅里的，想着田里的"，只有这样，才能使企业获得可持续的成长，才可能成就百年基业。

本书是在吸取东西方战略思维基本理论优秀成果的基础上，对当今学界、企业界关注的战略思维的重点、热点问题做出的较为系统的探究。能够将我的研究所得与读者分享，我感到荣幸之至。如果这些内容有助于提高读者的战略思维水平，我更是无比欣慰。

这本书的写作和出版能够顺利完成，得益于许多人的鼎力相助。

首先，向中国管理科学学会副会长李凯城先生致谢！李先生学识渊博，著述甚丰，是中国红色管理的倡导者，在管理学研究领域有诸多建树。李先生曾多次作为中国学者出席国际管理学大会并发言，近年来，他应邀为清华大学、北京大学、人民大学、国家行政学院等十多所著名院校及数十家大型企业授课，深受好评。李先生能够拨冗为本书作序，我深感荣幸。

　　还要感谢我的儿子张世仑博士。在此书的写作过程中，他承担了许多工作，提供了诸多专业性的帮助。

　　同时，还要向给予本书写作提供了许多帮助的郭海涌、曾忆梦、边梦飞、晋璧东、李其芳、张学武、史志强、赵宇、郝晓文等朋友表示诚挚的谢意！

　　最后，我要向有志于在管理领域建功立业的读者朋友表示衷心的祝福！祝愿你们在追梦之路上，不断创造新的业绩！

张　彦

2021 年 7 月于三亚